空服人員化妝技巧與形象塑造

李勤 主編

崧燁文化

目 錄

後記

前 言

「欲把西湖比西子，濃妝淡抹總相宜」。自古以來，人們從來沒有停止過對美的追求，為了揚長避短，美化容顏，人們用化妝對臉部和五官進行修飾，同時透過服裝、首飾等裝扮出良好的形象，從而提升個人的綜合魅力。

隨著時代的發展，社會的進步，化妝與美容經歷了不斷的更新和發展，見證了歷史的興衰。在現代生活中，隨著女性社會地位的不斷提高，社會交際頻繁複雜的發展，化妝與形象設計已經成為現代女性的必修課程。人們對美的追求再也不是「為悅己者容」，而是以此作為自尊自愛、展示自我、尊重他人、增進友誼的手段，同時也是適應現代生活方式、社會交往、職業活動的需要，體現良好精神風貌，提升整體社會形象。

空服員，指的是航空運輸行業的服務人員。由於其行業的特殊性，常常被稱做是美的化身。空乘服務是高標準、高質量的優質服務，而空服員則是這種優質服務行業的窗口。在人們的腦海中，「空姐」是美麗的代言人，「空姐」這個名詞，給人的印象往往定格為：漂亮的外表和清新的裝扮，美麗的臉蛋和甜甜的微笑。一個合格的空服員，不僅僅要體現在外部表象上的容貌美；還要在服務過程中，透過對旅客的關愛、周到的服務等，體現其高尚品質與素養的心靈美；透過在舉手投足之間自然流露出的個性、氣質美，給人以深刻的印象。掌握形象與氣質的內涵，學習化妝與形象設計技巧，是空服員的必需，也是提升服務業整體形象的必要。

空服員的化妝與形象塑造所蘊含的內容是極其豐富的。本書充分闡釋了形象設計、美容化妝的概念，從色彩、光線、形態、美學等多個角度，詮釋形象塑造的內涵；並透過服飾搭配、運動與保健、心理與美容、日常保健護理手法等，充分說明了形象塑造的完整性、科學性，以及美容化妝的實用性等特點。以區塊闡

述的方式，詳細講解了有關空服員的職業裝扮、各類化妝手法、髮型、護膚、美甲等常識，將知識重點與技巧訓練有機地結合起來。本教程既能使空服員瞭解和掌握化妝技巧與形象塑造的實質，又能使他們的動手能力得到鍛鍊和提高，產生真正意義上的指導作用，幫助航空服務的從業人員成為「美的化身」、「形象的使者」。

本書在編著過程中，注重系統性、全面性、實用性、有針對性等原則特點，既可作為大學院校的理論與實務課程教材，也適用於所有服務行業從業人員的職業培訓，同時也可作為社會上一切愛美人士的參考資料。

期望此書為美化生活、妝點世界造成積極的作用！

編者

第一單元　形象設計概論

本章導讀

　　形象設計的內涵十分廣泛，包羅萬象；大至社會的形象設計、城市或環境的形象設計，小至個體人物的形象塑造，都屬於形象設計學的範疇。本教程，則定位在個體人物的整體形象設計。

　　本章著重講述形象設計的基本概念，形象設計所涉及的基本內容和原則，以及實踐步驟。

重點提示

1.理解形象、形象設計的含義以及形象設計的思想基礎。

2.瞭解個體外在形象設計的基本內容。

3.明確形象定位是形象設計的前提。

4.領會形象設計構思的過程和實踐步驟。

區塊一 形象設計的概念

‖ 一、形象設計的提出

（一）形象（Image）詞源考證及其基本含義

「形象」，由「形」與「象」兩個詞構成，理當是個合成詞。

《荀子‧天論》云：「形具而神生」。

英語中，與漢語「形象」一詞可以對應的詞不止一個，除「image」外，還

有「figure」、「form」、「identity」等，各詞的含義有多種，且在不斷拓展中。「image」，按《韋伯字典》（Wesbster's　Encydopedic　Unabridged Dictionary，1994）的解釋，最基本含義是：1.透過照相、繪畫、雕塑或其他方式製作的人、動物或事物的可視的相似物；2.透過鏡子反射或光線折射而成的物體的圖像；3.大腦的反映、觀念或概念。西方學者科特勒（Philip　　　　Kotler，1997）認為，形象就是指人們所持有的關於某一對象的信念、觀念與印象。

《辭海》的定義是：1.指形體、形狀、相貌。2.指文學藝術區別於科學的一種反映現實的特殊手段。即根據現實生活各種現象加以選擇、綜合所創造出來的具有一定思想內容和審美意義的具體生動的圖畫。社會生活和自然現象都是文藝作品的描寫對象，但社會生活是主要描寫對象。因此，文藝作品中的形象主要是指人物形象，其次也包括社會的、自然的環境和景物的形象。

由此可見，「形象」的含義具有廣義和狹義兩種內涵。廣義的「形象」是指人和物，包括社會的、自然的環境和景物。狹義的「形象」則專指人而言，指具體個人的形體、相貌、氣質、行為以及思想品德所構成的綜合整體。形象是一種抽象的東西，它是對事物形狀、性質、狀態的抽象化概念，是一種和評價相關聯的觀念狀態。

（二）設計（Design）

英語解釋為「圖案」。

《辭海》中解釋為：設置、籌劃，根據一定的目的要求，預先制定出方案、圖樣等。

《漢語大詞典》的定義是：「根據一定要求，對某項工作預先制定圖樣、方案。」也就是說，設計必須透過具體的操作實施才能完整表現，它不同於一般意義的「創作」。例如，繪畫被稱為「創作」，它是一次完成的藝術，畫家的思想表達出來了，也就完成了作品。而同為美術範疇的工藝美術則被稱作「設計」，它不是一次完成的藝術，工藝美術家的設計只是塑造思想和表現計劃的開端，設計之後還要根據圖紙進行加工，經過一系列的工藝流程才能成為完整的作品。也就是說，它要透過集體或者由多步驟的具體操作實施才能完整表現設計者的思

想，設計者是第一位創作者，但不是作品的最後完成者。

設計是為了構築形象，其目的是運用不同的手段來表現新的形象。

（三）形象設計（又稱形象塑造，Image-building）

形象設計，是運用多種設計手段，利用多種不同環境和客觀因素，透過視覺衝擊力造成視覺優化，從而引起美感和新的判斷心理的視覺傳達過程。形象設計的對象是人，是透過物質反映出人的精神活動。

形象，是人們觀察一個人時的最初視覺感受，往往是第一印象。這種印象經常是膚淺和不可靠的，隨著對其行為、動作和言語的深入觀察，人們會對一個人的形象進行再檢驗，重新作出判斷，得出新的印象。新的判斷與其形象給人的印象有時相符，有時相悖，因為形象是由身體（如身材、胖瘦、面容等）和其他附著物（如衣服、飾品等）以及氣質言行等非物質化因素共同構成的。身體受生理條件的限制，通常不易改變，但透過美容、化妝可以進行修飾，而身體的附著物的選擇變化餘地則更大，人們可以透過選擇得體的衣服、飾品裝飾自己，它們可以美化氣質甚至改善言語效果，給人好感。相反，氣質、言行等非物質的內在因素也會影響制約身體及其附著物的裝飾效果，或更美，或更醜。

安全、快捷、舒適是航空運輸的最大特點，空服工作是實現和體現這一特點的重要組成部分，同時也是航空運輸中直接面對乘客的窗口。因此，空服員的儀表形象、言談舉止、服務技能等不僅僅代表著自身和航空公司，還代表著整個民航和國家的形象與尊嚴。因此，空服形象設計是空服員所必備的職業素養。

┃二、形象設計的思想基礎

形象設計的思想基礎，其源頭要追溯到包浩斯（Bauhaus）。

包浩斯（Bauhaus），是德國建築學說的一個流派，其形成要上溯到 1907年在德國成立的「德意志工作聯盟」。這個工作聯盟是最早以推動社會性和產業性的設計運動為目的的團體，由藝術家、工藝家、建築家、技術人員、企業家等眾多人員所組成，提倡「完全而純粹的功用」，其目的在於用機械生產優質產品，

積極地使產品規格化、標準化。工作聯盟的運動對歐洲各國產生了很大的影響，從1909年開始，奧地利、瑞典、瑞士、英國等國相繼誕生了類似的組織。在這種設計的現代化潮流中，1919年，德國魏瑪美術學院與工藝美術學校合併，創立「國立魏瑪包浩斯造型藝術學院」，即包浩斯。

包浩斯將技術與藝術的結合作為設計教育的主要課題，是現代設計的新起點。包浩斯的設計教育理念提倡技術與藝術的統一，並把如何使兩者結合起來作為主要課題，包浩斯的影響更重要的還在於設計觀念的更新。因此，包浩斯被人們稱為藝術改革和藝術教育的先鋒派，具有進步思想。儘管由於種種原因這所學院於1933年被迫解散，但它所遵循的造型教育理念作為近代設計的新起點，從德國向美國等許多國家傳播，在世界各地開花結果，至今仍是藝術教育的主要方式。

在創建包浩斯時發表的「包浩斯宣言」，作為改革的理想和奮鬥的目標，充分體現了「藝術與技術的新統一」的設計教育理念。

包浩斯的這些設計理念儘管有些不盡如人意，但從根本上來說，包浩斯的設計理念至今仍是現代設計的思想基礎。

‖ 三、形象設計的定義

包浩斯的設計思想和理念可以概括為三個要點：

（一）設計的指向應該是人

現代社會中，人是一切活動的核心。而設計的目的應該指向人，應以人為中心，從人的因素來考慮與人有關的一切活動，並為這個活動提供一切最好的條件。在過去的手工環境下，生產力還不是強大得能夠滿足人的所需；而在現代社會中，我們所需要的、所想要的，或是沒想到的，設計師都替我們想到了、辦到了。這裡並不是單純的經濟因素產生作用，它還包含了從物質文明到精神文明的哲理。設計是美與用的結合，是形象思維與抽象思維的交融，透過物質反射出人文精神。在這個過程中，占據中心位置的應當是人，而不是技巧本身。

（二）設計要遵循自然規律

設計的任務就是要改造自然，創造美好的生活。如果不認識自然，不能掌握自然的規律，就不可能去改造自然，也就不可能有設計創造。在設計構思的實際過程中，往往要受到各方面的限制。首先要考慮到使用對象的需要，不同的性格、年齡、性別、文化、習慣等有不同的要求；材料性能的侷限，對造型也有不同的要求；加工技術的工藝及其成本核算，也影響設計的實施。這些客觀存在，都是不能迴避的問題。設計的任務，就是要解決物質與生活、藝術與技術之間的矛盾，為生活更好的服務。任何設計都會遇到客觀條件的制約，但正是這些制約條件，既限制了設計，也成就了設計。正如一個走鋼絲的雜技演員，這根鋼絲限制了演員的表演，但也正是在鋼絲上表演種種高難度技巧才成就了演員的雜技表演藝術。設計的藝術表現必須建立在物質的基礎之上，離開自然與客觀的規律，設計將是空洞的和不可實施的。

（三）設計要將藝術與技術真正統一

技術和藝術原本是合二為一的，達文西和米開朗基羅既是文藝復興時期代表性的藝術家，同時也是當時的技術大師。工業革命以後，由於技術的進步和工種的細分化，逐漸使技術與藝術分開了。

我們這裡所講的形象設計是指以個體人物為目標的設計，是研究人的外觀形象與造型的視覺傳達設計，因此，又可稱為人物整體造型設計。簡而言之，形象設計是一門科學，專門研究由表及裡美化形象的學問；形象設計也是一門技術，它不僅包含醫學、美容學、髮型、化妝、服飾和塑造完美形體的技能技巧，也包括風度禮儀、個性氣質、審美層次和文化道德素養等方面。形象設計既是一門綜合學科、一種設計理念、一種圖形構思，也是一種技能實踐和再造。

四、個體外在形象設計的基本內容

人們在評價美、審視美的過程中，總會自覺或不自覺地運用某種尺度去衡量、審視對方。這種用以衡量的標準，就是審美標準，也是形象設計造型藝術標準。千百年來，人們透過漫長的社會實踐，對美的評價形成了一些共識。達文西

説：「美感完全建立在各部分之間神聖的比例上」；人體的形態美具體表現在容貌美、形體美、肉體美、姿態美、聲音美等方面。因此，個體外在形象設計的基本內容包括以下幾個方面：容貌、形體、舉止行為、服飾、聲音談吐等。

（一）容貌

容貌是指包括一個人的頭髮、臉龐、眼睛、鼻子、嘴巴、耳朵等在內的全體外觀，以及無衣服遮蔽的手部，包括手掌、手臂等在內。容貌美指人體面容五官長相的端莊秀美，是人體美最重要的組成部分。構成容顏美麗的因素不僅體現在頭髮的色澤與質地、髮型、臉型、膚色、五官的形態以及以上諸多因素的完美和諧統一，還體現在人的精神狀態、氣質風度等內在的修養。

（二）形體

在自然界裡，人體結構是最完備、最協調、最富有生機和力量的。美國藝術史學家潘諾夫斯基深刻地指出：「美，不在於各種成分，而在於各個部位和諧的比例。」藝術大師笛卡兒也説：「恰到好處的適中與協調就是美。」由此可見，體形是否美，主要取決於身體各部分發展得是否均衡，與整體是否和諧。早期古希臘標準人體比例的規定是臉部長的10倍或頭長的7～8倍等於標準身長；在埃及則把中指的19倍或鼻高的32倍視為標準身長。目前人們公認的是頭長的8倍等於身高，如果破壞了一定的比例，人體就會失去勻稱而顯得不協調。

1.形體美的標準

中國體育美學研究人員結合古今中外美學專家對人體健美的理解，結合中國民族體質和體形現狀，提出了人體美的十條基本標準：

（1）骨骼發育正常，關節不顯得粗大凸出。

（2）肌肉發達勻稱，皮下有適當的脂肪。

（3）頭頂隆起、五官端正、與頭部比例配合協調。

（4）雙肩平正對稱，男寬女圓。

（5）脊柱正視垂直，側視曲度正常。

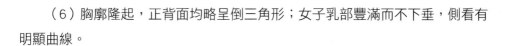

（6）胸廓隆起，正背面均略呈倒三角形；女子乳部豐滿而不下垂，側看有明顯曲線。

（7）女子腰略細而結實，微呈圓柱形，腹部扁平；男子有腹肌壘塊隱現。

（8）臀部圓滿適度。

（9）腿長，大腿線條柔和，小腿腓腸肌稍突出。

（10）足弓較高。

2.「黃金分割律」

「黃金分割律」是公元前6世紀古希臘數學家畢達哥拉斯所發現，後來古希臘美學家柏拉圖將此稱為「黃金分割」。義大利著名畫家、解剖學家達文西透過無數屍體解剖的實際測量和研究證實，人體中有許多部分符合黃金分割律的比例關係。19世紀德國美學家柴儂辛又作出了進一步的計算。學者們發現，一個長方形的長邊（a）和短邊（b）的比例，若與兩邊之和（a＋b）與長邊（a）的比例相等，即a：b＝（a＋b）：a長短，那麼這個長方形就具有多樣的統一，且輕重勻稱。許多美學實驗表明，多數人喜歡這種比例，認為最合乎美感的要求。這個比例是一個常數，長邊：短邊的比值符合或接近1：1.618的比例；即等於5：3，或8：5，或13：8，或者短線與長線的比值為0.618。現實生活中所見得照片、螢幕和很多藝術品也都呈現這種比例。

美麗的人容貌和形體結構中有18個「黃金點」（一條線段的短邊與長邊之比為0.618或近似值的分割點）、15個黃金矩形（寬與長之比為0.618或近似值的長方形）、六個「黃金指數」（兩條線段：短段與長段之比為0.618或近似值的比例關係），僅鼻子就有三個「黃金三角」（外鼻正面觀、外鼻側面觀、鼻根和兩側口角組成的三角形）。人體的黃金指數有上下肢指數、目面指數、鼻唇指數、唇目指數、上下唇高指數、切牙指數等均近似0.618。

值得強調的是，0.618作為人體健美的一種標準尺度，是無可厚非的，但不能忽視其存在的「模糊特性」，它同其他美學參數一樣，受種族、地域、個體的差異制約，都有一個允許變化的幅度。

（三）舉止行為

舉止行為是人體在空間的活動及變化，是人們在日常生活和社會交往中的形體姿態。人體的姿態美包括站姿、行姿、坐姿、蹲姿、手勢等靜態和動態的姿態美，運動中形體變化和動作協調，以及運動中的生命活力美等。人體的姿勢主要透過脊柱彎曲的程度、四肢和手足以及頭的部位等來體現。姿勢的正確、優美，不僅體現人的整體美，還反映出一個人的氣質與精神風貌。舉止行為有時比一個人的容貌、衣著打扮給人印象更深刻。可以說，它是展示人的「內在美」的一個窗口。

（四）服飾

服飾是指人的服裝穿著、飾品佩戴、美容化妝幾個方面的統一，有時也單指衣著穿戴。服飾是人體的軟雕塑，在一定程度上反映著一個人的個性、愛好、職業、文化素質、經濟水準和社會地位，同時還體現著民族習慣和社會的風尚。

（五）聲音談吐

聲音的美學效果是不言而喻的。形象設計除了研究人體對音樂的感受，並利用這種感受來改善人的身心狀態外，還很重視研究人體自身發音所產生的美學效果。所以形象設計非常重視維護和重建人體發音器官及發音功能，並將聲音列為儀態美的一個重要組成部分。美國前哈佛大學校長伊立特曾經說過：「在造就一個人的教育中，有一種訓練必不可少。那就是優美、高雅的談吐。」中國人講究「聽其言，觀其行」，把聲音、談吐作為考察人品的重要內容。語音輕柔，語意完整，語調親切，語速適中將能夠反映出言談者良好的品德修養和文化水準。

區塊二 形象設計的基本原則

形象設計，本質上是一種對身體物質缺點給以修飾後達到整體和諧美以滿足其精神需求與物質需要。在形象設計中，設計的基本原則是變化與統一。在實踐中，形象設計必須遵循實用性、經濟性、和諧性和美觀性等基本原則。

‖ 一、實用性原則

實用性原則對形象設計而言，不僅關乎形象設計本身的效果，同時還涉及與形象有關的各種因素，如個人的工作、生活、環境等一系列的連鎖反應。從「設計的指向應該是人」的思想出發，實用性在形象設計中已提高到「藝術人本位」的高度。強調實用，強調藝術與技藝的結合，才是合理性的設計。

藝術造型與實用性，由於各自的需求不相同，常有各種元素的衝突。設計者應當根據形象設計實用性原則進行適當取捨與組合。

在形象設計過程中，最常見的設計元素是藝術造型和構成材料。這二者在彼此配合時經常產生衝突，因此，如何處理二者矛盾是最重要的。現代女性一般都重視化妝，但每個人的膚色膚質都會有所不同，化妝方法也應因人而異，必須針對不同的膚質膚色特點，進行不同的藝術造型。膚色潔白的確有誘人的特性，能夠增添迷人的光彩，但在化妝時，如果不注意中間色彩的運用，而是使用鮮紅色系或棕紅色系，那就會造成不協調的效果，反而表現不出美麗動人的風姿。深膚色女性的化妝技巧要比白膚色女性困難一些，但只要選擇恰當的方法，也可以使妝容盡善盡美；化妝的訣竅全在於運用好較深顏色的化妝品，切忌使用淺色系列。粗皮膚的女性一定要避免使用含油脂多的化妝品，因為這類化妝品會使皮膚產生光澤，更明顯地顯露皮膚的粗糙。所以，粗皮膚的女性適宜使用有抑制光澤作用的化妝品。化妝時最好不要讓妝容全部處於被強調之中，較好的辦法是突出局部，轉移視線，使人們不再去注意粗糙的皮膚。

同時，在形象設計中，構成材料的功能性和美觀性之間也經常產生組合衝突，形象設計者必須注重如何緩和這兩者之間的衝突，達到和諧配合的效果。有些金銀首飾如耳環戒指往往只注意造型的精巧美觀，忽略了功能效果，使用時不是劃破了臉，就是劃破了手。這就是不顧功能、只顧造型美觀的結果。當然，也有只求功能、不顧美觀的情況。過去的人工睫毛，不注意包裝，用土皮紙包裹，每打12支，價格低廉。這樣極其考究的化妝品，只因為包裝的問題，竟然推銷不出去。後來改進了包裝，採用塑料有機玻璃小盒，內用絲絨襯底，外壓製浮雕圖案，每盒只放一雙睫毛，顯得非常美觀精緻。因此，儘管價格提高了好幾倍，

仍然暢銷不衰。

║ 二、經濟性原則

經濟性原則是形象設計必須考慮的。材料飾品價格高，形象設計的成本必然昂貴，創意再好的設計也無法得以實施。所以，形象設計必須要與經濟掛鉤，只有那些成本低、質量高的設計才是成功的。

例如，早些年，女性外出常用的化妝盒，為了適應社交的各種場合的需要，由梳妝台上轉到隨身攜帶。設計者在盒蓋內裝上一面小鏡子，便於隨時化妝，形成了空間的轉移；還有的裝上微型電珠，任何情況下一打開就亮起來，在暗處也可以進行化妝。它的成本很低，但設計巧妙，樣式新穎，加工精細，使用方便，大受青睞。這種藝術與經濟的結合，是促進形象設計的發展和生活現代化的重要因素。

║ 三、和諧性原則

形象設計的最終目的是透過各種美學元素的組合、重疊、取捨從而產生美，而美的根源便是「和諧」。

無論形象設計的構想怎樣，無論選用材料的性質與性能怎樣，無論形象設計各種元素之間的組織配合怎樣，其終極目標是在受眾的各種感官的接受過程中產生一種和諧感，這種和諧感才是創造美的設計效果的最關鍵手法和訣竅。空服員不可以只一味關心自身形象是否高貴脫俗或者是否前衛時髦，而忽視了職業的要求，忽視與周圍環境的和諧性、貼切性。

║ 四、美觀性原則

最直接的目標是要在形式上達到美的效果，因此外形的美觀是形象設計所必然要強調的。

不同身分和角色，有不同的形象標準。文憑學歷、家庭出身、知識閱歷不再

是萬能的敲門磚。經常聽說衣著邋遢、不修邊幅的人，雖然口袋中有錢，但常被飯店接待人員擋住。人們在交際之初，「以貌取人」、「以衣飾取人」的心理趨勢是很難避免的。所謂「第一印象」總是從外形的美觀與否開始的，外形將最先影響著人們的接受程度。健康、親切、真誠、大方、聰慧、靈敏、幹練的形象特徵是當今乘客對空服員共有的心理期待，而這些形象特徵首先是透過精心設計的外觀的美才能一步一步實現。空服員在服飾、髮型等外在儀表上的講究永遠是最重要的，衣著髮型是空服員的外包裝，在空服員形象設計中處於很重要的地位，不可掉以輕心。當然，空服員形象設計是一個綜合性的設計，絕不能只把它單純地看成是特定時刻的穿著打扮，把目光停留在表面設計上。形式上的美觀不是空服員形象的全部內容，行為、語言、氣質的設計也同樣不可或缺，它們是美的精華。外觀美是幫助傳達「美的精華」的有效途徑，是實現最佳形象設計效果的象徵。

區塊三 形象設計的前提——形象定位

┃一、形象定位的含義

所謂形象定位，就是根據形象診斷的內容、形象選擇的結果，找出並確定形象主體在相關公眾心目中區別於其他形象主體的特色或個性，為日後的形象變化提供依據。只有「萬綠叢中一點紅」的形象才是成功的、豐滿的、有魅力的形象，假如「千人一面」，絕無獨立形象可言，也不會有吸引力。形象塑造必須找出自己的定位，才有努力的著力點。形象設計不是短期行為，而是長期、持續性的形象塑造工程。

┃二、形象定位的意義

在注重形象的現代社會，如何塑造良好的形象，如何把形象定位在最有利的位置，發揮應有的魅力，並進一步擴大影響，成就一番事業，準確的形象定位非常重要。

同時，形象定位是一個動態系統。一個善於塑造自己形象充分發揮魅力者，往往也是人生戰場的成功者。由於現代社會環境不斷地發生著改變，一個善於經營自己形象能力的人不能隔絕於環境之外，必須與外在環境、競爭環境、人際環境產生互動，將形象定位與環境變動相結合，設計出動態的形象設計方案。

三、形象定位的要點

（1）形象定位是動態的，依環境變動而調整，不可單調刻板，靜態停止；

（2）形象定位重點在於創造個人獨特風格魅力，而不是模仿、瓜分他人的「魅力市場」；

（3）形象定位著重於個人與群體的互動、互賴、互信關係，而不僅僅是促銷商品；

（4）形象定位強調重要性，而不是記數的。

四、形象定位的細節

（一）形象定位的條件性

根據形象診斷和選擇的結果，在外形方面將設計對象進行定位。這類形象應該說是一種形象提示，並不要求設計對象完全照辦。它提示設計對象適合一種風格化的裝扮。形象設計所產生的形象並不一定是唯一的、永久的，是有條件限制的。

（二）形象定位的變動性

因時間、地點、場所不同，化妝、髮型及服飾也會隨之發生變化。時間的不可塑性，決定了形象設計的不同。例如，設計對象參加晚宴時著晚禮服，臉部化妝也會略為誇張，如果以這樣的形象出現在辦公室裡，就顯得很不合適。因此，時間準確是形象設計的一個重要元素。另外，審美標準和流行時尚是動態的，一成不變的形象設計方案顯然不符合審美規律。

（三）心理素質定位的重要性

心理素質的定位對個人形象的整體定位有重要的意義。比如，對職業生涯陷入困境者的心理素質判斷，可以以下幾個方面加以審視：1.個性是否軟弱？2.是否缺乏競爭？ 3.是否有逃避困難的傾向？4.只會討好上司，巴結做應聲蟲，缺乏知交？5.是否明哲保身，不求變通？6.是否為人刻薄挑剔，人緣不佳？是否處處得罪人，無法建立自己的班底？7.是否口無遮攔，無法嚴守祕密？8.是否受到別人的信賴？9.是否既無法結合上級步調，又得不到下屬的協助？10.是否業務能力不強，只會吹牛，沒有考慮未來目標及能力方向？

此外，還可以透過一些專業的性格氣質測試問卷，判斷出設計對象的個人特徵後，找出設計對象的心理素質定位，設計出與之相對應的形象塑造方案。

區塊四 形象設計的構思

中國個人形象設計理論的開拓者和奠基人孔德明教授在其專著《形象設計》一書中指出，「構想是形象設計的基礎」。誠然，合理和個性化的構想，是形象設計的第一步，也是貫徹於形象設計全過程的創造活動，是形象設計的基礎。形象設計是一項綜合性、創造性的工作，沒有好的構想，就無從談起好的設計效果。

一、形象設計構想的過程

關於形象設計構想的全過程，孔德明教授認為一般需要經過三個階段：

（一）構想初步形成階段

這是形象設計構想的第一步。設計師在生活中，根據自己的觀察、體驗和分析，被生活中的某些人物、事件或自然景象所強烈吸引，從中領悟到某種意義、價值和美，產生了要把它在藝術上表現出來的念頭或衝動，從而進入創作過程。分析形象設計的實踐過程不難發現，每一個設計都有一個或長或短的創作的準備

階段。不管這個初始的念頭多麼不成熟，卻都有可能成為設計的原動，成為設計的一種依據。

（二）構想逐步完善階段

在初步構想的基礎上，經過再孕育、再認識，構想就進入進一步明確化、具體化的階段。在這個階段中，設計的主題、內容、形式、構架等都開始形成，並組合成一個完整的整體。構想的第一個階段與第二個階段之間，沒有絕對的界限，只是一個在前，一個在後，由籠統逐漸變得具體，由模糊逐漸變得明晰。

（三）構想加工完善階段

構想的最後階段，是設計者對設計構想進一步加工改造，使之趨於完美的過程。在這個過程中，設計者要再次精心考慮，再次多方實踐，千方百計保證設計的質量，並將它落實到設計圖紙上。至此，構想才算完成。

‖ 二、形象設計構想的實踐步驟

形象設計的構想，是一個系統工程。孔德明教授認為，在具體實踐中構想過程一般包括以下幾個步驟：

（一）理解設計對象

理解設計的對象，是設計構想中首先要考慮的重要因素。只有瞭解設計對象的情況，如五官是否端正、身材是否勻稱等等，才能作出正確的設計構想。

在電視連續劇《武則天》中，劉曉慶扮演一位女皇，從十幾歲少女，到年過花甲老嫗的化妝造型，無不維妙維肖，精彩絕倫。化妝師是如何塑造出如此精彩的裝束的呢？化妝師回答：「我是根據她的骨骼來化妝的。」這話道出了人物形象設計的精髓——只有深入瞭解設計對象，才能創造出完美的形象。

（二）明確設計目的

不同的人往往有不同的需求，一個要去參與商務洽談的白領麗人，與一個偕同戀人赴舞會的嬌媚少女，她們裝束目的截然不同，形象設計的要求也大相逕

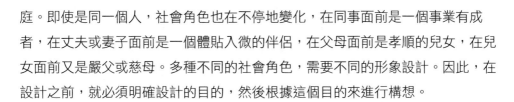

庭。即使是同一個人，社會角色也在不停地變化，在同事面前是一個事業有成者，在丈夫或妻子面前是一個體貼入微的伴侶，在父母面前是孝順的兒女，在兒女面前又是嚴父或慈母。多種不同的社會角色，需要不同的形象設計。因此，在設計之前，就必須明確設計的目的，然後根據這個目的來進行構想。

（三）確定設計主題

主題，是整個形象設計的核心、靈魂和統帥。主題在形象設計中就像一根紅線，貫穿整個設計過程的始終。一切設計的局部和零件，都要根據主題的需要來進行選擇；一切設計的好壞，首先要看主題是否正確，是否鮮明，是否新穎，是否深刻。所以，在設計的構想中，最重要的是確定設計主題。

在確定設計主題時，要特別注意兩個問題：一是確立中心。中心不能有多個，多個中心，等於沒有中心。從辯證唯物論的角度來看，確立中心的過程就是抓主要矛盾的過程。二是減少頭緒。主題的提煉，關鍵在於選材，根據設計對象的需要，把現實生活中獲取的大量感性材料進行分析、概括，提取其精華，形成一個主題，千萬不可貪大求全。

（四）選擇設計題材

題材，是設計師對客觀生活有所感悟而選取來予以加工表現的材料。題材雖然來自客觀現實的生活，但不等於原始生活材料，只有經過設計師有意識、有目的地提煉、加工，予以表現的生活材料，才是題材。

形象設計的突出特點，是不以情節取勝，而是著重展現人的內心世界，或著重刻畫人的外貌、性格和氣質等社會屬性，在這一點上，形象設計與雕塑有相通之處。羅丹晚期作品《巴爾扎克》就是一個很好的例子。雕刻家以激動的情感雕塑了這位漫步於不眠之夜的文豪形象：病魔使他失眠，逼他受苦，他被莫大的幻覺所迷惑，抖動著他的病體，就像抖動他的睡衣一樣。他苦惱地仰首凝視，那朦朧的睡眼、緊閉的嘴唇、蓬鬆的亂髮，都表現出一種被失眠折磨得無可奈何的神態。但他又好似在靜靜地構思，推敲著詞句，正在醞釀著新的巨作。在形象的塑造上，雕刻家不求形的精雕細刻，不求輪廓的明晰呈現，而是採用不穩定的明暗對照，放鬆局部的思索，強調形象的整體感，使人物形象好似從光線和空氣中浮

現出來，從而更深刻地表現了巴爾扎克的性格及內心世界。

在題材的選擇上要多管道選材，儘量廣泛汲取素材，積累豐厚的底蘊，這樣才能設計出好的作品。

（五）構建整體框架

形象設計的整體效果，只有透過一定的組織結構才能表現出來。組織結構是形象設計的重要表現手段。結構的基本環節是材料的選擇和安排，也就是剪裁和布局。

剪裁，就是要善於從大量的素材中選擇最適於表現和設計的元素。

布局，就是要處理好全局和局部的關係。全局透過各個局部來體現，局部反映全局的一部分，二者相互配合，才能組織好結構。在形象設計中，布局主要表現在對人體的整體包裝，包括髮型、化妝、服飾、體態等。

好的結構應該是完整、和諧、統一的，使各個組成部分構成一個統一體。好的布局，能使人的思想方法與事物的內部邏輯關係，達到主、客觀的高度統一。

（六）選擇具體表現形式

表現形式為內容服務、受內容的支配，反過來也會影響內容的表現。一種形式往往可以表現多種內容，而一種內容也可以透過多種形式來表現。但是，一種內容的最佳表現形式只有一個，設計者的任務就是要努力去尋找這個表現形式。一旦形式與內容達到和諧統一，這個形象設計就是美的。這一點，近年來在視覺識別設計方面表現得尤為突出。

單元小結

本教程所定位的是個體形象設計，即個體在社會或群體心目中所要達到的總體印象。本章系統闡述了形象設計的基本含義和個體外在形象設計的基本內容。在形象設計基本原則的基礎上，強調形象定位是形象設計的前提，具體討論了形象設計的構想及實踐步驟。

思考與練習

1.簡述形象設計的定義。

2.簡述個體外在形象設計的基本內容。

3.簡述形象設計構想的實踐步驟。

4.結合形象定位的含義，對自己進行形象定位。

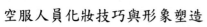

第二單元 形象設計的形式因素

本章導讀

一般而言，形象設計離不開色彩、光線、形態等形式因素。這些形式因素在形象設計中，就如建築中的磚瓦，是設計的基本表現手段。設計效果的好壞，實質上是對色彩、光線、形態這些形式因素的處理結果。

重點提示

1.掌握色彩的原理及不同色彩的感覺和功能。

2.瞭解光線的造型特點。

3.瞭解形態的三個具體內容及其運用。

區塊一 形象設計中的色彩美學

形象設計的美學包含了形式美學和色彩美學兩大部分。而在色彩美學中，首先要瞭解的就是色彩。

色彩，就是不同波長的可見光引起人眼不同的顏色感覺。我們之所以能夠分辨和認識宇宙間萬物，完全是因為有了光。光是色彩的媒介。早在1665年，牛頓利用三稜鏡的折射將太陽光拆解為紅、橙、黃、綠、藍、靛、紫七色之後，色彩的本質是波長不同的可見光的祕密就解開了。

色彩這種物理光學現象的存在，使我們的世界變得多姿多彩。色彩是形象設計最基本的形式因素。在設計中，合理選擇色彩，以達到控制、調節和突出的作用，就必須對色彩的特徵、排列規律、情感特徵、社會觀念以及組合手法進行研究。

‖ 一、色彩的屬性

色彩，可以分為無彩色系列和有彩色系列兩大類。

無彩色系列，是指白色、黑色和由白色黑色調和形成的各種深淺顏色不同的灰色。

有彩色系列，是指色帶光譜上的紅、橙、黃、綠、青、藍、紫及其衍化產生的帶有顏色的色彩，不同明度和純度的這七種顏色也都屬於有色系列。有色彩是由光的波長和振幅決定的，波長決定色相，振幅決定色調。

有色彩類的顏色具有三個屬性：色相、明度和純度，統稱為色彩的三要素。

我們之所以能對豐富多彩的色彩清楚地加以辨別，是因為它們有著各自不同的色調、明度和純度特徵。色調表現色彩的種類，明度表現色彩的深淺，純度表現色彩的鮮豔程度。

（一）色相

色相，是指顏色的光譜波長，又稱色別，是色彩的最主要的特徵，它雖然是表示色彩的種類，但指的不是一種色彩。同一色相的色彩是指色彩中組成彩色成分的三原色光組合比例相同的一系列色彩，它們之間的差別僅僅是明度和純度的不同；因此，色相相同的色彩在畫面中組合時，給人一種和諧愉悅的感覺。

人眼能夠分辨的色相，在光譜中大約有150餘種，加上光譜中沒有的紅、紫之間的30餘種品色，共180餘種。因此，形象設計中對色彩的選擇餘地非常大。

（二）明度

明度，又稱亮度，即色彩的濃度和深淺。色相相同的色彩仍有明暗、深淺之分，這種色彩本身的敏感程度即明度。在同一色相中，潔色的明度高，濁色的明度低，純色的明度居中。可以看出，明度在色彩的三個基本特徵中有較強的獨立性，純度高的色彩明度不一定高。在色彩明度體現中，黃色的明度最高，紫色的明度最低。在色彩混合過程中，白色加得越多則明度越高，黑色加得越多則明度越低。

受視覺生理特徵的影響，人眼雖然不能準確判斷某種色彩明度的大小，但對色彩明度的變化很敏感，並且能夠比較精確地判斷色彩明度的差別。因此在形象設計中選擇色彩，必須考慮明度及其變化，而人物形象的立體感或輪廓的凹凸結構特徵主要靠色彩的明度來體現。

（三）純度

純度，又稱色彩的彩度或飽和度。色相相同的色彩除了有明度上的差別外，還有純淨程度之分，即色彩的純度。色彩純度越高，給人的視覺印象越鮮豔。在所有顏色中，三原色的純度最高，鮮豔程度也最高，間色次之。這種純度的高低主要是因為色彩中彩色成分與消色成分（即黑色成分和白色成分）調和比例的變化：彩色成分愈多，色彩的純度愈高，因此沒有消色成分的三原色純度最高；消色成分愈多，色彩的純度愈低，因此沒有彩色成分的黑色和白色的純度最低。

色彩純度的高低還與色彩的明度有密切的關係。當明度變化時，純度也隨著改變，明度增大或減小時純度都降低，只有明度適中時，色彩的純度最高。因此，形象設計中選擇色彩，要把純度與明度結合起來考慮。

色彩純度的強弱一般也採用高、中、低等區分。最純淨的色彩稱其為純度高。

（四）色彩三要素的相互關係

色彩的三個屬性不是孤立的，而是相互依存、相互制約的。每一種色彩都具有三個屬性。化妝時如果改變了某一色彩的明度，則其色相、純度相應都會有變化。例如：黃色摻入一些褐色後，其明度降低，純度也會降低，色相也變成了黃褐色。

色彩的差別似乎很小，但配上不同程度的純度和明度，就會產生顯著的變化，並且每一種色彩都會巧妙地衍生出無數的近似色來。例如，黃色有檸檬黃、淺黃、金黃、芥末黃、杏黃、土黃、中黃等；藍色有天藍、海藍、灰藍、淺藍、寶石藍、孔雀藍、深藍、藏青等；白色有雪白、乳白、米白、青白、粉白、藍白等；黑色有灰黑、紅黑、紫黑、藍黑、青黑等。

▍二、色彩的排列規律

作為一個典型的色彩標誌系統，在色彩的排列上，無論是色彩類別、色彩特徵，還是兩者之間，都應建立密切的關係，形成一定的規律。

這種規律既能從色彩的組成及特徵的相同因素上體現出來，也可以從色彩的某種差別中自然形成。從消色系列的色彩來看，不含彩色成分的共性使它們歸屬同類色彩，而明度上的差別又形成了依次變化的規律。彩色系列色彩的特點是含有彩色成分，並且在是否含有黑色成分和白色成分上分成了純色、潔色、濁色和彩灰色。在這些色彩中，純色之間的差別是透過色調的不同表現出來，並且由於色彩中三原色光比例有規律的變化形成了結構嚴密的色調環。同一色調的潔色和濁色由於所含白色成分和黑色成分的截然不同，被純色分成兩個部分，而每個部分的色彩又因為明度和純度的差別表現了有規律的變化。彩灰色與潔色的聯繫是因為它含有白色成分，同潔色的差別在於含有黑色成分；同時含有的這兩種成分，也使它同濁色形成了既有相近之點，又有不同之處的關係。類屬彩灰色的各個色彩之間，也是由於明度和純度的變化表現了相互之間的差別、聯繫及有規律的變化。消色和彩色這兩大系列的色彩，是彩色成分使它們之間形成了明顯的界限，而消色成分又使它們有了可以溝通的因素。自然界的各種色彩就是這樣既有差別，又有聯繫地形成了一個可以按照一定規律排列、組合起來的整體，為形象設計中色彩的選擇、組合提供了依據。

▍三、三原色及其混合規律

我們一般把波長為400～500毫微米的可見光定為藍光範圍，把波長為500～600毫微米的可見光定為綠光範圍，把波長600～700毫微米的可見光定為紅光範圍。按照國際照明委員會的規定，把水銀光譜中波長分別為435.8毫微米、546.1毫微米和700毫微米的藍、綠、紅光稱為三原色光。

實驗證明，透過藍、綠、紅三原色光的定比組合可以模擬出自然界的各種色彩。在繪畫藝術中提倡用三原色來調出需要的顏色，而不提倡直接使用顏料廠商

調製好的各種顏色的顏料，因為三原色能調製出比廠商更多更豐富的色彩來。形象設計中對色彩的運用，同樣可以借鑑繪畫藝術的做法。

為了表現色彩的類別、特徵和相互關係以及實用中的色彩控制和調節，就必須研究組成色彩的藍、綠、紅三原色光的比例，並使這種比例與色彩名稱相對應，這也是能否自如地運用色彩的關鍵。由於自然界中的色彩是不計其數的，加之人的視覺分辨能力的限制，對所有色彩的三原色光組合比例都進行分析和研究是不可能的，也是不必要的。選擇一些典型的組合比例進行研究，即可明了三原色光的混合規律及其對色彩特徵的影響。

（一）三原色光的等量

混合藍、綠、紅三原色光的等量混合是色光混合的最基本的規律。如果用字母 B、G、R、Y、M、C、W 分別代表藍光、綠光、紅光、黃光、品光、青光和白光，可用下式表示三原色光等量混合的規律（字母前的係數表示光量，2為最大的光量）：

綠光（2G）＋紅光（2R）＝黃光（Y）

藍光（2B）＋紅光（2R）＝品光（M）

藍光（2B）＋綠光（2G）＝青光（C）

藍光（2B）＋綠光（2G）＋紅光（2R）＝白光（W）

三原色光等量混合的規律還體現在光譜色的排列上，即紅、綠之間為黃；藍、綠之間為青；若使光譜綵帶首尾相接，又可推測在藍、紅之間有不在光譜上的品色。從色相上也可以斷定黃光、品光和青光是由三原色光中哪兩種原色光混合形成的。比如：黃光中絲毫不見藍光的跡象，卻有紅光和綠光的影子；品光中看不出綠光成分，而閃現藍光和紅光；青光中具有藍、綠兩色的因素，但與紅光無關。透過與光譜、色相的聯繫，不僅可加深色光混合的印象，還有助於認識色彩之間的關係。

（二）三原色光以二比一的比例混合

當藍光與綠光以二比一的比例混合時，藍多綠少為天藍（2B＋G），藍少綠多為翠綠（2G＋B）；當綠光與紅光以二比一的比例混合時，綠多紅少為草綠（2G＋R），綠少紅多為橙色（2R＋G）；當紅光與藍光以二比一的比例混合時，紅多藍少為粉色（2R＋B），紅少藍多為紫色（2B＋R）。

掌握了色光混合的基本規律，就可以分析、判斷成分比較複雜的色光是由哪些原色光以何種比例混合形成的及一定比例的三原色光混合起來會形成什麼樣的色光。比如，分析淺青色光的成分時，可以從淺淡色彩中含有白色成分確定是由藍、綠、紅三種原色光組成的；而青色的顯現又表明除了由一定數量的三原色光組成白色成分（B＋G＋R）外，剩下的是藍光和綠光等量混合的青色成分（B＋G），即：

（B＋G＋R）＋（B＋G）＝2B＋2G＋R（淺青）

判斷比例為（2B＋G＋1.5R）的三原色光組合形成的色彩時，先把其中的白色成分（B＋G＋R）分出，剩下的是藍光和紅光以 2：1的比例混合的紫色成分（B＋0.5R）。由此確認，藍、綠、紅三原色光 2：1：1.5的比例混合時，形成淺紫色光。

（三）色光的互補關係

若兩種色光等量混合時形成白光，這兩種色光之間的關係為互補色光。因為白光是透過這兩種色光互相補充形成的，即補成了白光，所以，稱為互補關係。

四、色彩的感覺與功能

（一）色彩的視覺感受

1.色彩的前進感與後退感

我們在旅遊時，站在高處山嶺上，常會發現一個奇怪的現象：放眼望去，看到遠處的山感覺呈現一大塊一大塊的深藍色和墨綠色；但走近時就會發現山不是藍色的，而是深淺不同的綠色。再走近時就會發現，山上被陽光照射的樹，朝陽光處呈一塊塊黃綠色，被浮雲暫時遮蓋處呈深淺不同的綠色，背陰處卻又成了墨

綠色。

其實，同一背景、面積相同的物體，由於各種色彩的色光波長及相應的折射率不同，它在視網膜上形成的映像也不同。波長長的暖色光在視網膜內側成像，所以給人以凸向前的感覺，稱為前進感；波長短的冷色光在視網膜外側成像，所以給人以凹進深遠的感覺，稱為後退感。因此，在形象設計中，無論化妝或服裝色，明度較高或暖色系的色彩前進感較強烈，可以有提亮效果；明度較暗或冷色系的色彩後退感較強烈，可以有陰影色效果。

2.色彩的軟硬感與輕重感

色彩能夠使人看起來有輕重感，這也是與人們在實際生活中產生的聯想有關。人們看到黑色就會聯想堅硬沉重的鋼鐵、煤炭，看到白色就會聯想到柔軟而輕飄的白雲和棉花。色彩的軟硬感和重量感主要是與色調或明暗度有關，通常是明度越高或純度越高的色彩，感覺越輕、越柔軟；而明度越暗、純度越低的色彩，感覺越沉重、越堅硬。同明度的色彩則純度高的感覺輕，純度低的感覺重。另外，在無色彩系列中，黑白具有堅硬感，灰色具有柔和感；在有色彩系列中，冷色具有堅硬感，暖色具有柔和感。

3.色彩的味覺感

色彩還具有味覺感，這也是由人們日常生活中所接觸過的事物聯想而來的。例如，人們對所使用過的食物、蔬菜等色彩，形成了一種概念性的味覺反應。因此，對於沒有食用過的食物，也往往會有先入為主的印象，先以其外表來判斷它的酸、甜、苦、辣。

（1）酸

可以使人聯想到酸梅或青蘋果等一些未成熟的果實，因而酸色常常以青綠色為主。從果實成熟過程中的顏色變化來看，黃、橙黃、綠色等色彩，都是帶有一些微微酸味的色彩。

（2）甜

可以使人聯想到甜橙，粉紅色、像牙色的冰淇淋等具有甜味的食物。因此，

暖色系的黃色、橙色最能表現甜的味覺感；另外，一些明度、純度較高的色彩也有甜的感覺。

（3）苦

可以使人聯想到咖啡等食物的苦澀。因此以低明度、低彩度帶灰色的濁色為主的灰、黑褐等色彩，容易讓人聯想到苦的味覺感受。

（4）辣

可以由紅辣椒及其他刺激性的食品使人聯想到的辣味。因此，以紅、黃為主，其他色彩如綠色、黃綠的芥末色也是帶有辣味感的色調。

（5）澀

可以使人從未成熟的果子（如青柿子）聯想到的澀味的感覺。所以，帶有濁色的灰綠、藍綠、橙黃等色彩最能表現出澀味感覺。

（二）色彩的情感特徵

人類在長期的生活過程中，往往將色彩與一定的事物相聯繫，產生聯想，激起情緒，形成了一定的心理定式，賦予色彩一些相關的情感特徵。如，與太陽、火等事物相聯繫，感覺色彩有冷暖感，就將偏於紅色的稱作暖色，偏於藍色的稱作冷色；與棉花、白雲以及生鐵等物質相聯繫，感覺色彩有輕重感，即暗色總是感覺重、亮色感覺輕。這種人為賦予色彩的情感特徵，雖然各人有不同的認識和反應，但長期的社會實踐已使多數人對某種色彩形成了共同的視覺心理定式。通常人們感到色彩的情感特徵有：

1.熱情溫暖的紅色

紅色在可見光譜中光波最長，是人類最早關注的色彩，這是與人類學會使用火緊密相連的。紅色的火焰使人興奮，它給人類帶來了溫暖和燒熱的食物；鮮紅的血液使人驚心動魄，象徵著獵取的獵物、新生命的降臨、人的死亡等等。於是人們對紅色懷有了崇拜而又懼怕的複雜情感體驗，這種對色彩的情感體驗日積月累，代代相傳，逐漸在人類的意識中固定下來，形成了熱烈興奮的暖色情調。歐

洲中世紀的武士候選人身披紅袍，表示做好了流血的準備；女子用口紅來突出鮮紅的血色，以引起異性注目。

因此，紅色具有熱情、溫暖、光明、活潑的情感特徵。

2.壯麗明快的黃色

黃色波長適中，光感最強，明度最高。黃色，與金黃色的太陽、金黃色的田野和果實、黃皮膚、金燦燦的黃金聯繫在一起，令人興高采烈，使人感到明朗，叫人著迷。

我們在故宮中可以看到，從屋上的瓦到椅上的墊，一切都是黃色的。黃色被作為一種權力、地位、尊貴的象徵，被中國封建社會時期的歷代皇帝所偏愛。在清朝作為一種尊貴程度的區分，明黃色只能皇帝本人享用。溥儀在《我的前半生》中寫到，在他幼年時，一次他的弟弟溥傑在宮中與他伴讀時，被他發現了從袖口處露出的明黃色內衣，於是「龍顏」大怒，高聲質問溥傑如何敢穿這種顏色，嚇得溥傑垂手側立，一言不敢發。可見，黃色包含著尊貴這一情感體驗。由於黃金是金燦燦的黃色，故黃色又被人廣泛地用於裝飾，如，金項鏈、金手鐲、金戒指、金耳環等。甚至古代婦女用金幣來摩擦皮膚，試圖讓皮膚發出金燦燦的光彩。

因此，黃色具有壯麗、輝煌、明快的情感特徵。

3.和平寧靜的綠色

綠色在可見光譜中光波最適中，是介於黃藍之間的中間色。綠色，大自然中處處可見，其表達的主題是生命。墨綠色的叢林，碧色的流水，嫩綠的小草……綠色由於和生長的植物相聯繫著，就給人以生機勃勃的感覺，同時也給人一種冷靜、穩定的情調。

國外有學者研究發現，因為綠色在大自然中所占的比例較大，原始部族和農村居民對綠色熟視無睹，並不注重。

中國古時以綠為雜色，一般只用其做衣裡和褲子。《詩經》用「綠衣黃裡」、「綠衣黃裳」，比喻妾貴妻賤、尊卑顛倒。唐朝有娼妓家屬頭上須裹綠巾

的條例。不論是中國還是外國，都將與別人私通的女子的丈夫稱為戴綠帽子，可見綠色在特定情境中又是一種羞辱色。

因此，綠色具有和平、寧靜、希望、生命力的情感特徵。

4.理智深沉的藍色

藍色波長短於綠色，是後退的遠逝色。藍色，與晴朗的天空和浩瀚深沉的大海相聯繫，給人以一種深沉、浩渺的感覺；具有一種高、闊、深、遠、空曠、渺茫的視覺心理效應。藍色還象徵和平與自由；藍色可以象徵高貴，但藍發白時又象徵貧寒；昏暗的藍色會給人不良的心理感受，如迷茫、恐懼、毀滅；同樣是一束淡藍和淡黃，藍色會射出一定的寒光；藍色放在紫色上，顯得畏縮、空虛、無能。

因此，藍色有著理智、平靜、深沉的情感特徵。

5.純潔明亮的白色

白色被稱為全色光，給人以明亮、輕盈、純潔的感受。它與茫茫雪野、白雲相聯繫，它給人以一種空靈的神韻，呈現著飄飛流動之美，常常使人產生潔白無瑕和純真的感覺，同時又是肅穆、樸素、空虛和蒼白無力的象徵。

西方國家結婚有穿白色禮服和披白色婚紗的習俗，以表示愛情的潔白無瑕和純真。而中國的喪服則是白色的，披麻戴孝均用白色以示肅穆和虛無幻滅。

因此，白色有明亮、坦率、純潔、爽朗的情感特徵。

6.深沉凝重的黑色

黑色是深沉、凝重的。黑與黑夜相聯繫而派生出嚴肅、恐怖、煩悶的情感效應。著名色彩學家康丁斯基認為：「黑色是絕對的虛無，具有無希望、無未來，而永遠沉默的內在音調。」黑色又給人一種堅硬與充實之感。西方人的喪服是黑色的，以表達一種深沉、肅穆的哀傷之情。倫敦盛傳著這樣一個故事：經常有人到黑色的「布萊克弗萊爾」橋上自殺，後來將橋身的顏色改為天藍色，自殺者大為減少，最後漆為紅色，在那兒自殺者就絕跡了。這就是色彩給人的心理與精神

的影響作用。

因此，黑色有陰暗、憂鬱、恐怖、莊重的情感特徵。

色彩的情感特徵，一般而言都會受到社會條件的影響而發生變遷。例如，紅色在原始社會中曾占據著統治地位，夏朝尊崇黑色，殷代獨樹白色，而周王朝流行紅色。封建帝王還將青、赤、白、黑、黃視為東、南、西、北、中的方位色代表，從而形成了東青、南紅、西白、北黑、中央黃所謂色彩象徵方位説，而且視黃色為中央方位之色，賦予它神聖、權威、莊嚴的含義，成為皇族專用色彩。顯然，社會經濟和政治發展狀況直接左右著色彩情感特徵的變遷。當政治保守、經濟蕭條、人民生活貧困時，色彩趨於單調，反之就豐富多彩。「文化大革命」時期，紅衛兵盛行穿草綠色軍服，形成一片綠色的海洋，綠、深藍、灰成了主導色。1980年代以來，政治民主，經濟繁榮，人民生活中的色彩越來越豐富，色調也日益明快，其情感特徵得到最大化的張揚。

▎五、色彩的社會觀念

不同國家和民族，由於受自然環境、社會狀況和文化傳統的影響，對色彩的視覺心理具有不同的好惡和習慣，形成了極富地域特徵的社會觀念。色彩的這種社會觀念，是地理、氣候、政治、經濟、文化、宗教、歷史傳統綜合作用的反映，不同地域背景的人們對色彩有著不同的社會觀念。

孔德明教授在《形象設計》一書中，對色彩的社會觀念有如下介紹：

（一）中國

熱愛紅色和黃色。人們視紅色為吉祥和幸福的象徵，習慣將紅色用於喜慶和節日，而將白色和黑色用於喪事，視為不吉利之色。同時，十分重視黃色，視黃色為崇高和權威的象徵，是歷代帝王的專用色。中國的國旗和國徽，以紅色為底，以金黃為圖案，顯得莊嚴、肅穆。人們服裝的色彩最流行藍色、青色。隨著人們觀念的轉變，人們對色彩的看法起了很大變化，黑色不再被視為不吉利色而成為流行色之一，還有白色的婚裝也已有不少人喜愛。

（二）美國

偏愛鮮豔的色彩，特別是鮮豔的單色。偏愛靛藍色牛仔裝。少女則偏愛粉紅色和珠紅色。因「赤字」代表虧損，紅色被視為不吉利的色彩。

（三）法國

法國人對色彩的研究和運用十分講究，視鮮豔明朗的色彩為時髦，尤其喜愛華麗、高貴的色調。一般男性喜藏青色，女性喜粉紅色，對色彩的想像力也比較強，由於灰草綠色使人聯想到法西斯軍服，因此厭惡這種色彩。

（四）黎巴嫩

國內一半以上是山地，許多山峰終年有積雪；而「黎巴嫩」本意為「白色」，所以人們對白色情有獨鍾。

（五）英國

因晴朗天氣少而喜愛明朗的色調，規定凝重的品藍為皇家傳統色彩。而英國紳士和淑女又偏愛沉著、穩重、高雅的色調。男性慣用綠色襯衫，女性慣用文靜明朗的色調。

（六）日本

一般而言，日本人對柔和淡雅的色調或明快的色調比較歡迎。近年來流行淺灰色並視為高雅，將用黑色裝飾的日用品視為高級品。尤其喜愛紅、白相間的色彩，日本國旗就是白底上一個大紅圓點。但在傳統節日時避免使用黑色、深灰色及黑白相間的色彩。

（七）新加坡

由於華僑多，受中國傳統的色彩觀影響深，人們喜愛紅色、黃色、綠色、藍色，視黑色為不吉利。

（八）泰國

喜愛使用鮮豔的色彩，規定紅、白、藍為國家色，黃色為泰國王室的標誌。習慣用不同色彩表示一週內的不同日期，並按星期色穿著不同色彩的服裝。所以

男女談情說愛時，只要用某種色彩寫上什麼時間在什麼地方見面，就可以心領神會，如約會。

（九）以色列

國家色為天藍色，厭惡黃色。

（十）芬蘭

國土1/4位於北極圈內，終年積雪；大小湖泊6萬個，被譽為「千湖之國」。因此，象徵冰雪的白色和象徵湖水的淺藍色是芬蘭人最喜愛的傳統色彩，甚至國旗也由這兩個色彩組成。

（十一）澳大利亞

喜愛鮮豔的紅色、黃色、藍色。不喜歡鮮紫色、橄欖綠、鮮紫羅蘭色。

（十二）印度

在日常生活中印度人喜愛鮮豔的色彩，尤其是「七彩色中異樣紅」的「印度紅」。紅色被視為生命、活力、朝氣、熱烈的象徵；陽光似的黃色表示光輝、壯麗；綠色表示和平、希望；藍色表示真實、真誠；紫色表示心境寧靜；而黑色、白色和淺淡的色彩則是代表消極情緒的色彩。

（十三）德國

喜愛鮮藍色、鮮黃色、鮮橙色；不喜歡淡粉紅色、暗黃色和紅黑相間的褐色。特別厭惡咖啡色襯衫、暗藍色襯衫和大紅領帶。

（十四）瑞士

流行濃豔的原色與濃淡相間的二重色，如國旗的紅色與白色相間。黑色一般只在喪葬活動中使用。

（十五）阿根廷

「阿根廷」在西班牙語中意為「白銀之國」。據說400多年前，西班牙人來到這裡，發現這裡的印第安婦女都佩戴銀光閃閃的珍珠，以為這個地方出產銀

子，就把這塊地方稱為「白銀之國」。所以，阿根廷人喜愛銀白色，厭惡黑色和紫與紫褐相間的色彩。

（十六）埃及

國內沙漠到處可見，人們極其渴望綠色，把綠色規定為國家色。喜愛紅色、綠色、橙色、淺藍色、青綠色，不歡迎暗色和紫色，厭惡深藍色。

▎六、色彩的組合手法

不同純度、明度和色調的色彩，訴諸人們的視覺心理感受是不同的。紅、橙、黃、綠、青、藍、紫是純度最高的「有彩色」的色彩，給人以單純、突出、強烈、富於個性、青春活力和熱情奔放的感覺。黑、白、灰是低純度的「無彩色」的色彩，給人以含蓄、中庸、素淡平和、溫文爾雅和富於理性的感覺。但生活中絕對的純色是很少的，更多的是高純度與低純度、有彩色與無彩色組合後的色彩。人們在注視組合後的色彩時，眼睛總是在各色塊之間跳躍，這種跳躍不斷更換著人們對色彩的感受，使色彩的審美傾向於豐富和變化，是一種運動而非靜止的審美。因此，色彩的組合可以模擬和再現生活的複雜與世界的和諧，使形象設計藝術的空間更富於運動和變化。

色彩的組合手法是多種多樣的。

（一）調和

調和，是色彩組合藝術中最普通的手法，它是對具有相同或相似格調色塊的有序組合，表現為主調的統一性。調和有三種形式：

一是，主題色主導整體色群。主題色是給整個色面定調的色彩，它因在色群中以面積、位置的優勢或出現次數的重複而體現出其主導地位；而其他色彩都是主色調的烘托和附屬，受主題色的制約。比如，一件黑色的西服與灰底黑方格的褲子相配，黑色在西服和褲子的方格圖案上反覆出現，使之成了服裝的色彩主題，整體效果給人以協調的感覺。

二是，相近色調和。它是同一色系中的不同色相的組合，如桃紅、蒿紅、玫

瑰紅、橘紅、粉紅等都屬紅色色系，它們之間的搭配便是相近色組合；還有就是指色輪中鄰近色的組合，如鵝黃和嫩綠，前者屬黃色色系，後者屬綠色色系，但它們在色輪中是相毗鄰的，因而也是相近色組合。相近色的組合效果仍然是協和統一的。

三是，色彩風格統一。每種色彩都有自己的風格屬性，或熱烈，或冷靜，或淡雅，儘管有些色彩色相不同，但風格是相近的，如淡綠色的牆與米色的家具相配，會顯出一種淡泊輕快的風格。風格統一的色彩也可以達到調和的效果。

色彩的調和雖然能給人以嚴整、莊重、典雅、完美和柔和溫婉的感覺，但是，過分的和諧便會給人一種沉悶感。要使莊重中透出活潑，典雅中點綴著清新，還需要在色群組中注入格調相反的局部色塊，與和諧色群形成鮮明的對比。如果你穿一件鵝黃色絲絨長旗袍，那麼戴一串珍珠項鏈，頭上紮一條紫色緞帶，那紫色的緞帶和晶瑩潔白的珍珠項鏈，便是對鵝黃色色彩的衝擊。正由於這種色彩的衝擊，使你具有了一流的風采。這種在調和對比色群組中加入格調相反的局部色塊，從而突破其沉悶格局的方法，對色彩的調和往往能造成畫龍點睛的作用。

（二）對比

對比，也是色彩組合藝術中比較常見的表現手法，它是對具有不同或相反格調色塊的有序組合，達到突出映襯的效果。色彩的對比，具體有三種形式：

一是，補色對比。在紅、橙、黃、綠、藍、紫六色系中，黃與紫、橙與藍、紅與綠是三種最基本的互補色，既相互對立，又相互需要。它們調和在一起時，便相互消滅，成為灰黑色。當它們鄰近時，能使對方達到最大的鮮明程度。因此，互補色組合的色群使整體顯得輝煌、純正、明麗。

二是，非補色對比。非補色對比是相近色之外的非補色對比。這種色彩組合由於當人眼看到一種色彩，而其補色實際並不存在時，便自動將這種色彩的補色產生出來的生理作用，而使色彩間打上自己補色的痕跡。

三是，合理使用暈色。在各種色彩中，各色塊交接處的色彩由濃漸淡，邊緣

模糊，兩色的交接線淡淡滲開，使之達到漸變，不留明顯界線痕跡，這種互相疊印的配色形式，叫做暈色。在色彩組合中，使用暈色也會使人產生獨特的視覺感受。暈色給人的感覺是溫柔而潤澤，徘徊飄忽，朦朧而冥遠。溫柔而潤澤之感來源於暈色的漸變性，它使相鄰兩色塊都含有對方色彩的性格，使人產生一種柔和的「你中有我，我中有你」之感。徘徊飄忽來源於暈色邊緣朦朧不清而使人眼產生不穩定的視覺，從而感到各個色塊彷彿在自己色域所及的範圍內緩緩地飄來飄去，如同月色朦朧中徘徊搖曳的樹影。朦朧而冥遠來源於暈色藝術中色塊邊緣的模糊交接，不清晰而使人有一種置身於濛濛霧中，恍若於夢中之感。這種朦朧的美在儀表審美中是非常有吸引力的。

▎七、色彩與形象設計

色彩在形象設計中具有修繕、彌補人的外形的作用。不同膚色、髮色、體型、年齡、性別的人對各種色彩的適應度並不相同，我們必須瞭解和選擇適合個人機體特徵的色彩，強化、調和色彩對機體的融洽度，以適應人們對色彩的不同心理感受期待，達到形象設計的最佳效果，利用色彩創造出一個完美的「新人」。

（一）膚色對色彩的選擇

膚色是由棕色的黑色素、黃色的葉紅素和紅色的血紅蛋白三部分組合成的，皮膚只是一層薄薄的過濾層，透過表皮的色調決定了膚色的狀況。人類膚色的差異很大，不同膚色適合不同的色彩，對色彩選擇的差異也很大。在自然光線下，用一張潔白的紙襯托在手腕和手掌的下方，觀察確定自己的膚色。

如果是粉紅色皮膚，則選擇色彩的範圍就很廣，黑色、白色以及彩色度較高的純紅、純藍、純綠、深紫、淡紫色的效果都很好。

如果是灰白色皮膚，選擇深沉素樸的色彩比較合適，彩色度不高的中間色如柔白、中藍、淡粉紅、藍紅、藍綠、灰綠、玫瑰棕、中紫紅、淡紫的效果較好，黑色以及彩色度較高的鮮豔華麗的色彩不適宜。

如果是白色皮膚，可以選擇的色彩最多，高彩度和低彩度的色彩都較適宜。

如果是黑色皮膚，應該選擇明度暗沉、彩色度較低的顏色。當然，高彩度和高純度的色彩也可能會令黑皮膚者有一種異國情調，但要慎重選擇。

如果是黃色皮膚，適宜低明度和對比強烈的色彩，它與茶色系列的色彩很協調。檸檬黃和紫色不適宜黃色皮膚者。

（二）髮色對色彩的選擇

在自然光線並且不化妝的情況下，對著鏡子看一看自己的頭髮確定自己的髮色。

如果頭髮顏色較深，呈炭灰色、藍黑色或銀灰色，則選擇色彩的範圍比較大，純白、黑色以及純藍、純綠、鮮紅、檸檬黃、紫色等高彩色度的顏色均可，但不宜選擇棕色、橙色和金色。

如果頭髮顏色的基色為灰色，呈亞麻色、鼠灰色、淺棕色和深棕色，應該選擇純度較低的柔白、灰藍、中藍、藍綠、淺檸檬黃、西瓜紅、深玫瑰、淡紫以及所有淡粉紅色，而選擇黑色、橙色和金色效果不佳。

如果髮色呈淡黃色、金黃色、草莓色、金棕色，則適宜選擇牡蠣白、深棕、藍色、黃綠、橙紅、金黃、咖啡色以及所有橙色和所有金色，而黑色、粉紅、紫色不適宜。

如果髮色呈金棕色、銅色、深金黃、紅色，則適宜選擇乳白、金棕、杏色、橙紅、紫色、亮金色、淨黃綠、淺品藍以及所有桃粉紅色，而選擇黃色和淺黑紫色效果並不好。

（三）體型對色彩的選擇

高矮胖瘦的體型，可以選擇不同的色彩，利用色彩的心理效應造成視差，進行調整，達到美的目的。

胖體型，較適宜用明度低的深色，或具有後退感的收縮色，利用視差，達到收縮體型的目的。應避免用明度高的淺色或具有前進感的膨脹色、接近飽和度的

強色。發光的衣料也有擴整體積的作用，也要忌用。

　　瘦體型，適宜用明度高的淺色，或具有前進感的膨脹色，利用視差，達到放整體型的作用。與胖體型相反，應避免用明度低的深色或具有後退感的收縮色，更不能選擇飽和度高的弱色。矮小身材，適宜選擇淡而柔和的色調，最好上下衣同色，對比不宜太強烈。在上衣下褲（裙）色彩面積的分配上，要儘量加大下身面積，增強修長感。

　　（四）年齡對色彩的選擇

　　不同年齡的人，對色彩的喜愛各有不同。

　　幼兒、少兒，喜愛鮮豔奪目的色彩，明度、純度和彩色度高的顏色都很適宜他們，顯得活潑可愛。彩色度高的三原色往往是首選。

　　青年人，思想活躍，接受新事物最快，因此也是流行色的積極響應者和實踐者，他們對色彩的選擇往往是多變的。一般而言，色彩趨向於熱情、明快。

　　中年人，已形成穩定的色彩審美習慣，各方面都比較成熟，不易被流行色左右，服飾的色彩趨向端莊、典雅、穩重的中間色，喜愛用同類色彩來搭配組合。

　　老年人，機體和生理都進入衰退、老化階段，因此選擇高明度、暖色調的色彩，能顯得有朝氣、更年輕一些。當然，傳統的莊重打扮，選擇明度低、冷色調的色彩也能達到較好的效果。

　　（五）性別對色彩的選擇

　　不同性別的人，其身體特徵有明顯的差異，色彩觀念也很不相同，如男性膚色黑認為是健康，女性膚色白，認為是漂亮。他們對色彩的喜好與運用帶有明顯的性別意識。

　　一般而言，男性往往選擇穩重沉著、彩色度過低的色彩，色彩變化比較小。女性常常選擇高彩色度、高明度、高純度的鮮豔色彩，色彩的變化比較大。

區塊二 神奇的光線

光線的實質，是一種電磁現象。波長在380～780奈米之間人眼可見的電磁波（即可見光）是表現物體立體感的關鍵，是形象設計藝術使用廣泛的形式因素，是最基本的造型手段之一。

一、光線的傳播形式

物理學家研究表明，光線是以五種形式作用於人眼進行傳播的。

一是，直射。光源體（如太陽、照明燈等）的光線不受任何物體的阻隔直接傳入人眼。直射光作用於人眼最直接，強度最大，人眼感受到的是光源本身的色彩。但是，人眼對同一光源體發出的直射光的感受強烈程度，受光源體發光強度和入射角度的影響。因此，光源體的光量和光線入射角的調控，可以形成不同的視覺感受，達到不同的形象造型效果。

二是，反射。光源體照射某一物體時，物體表面將光線反射後傳入人眼。這時，人眼感受到的是物體本身的色彩，但這種感受的強烈程度受物體表面的平滑程度的影響，受光面越平滑，反射的光線越充分，人眼感受物體色彩越清晰。

三是，漫射。光源體照射物體時，由於物體受光面凹凸不平，產生多方向散射現象，光線投射方向多變而不明顯。因此，受光面不平滑的物體不能將表面色彩充分作用於人眼。

四是，折射。光線在透過透明物體時，發生方向變化後傳入人眼。

五是，透射。光源照射透明物體時，光線透過物體後再傳入人眼。

二、光線的造型特點

造型是形象設計的重要內容。透過對光源體的光量控制，受光物體表面的選擇處理，尤其是利用不同的光線傳播形式，造成物體表面微妙的光影變化，能充分突出和改善物體的形態特徵，達到完美的造型效果。

光線的造型特點，主要受光源體的照射位置（即光位）的制約，光位不同，

使光線的入射角的大小和光量的大小發生變化，產生不同的光影效果，形成不同的造型特點。

那麼，光線造型有哪些特點呢？

（一）順光的造型特點

順光，是指光源在被照射物體的前方，與人眼注視方向基本一致的光。在實踐中，我們把人眼與被照射物這條軸線左右15°角以內的光都稱為順光。

順光造型的特點是：「布光均勻，容易全面揭示物體外表特徵，色相、明度、純度反映正常，能取得平和、清雅、明快、高調的效果。」利用順光造型的這種特點，在人物形象造型時，可以採取亮度均勻、光調柔和、層次細膩的效果，能掩飾人體局部細節的缺憾。它是一種比較理想的、最常見的造型手段。

順光在形象造型中也有其明顯的不足。一是，順光造型很難突出重點。順光照射在物體上，其受光面的亮度是同等的，沒有影調的變化和光影明暗對比，不能顯示被照射物的主次和遠近。二是，順光造型很難表現物體的立體感和質感。由於順光照射缺乏光影變化，受光面微小的起伏被同亮度的光線隱沒，富於質感的局部的陰影減弱或根本無法表現出來。三是，順光造型削弱了被照射物的空間透視效果。因此物體前後的光亮度基本相同，縱深感減弱，空間透視不明顯，平面印象增強。

順光造型的這些不足，可以透過人工方法加以改善。例如，改變原有的光影調配置狀態，變遠近物體相同亮度為近物深色調，遠物淺色調；利用反射光的性質，選擇亮度和色彩不同於被照射物的物體作為背景，拉大前後物體的明暗對比；利用光位，改變入射角，使被照射物的光影發生變化，也能達到富有某種光調的奇妙造型效果。

（二）斜側光的造型特點

光源在人眼左側或右側前方，構成大約45°角的光線，就是斜側光。

斜側光造型的突出特點是：「能把富有表現力的陰影部分保留在被照射物體的表面，構成受光面、陰影面和投影，使立體感明顯地顯示出來，能夠較誇張地

突出物體的質感。」這個特點，正好可以彌補順光造型的不足，可以把物體的立體感和質感充分地表述出來。

利用斜側光造型，可以透過合適的角度把人們生活中不太引人注目的某個物體表面狀態展露出來，並把變化各異的表面結構的質感和紋理特徵強化出來，如磚石、浮雕、木紋、牆壁、皮膚等。在實踐中，這種造型方法被廣泛地使用。入射角的變化影響著斜側光造型效果的好壞。有時斜側光的入射角選擇不合適，就會出現被照射物敏感均衡、相互對峙，造成「陰陽臉」。

（三）逆光造型特點

逆光是相對於順光和斜側光而言的，指光源在被照射物體的後方、與人眼注視方向相對的光。

逆光造型的特點是：「使被照明物體明暗影調配置產生明顯的對比。距離近的物體，色調偏深、偏濃、偏暖；距離遠的物體，色調偏淺、偏淡、偏冷，形成鮮明的透視效果。」

利用逆光造型，「能十分強烈地強調大場面中各種景物的輪廓形態和相互間數量、距離的感覺，景物間的層次關係比較清晰。」利用逆光造型，雖然能清晰地突出被照射物體的輪廓特徵，但逆光照射不到的暗部卻與鮮明的輪廓「光環」形成一定的反差和亮暗間距，沒有漸變的過渡層次。逆光造型時，亮調色的背景鮮明醒目，輪廓清晰突兀，會衝擊人眼的注意力，重點被照射的物體反而不突出。

各種光線造型的特點都比較明顯，都有其自身的優點和不足。我們綜合利用這些造型手段，並考慮加用一些輔助光，妥善處理亮暗光比和把握好光線照射角度，就能取得良好的光影造型效果。

區塊三　多姿的形態

形態，是形象設計藝術中最基本的形式因素，是「形象」的重要載體。

形態主要由點、線、面構成。透過點、線、面構成的具體和抽象的平面與立體的各種形態，在視覺上能給人以不同的感受和訊息傳達上的差異，從而形成不同的心理感受。比如，方正的形態能給人以穩定和貫通的感覺，斜側的形態能給人以活躍、變化的感覺，圓潤的形態能給人以擴張、柔和的感覺。如果說豐富的色彩和變化的光線在視覺的訊息傳達上有很強烈的敏感度，那麼形態在視覺傳達上則承擔著更具體、更細緻的反映訊息的任務。只有透過點、線、面以及具體的形態，才能給人以準確、清楚的視覺印象。

‖ 一、點的藝術

　　點，也是一種形態，是最小的形態，是造型藝術的起始和基礎。如果將兩個或兩個以上的點連接在一起，就形成了線；如果擴大為二次元，就形成了面；如果立體化，就構成了具體的形態。

　　點的大小和多少（數量），在某個視覺平面內不同的設置和組合，能產生不同的視覺效應。例如，在某一視覺平面內設置一個點時，這個點即有可能產生一個視覺的集中點，在集中視線的力量下，加之人們由於視線心理效果的作用，就會在心理上形成緊張感和壓迫感。而在某一視覺平面範圍內設置多個點時，由於各點的大小與位置變化的原因，就可能產生靜與動、莊與諧、穩與險等不同的心理感覺。因此，點透過不同形式的組合取捨，可以形成不同的心理感受，產生不同的藝術效果，創造出不同的美感。

　　形象設計中，點的形態和排列方式能夠豐富形象、美化外觀。如鈕扣、口袋、胸針、耳環、項鍊、髮飾等外形雖然比較顯小，但對人的整體形象仍能造成很好的裝飾作用。

　　形象設計中常用到的點有兩種基本的形態：一種是幾何形態的點，它的輪廓由直線、弧線等幾何線包圍，具有明朗、規範的特點。另一種是任意形態的點，它的輪廓由不規範的弧線、曲線包圍，具有隨意、自然的特點。現代形象設計藝術中，點還可以表示一定的方向或者運動感，例如，在服裝的正中位置放置一個或一組點，就產生中點對稱的視覺效果；設置的點不對稱時，又可使對稱狀的外

形活潑生動；相同或相似的點反覆出現，可以產生節奏美；反覆出現的點呈漸變、發射或密集狀態，會給人以鮮明的運動感；點的豎向排列，會造成瘦長的錯覺；而點的橫向排列又會造成矮胖的錯覺。點的形態和方向，對外觀形象美有著不可忽視的作用，在排列組合和取捨的過程中要注重點的方向感與運動感。

二、線的藝術

線也是造型藝術不可或缺的形式因素。表面上看，線條構成的藝術美不是單一的點所能達到的，但實際上線條是由多個點按照一定形式的排列組合而形成的，線的美是建立在點的排列基礎上的。

線，是構成立體物的基礎。拿我們人體來說，它是由千變萬化的輪廓線組成的，有曲有直，有暢有澀，有舒展也有扭結。這些形態各異的線條形成了各種各樣的形狀，在我們心目中產生了各種各樣的心理印象。

儀表美更是離不開線條。少女們似瀑布般瀉下的長髮和成年女性那經過修飾的做成各種造型的捲髮，各具美韻；男性直線型剛勁的體態和女性曲線型的身姿，同樣令人讚嘆。一條錐形的牛仔褲和一條飄逸的長裙，都會給人以不同的美感。線條是構成儀表美的重要形式之一，當我們進行儀表審美時，也無不是借助線條來完成的。線條包含直線和曲線兩種基本形態。

（一）直線

1.直線的空間形態

直線具有橫線條、豎線條、斜線條三種基本空間形態，它們可以構成變化多端的直線形體，包括方形、三角形、梯形和各種多邊形。在生活中，人們經常利用線條進行修飾，這是因為直線的不同空間形態和其構成的不同形體，能給人以不同的心理感覺。

如果把一根筷子水平放在桌子上，在沒有外力的情況下，它會始終保持這種狀態不變，這就是橫線的特點。因此，橫線的形體具有穩定感，給人一種安靜、沉寂的心理感知。

一根垂直立在桌上的筷子,如果鬆開手的支撐,將會向任何方向傾斜,這就是垂直線的特點。因此,垂直線的形體有強烈的運動感,給人一種活潑而敏捷的心理感覺。而斜線的動感要強於垂直線,它具有始終處於運動中的感覺,因而斜線的形體能給人一種快節奏和變化的心理感知。

2.直線形成的心理感知

利用直線造型所形成心理感知,主要表現在以下幾個方面:

首先是充滿力量、具有速度感。直線的力量感來源於人對生活中高速運動物體的感知。子彈從槍膛射出,最初是沿直線軌跡運動;鐵餅運動員手中飛出的鐵餅,是在運動員高速旋轉幾圈之後從手中飛出的,其最初的軌跡也是直線。高速運動的物體,總是帶著一種沿直線方向的前衝力,所以我們在看到直線時,便不由自主地把它和速度與力量聯繫起來。直線又像繃緊的弦,蓄滿了巨大的能量,因而使人感到它有一種向其兩端延伸的力量。

其次是堅硬挺拔、氣勢貫通,具有陽剛之美。直線帶給人們視覺的堅硬感,自然界中直的事物常常是和堅硬的東西聯繫在一起的。堅硬的樹幹大多近於筆直,而柔韌的籐條卻是盤轉彎曲的。當我們遠眺地平線和海洋線時,它近似於一條直線,氣勢磅礡,一望無盡。在人體中,男性體型的整體輪廓是直線型的,整個身體線條構成了一個上邊長,底邊短的倒置梯形;而女性體型的整體輪廓線是曲線型的,從正面看,是由X型曲線構成,從側面看,則由S型曲線構成。

再次是舒展、明快、開放,具有輕快感。自然界中的事物,展則直,縮則屈:人體蜷縮時,輪廓線是曲線,伸展開時,曲線則變成了直線;少女的秀髮,自然披展開時是根根閃著自然光澤的直線,編成辮子盤在頭上就成了曲線。因此直線給人一種曲線的伸展,形體拘束狀態的解脫之感,給人開放、舒展、明快的感覺。

(二)曲線

1.曲線的空間形態

曲線是一種像波紋一樣富於變化的線,具有輕柔、起伏、委婉的視覺效果,

是最「女性化」的線條。

橢圓，因其曲線的各部分曲度變化，線條的運動有疾有緩，富於生氣；它既有圓的豐滿感，又無圓的稚拙感，是比圓更有魅力的形體。因此，鵝蛋臉一向被人們認為是女性最完美的臉型。

C型曲線形體在生活中較常見。例如，太陽鏡的鏡框，很多是由C型曲線組成的；我們穿的夾克，其下擺的造型效果也屬C型。C型曲線具有膨脹感，產生了誇張的效果。

S曲線型形體因其具有光滑流暢，收放有致，富於變化的特點，而給人一種富有起伏韻律的心理感覺。如我們生活中常用於服裝的裝飾線，女孩子繫在髮辮上的紅絲帶，燙髮形成的髮捲，常常是波浪線型的，而波浪線是S曲線的延伸與連接。X曲線形體給人以收縮感，它與C型曲線正好給人的感覺相反。如夏天青年女性愛穿的緊腰連身裙，其身體的輪廓是一種X形。

X型輪廓線的形體，看去顯得挺俏、清麗，具有女性曲線的美感。

在儀表上，最多給人以美感的，是曲線與直線的和諧組合。人們利用這一組合去修飾自身的缺陷。比如人的形體，只有極少的人具有天賦的理想體形，在體形勻稱方面，幾乎每個人，都多少有令人不滿意的地方。有的人上身長，有的人上身短；有的人肩寬，而有的人則是溜肩。利用直線與曲線進行修飾，便給人一種理想身材的錯覺，由視覺錯覺所起的修飾作用，同樣會使人產生美的感觀。個子矮的人可利用垂直線增加高度感，用斜線使體型顯得修長或魁偉；太瘦的人可利用水平線增加寬度感，用曲線適當加寬體形；脖子短的人使用V字型或U字型領線使人感到脖子增長；溜肩寬臀形體的人，上身需用C型曲線和水平線增加寬度，下身則選用垂直線條收縮。

2.曲線形成的心理感受

曲線不同於直線的最大區別在於它的變化，它是一種動態的線條。不同的曲線可以組成千變萬化的形體，帶來千變萬化的心理感覺。

生活中較常見的曲線有屬於幾何曲線的圓周線和橢圓，也有屬於自由曲線的

C型、S型和X型等。這些曲線屬於體現具體物狀形態的線條。從儀表美的角度來說，這些曲線給我們的心理感覺是各不相同的。

圓的形體因其總是與肥壯的動物、成熟的果實相聯繫，而給人一種充實的感覺；又因為圓是一條閉合的曲線，沒有缺口，首尾相接，各部分曲度都完全一樣，變化是均勻的，因而又給人以柔和而又沉寂的感受。圓因其常常與幼小的動物的形體相聯繫，如嬰兒圓圓的小臉和圓滾滾的小手臂、小腿，剛出殼的小雞圓絨的體態等，而使人對圓又有了稚拙的感覺。所以人們常將長了一副圓臉龐圓眼睛的人稱為娃娃臉。

瞭解了線條在儀表中所起的修飾作用和線條引起的不同心理感覺，從而在形象設計中有意識地利用線條的屬性，結合人體特點，揚長避短，將會使設計效果錦上添花。

‖ 三、面的藝術

面，「是線的運動軌跡，是立體的界限，是有邊的、有上下左右、有一定廣度的二次元空間。」

方形、三角形和圓形是面最常見的三種形態。方形，給人以穩定、均衡、安全的心理感知。三角形，是一種比方形複雜得多的形態，它給人的心理感知是變化的，改變三角形三個內角的大小，可以形成安定或運動、笨重或生動的截然相反的心理印象。圓形，是一種封閉的形態，常常給人一種嚴格、成熟、冰冷的感知。

在形象設計中，面的積極意義主要表現在兩個方面：一是「構成服裝的外形。外形就是服裝的外輪廓，它的變化對服裝的款式變化起著決定性的作用，對人體缺陷的掩飾作用也非常突出。」二是「面經過分割後，構成種種不同的比例關係，給人以美的感受。如幾種色彩組合，每種色彩應占多大面積？用圖案裝飾衣服，這個圖案應占多大面積，放在什麼位置？」

單元小結

學習形象設計，必須要學習美、懂得美。在色彩美學中，首先要瞭解的就是色彩。而研究色彩，特別是化妝中色彩的應用，無不考慮光的應用；形態是形象設計藝術中最基本的形式因素，是「形象」的重要載體。如果說，豐富的色彩和變化的光線在訊息的視覺傳達上有很強烈的敏感度，那麼，形態在視覺傳達上則承擔著更具體、更細緻的反映訊息的任務。只有透過點、線、面以及具體的形態，才能給人以準確、清楚的視覺印象。

思考與練習

1.色彩的基本原理是什麼？

2.簡述不同色彩的感覺和功能。

3.光線的傳播形式有哪幾種？

4.簡述光線的造型特點。

5.試述形態的三個具體內容及其運用。

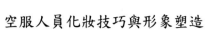

第三單元 形象設計的美學

本章導讀

人們對美的感受都是直接由形式引起的，利用造型達到形式上的美，是形象設計最直接的目的。因此要學習形象設計首先要懂得發現美和欣賞美，加強審美意識、審美感受和審美能力的培養，這樣才能在形象設計作品中充分展示美感效果。

「美」具有時代感、民族性甚至鮮明的主觀性特徵。縱觀歷史，各個時代對美的需求與標準是不一樣的。美的本質是人和自然的協調統一，是主觀意識和客觀意識在實踐中的協調統一。

重點提示

1.瞭解形象設計的美學原理。

2.理解形象設計中「美」的含義和內容。

3.領會形象設計中的色彩原理和美學原則的綜合運用。

區塊一 形象設計的美學原理

在個體形象設計中，色彩、光線、形體、聲音等形式因素按一定的方法規律組合後，使美的形式與美的內容密切統一，才形成美感。這些形式因素在形象設計中的組合變化情況是非常複雜的，往往會因為其他相聯繫的條件發生變化，它們組合的特點、意義也會相應地發生變化，例如紅色在一個姑娘的臉頰上表現了一種健康的美，但是出現在鼻尖就成為醜了。

一、單純齊一和對稱均衡

（一）單純齊一

「單純齊一」也叫整齊一律，這是最簡單的形式美，也是最基本、最常用的形式原理。

在單純中見不到明顯的差異和對立的因素。如色彩中的某一色，蔚藍的天空，碧綠的湖面，清澈的泉水，明亮的陽光，白色的婚紗等等，單純給人產生明淨、純潔的感受。「齊一」是一種整齊的美，如儀仗隊的行列，士兵的身材、服裝、敬禮的動作都很一致，加上每一個戰士精神狀態都高度集中，這些特徵在形式上呈現出一種整齊的美。單純齊一的連續出現，就形成了「反覆」。「反覆」也是屬於「整齊」的範疇，是就局部的連續再現來說的，但就各個局部所結成的整體看仍屬整齊的美。如各種連續的花邊紋飾。

單純、齊一和反覆能給人以秩序感，是寓變化於整齊，是事物對立統一規律在人的審美轟動中的具體表現，也是形象設計中經常使用的手法之一。

單純、齊一的形態因素在不同的部位反覆出現，如同樣的色彩和花紋的反覆出現等，就會形成呼應的效應。在形象設計中，如果皮帶的材質與皮鞋的材質相同，帽子的色彩與裙子的色彩相同，手提包的花紋與外套的花紋相同等等，就會增強審美對象的完整性，給人予以統一的美。但也正因為外在形式的單純齊一，也容易產生雷同和呆板的效果。在運用這種手段時，要注意加大相同形式因素之間的面積差或體積差，使它們在一致中又有變化，或者挖掘不同形式因素內在情感、風格、氣質的一致性，如穿旅遊服配旅遊鞋，穿晚禮服配高檔首飾等等，使審美對象呈現更含蓄和諧的整體美。

在運用單純、齊一和反覆手段時，一要注意整體中各因素風格、氣質的一致，如首飾除與服裝的搭配外，首飾自身，項鏈、戒指、耳環、胸針、手鐲也應互相呼應，風格、氣質和情趣一致。二要注意間隔距離的把握，不論是單純齊一還是反覆，都存在一個間隔距離的問題。反覆的間隔距離過近時，就會形成同化的效果；反覆的間隔距離太遠時，相互間的關係又顯得淡薄。所以要素之間要保

持一定的聯繫，就要適當把握間隔的距離。

形態同形同質時，就會缺乏變化，顯得單調，如果要求形式的質樸、端莊，可採用單純反覆。形態雖然同質同形，但排列時間隔變化，就消除了單調感，產生調和的美；如果要求得形式的活潑、生動，可採用變化反覆。形態在兩種以上，排列時不管間隔是否變化，它們總是比較有生氣的、歡快的，適宜於要求靈活、生動的設計。

（二）對稱均衡

對稱與均衡雖有一些差異，但在差異中仍然保持一致，都是為了在視覺上取得平衡。

1.對稱

「對稱」指以一條線為中軸，左右（或上下）兩側均等，如人體的眼睛、耳朵、手、腳都是對稱的，但既是左右相向對稱，也就出現了方向、位置上的差異。古希臘美學家曾指出：「身體美確實在於各個部分之間的比例對稱。」不少動物的正常生命狀態也大都如此。人類早期的石器造型，表明當時從實用的需要出發已掌握了對稱的形式。對稱具有較安靜、穩定的特徵，對稱還可以襯托中心，如天安門兩側對稱的建築，可以襯托天安門的中心地位。普列漢諾夫分析原始民族產生對稱感的根源，指出人的身體結構和動物的身體結構是對稱的，這體現了生命的正常發育。只有殘疾者和畸形者的身體是不對稱的，體格正常的人對這種畸形的身體總是產生一種不愉快的印象。

「對稱」是形象設計中經常運用的造型原理。禮服類多採用對稱的形態來表現莊重的氣度。被稱為中國「國服」的中山裝是完全對稱的。它雖然借鑑了西洋服飾文化，但又與中華民族的氣質融合；加上其具有的文化底蘊，領袖人物的大力提倡，終於使它獨立於世界服飾之林。但是對稱畢竟容易顯得呆板、單調，為了克服拘謹、齊一的缺點，創造生動活潑的氣氛，人們往往透過切線、口袋、裝飾物、面料的花紋等非對稱形態與基本上對稱的形態相結合，來增加變化和動感。如藏族男性的著裝，習慣上常偏袒右臂，將右袖垂於腰右後側，在不對稱中求得相對的穩定感，創造了一種新的平衡。最近BMW公司推出的X系列跑車也一

改傳統汽車的對稱格局，採用了非對稱的格局，在這種非對稱格局中尋求平衡感。此外，還有Adidas公司最新的非對稱運動衣，一隻衣袖長，一隻衣袖短，在運動中，這種形式上的不對稱又轉變為內在的平衡了。

2.均衡

「均衡」指兩側的形體不必等同，量上也是整體相當，均衡較對稱有變化，比較自由，也可以說是對稱的變體。均衡在靜中傾向於動。如五葉松盆景，一側松枝略低並向外延伸，另一側為兩重松枝略高。兩側松枝雖不同型，在量上卻很接近，給人以均衡感。我們平時所說的呼應，實際上是一種更為自由的均衡。

在形象設計中，處理均衡關係時，要注意加進人的力感慣性這個因素。人們在生活習慣中，左右手的使用頻率往往是不相等的。在通常情況下，多數人右手的使用頻率大大超過左手。因此，人們常以左為「外」，以右為「內」，習慣上右手一邊的份量要重一些。在形象設計中，要注意平衡這種心理，適當加重右側，才能取得視覺的平衡。另外，視覺藝術的空間造型形態有自己的特殊性，是不同於時間藝術形態的。無論要怎樣表現形象的動感，都要求以凝固的形式和可視的形象來表現。一個快速旋轉的物體，與它處於靜止狀態時，在形態上是沒有差別的。但其動態平衡，用凝固的視覺形象是無法表現出來的。

在現實生活中，人們習慣視底部大、上部小的事物為穩定的形態。成語「穩如泰山」往往用來形容穩定，「山」的形象是公認的最穩定的形象。而「山」是一個正三角形，因此可以說正三角形是最穩定的形體。正三角形正好是正平衡形態，所以平衡經常與穩定這個概念相聯繫。穩定的常被視為平衡的，反過來不穩定的也常被視為不平衡。

‖ 二、調和對比與比例

（一）調和與對比

調和與對比，反映了矛盾的兩種狀態。調和，是在差異中趨向於一致（「同」）；對比，是在差異中傾向於對立（「異」）。

1.調和

調和，是把兩個相接近的東西並列，例如色彩中的紅與橙、橙與黃、黃與綠、綠與藍、藍與青、青與紫、紫與紅都是鄰近的色彩。在統一色彩中的變化（如深淺、濃淡）也屬於調和。調和使人感到融合、協調，在變化中保持一致。如天壇的深藍色琉璃瓦與淺藍色天空和四周的綠樹配合在一起顯得很協調。杜甫詩中有：「桃花一簇開無主，可愛深紅愛淺紅。」深紅與淺紅在一起也屬於調和。

在形象設計中，色彩的調和非常重要。色彩的調和一般有三種情況：一是同一調和，即同一色相或明度、純度相近色的搭配。如深紅和粉紅，儘管明度相差很大，但由於它們同屬一個色相，所以形成調和。又如黃色與橙色，它們雖然色相不同，但是明度相近，黃色明度為8，橙色明度為6，純度相同，都是12，所以相互搭配起來也容易調和。二是類似調和，即色相、明度、純度均相近的色的調和。如青色與青紫色，它們是鄰近色相，青色明度為4，純度為8，青紫色明度為3，純度為12，明度與純度也相近，相互搭配時容易調和。與同一調和相比，類似調和具有較複雜的表情，富於變化。三是對比調和，即色相、明度、純度差別很大的色彩搭配形成的調和。同一調和與類似調和都比較容易成功，但往往顯得沒有生氣；對比調和儘管失敗的可能性很大，卻可以得到一種新鮮的調和。如黃與紫、紅與黑等構成的對比調和，刺激性強，鮮豔奪目。

除了色彩的調和外，在形象設計中，調和形態也被廣泛運用。調和形態首先是使形態性質達到統一，形態的類似性是達到這種統一的重要途徑。如圓的形態，反覆出現在衣領、下擺、口袋和搭配的釦子、首飾上，形象上就容易達到統一。形態的調和是一種秩序感，如果類似性過強，又會感到單調。所以在運用形態的調和時，往往要和其他形式配合使用，如對比、比例、節奏等，但這些形式的量必須控制得恰如其分，否則很容易破壞了調和的效果。

2.對比

「對比」是把兩種極不相同的東西並列在一起，使人感到鮮明、醒目、振奮、活躍。如色彩中紅與綠、黃與紫、藍與橙都是對比色。「接天蓮葉無窮碧，

映日荷花別樣紅」，「萬綠叢中一點紅」，這是紅與綠的對比。黑與白也是一種強烈的對比，「白催朽骨龍虎死，黑如太陰雷雨垂」，「黑雲翻墨未壓山，白雨跳珠亂入船」。在這些詩句中運用黑白對比加強了意境中的色彩效果。有的畫家利用白紙底色表現白雞，由於巧妙地運用黑白對比，使人產生一種錯覺，彷彿白雞比白紙還要白。聲音的對比，如「蟬噪林愈靜，鳥鳴山更幽」，最寂寞的環境，是靠聲音來烘托的。形體大小的對比，也能令人印象深刻，如「會當凌絕頂，一覽眾山小」。

「對比」強調表現各形式要素之間彼此質與量差異的造型原則。對比的雙方利用相互間彼此相反的性質，各自增強自己的特徵，使對比的兩者之間的相異處更加突出，從而產生強烈的刺激。它的主要作用在於使造型效果生動，富於活力。由於它對人們感觀刺激強烈，所以容易使人們興奮，進而使形式具有生命力，是最活躍的形式法則。它是人們經常運用的，內容也十分豐富，如凹與凸、粗與細、厚與薄、冷與暖、強與弱、明與暗、大與小等等。它們兩個極端的對立，透過矛盾的轉化，形成新的統一。拿動與靜這項對比來說，動是絕對的，靜是相對的。動中有靜，才顯得安定；靜中有動，才能有發展。動極則靜，靜極則動。動與靜就是這樣在矛盾轉化中達到統一。

對比是在變化中尋求統一。對比用得太多，變化過於強烈，就會缺乏統一感，顯得眼花繚亂，中心不突出，削弱了設計意圖需要的表現效果。所以，一定要在統一的大前提下追求對比的變化，充分把握好支配與從屬的關係。當主次、從屬關係鮮明時，中心才變得突出，對比的關係才能各得其所，新的均衡才會出現，這樣的變化效果才是和諧的。在形象設計中也要注意這一原則。

對比與調和雖然是對立的，它們卻都是形象設計中經常運用的形式原理。當需要活潑歡快的效果時，一般運用對比的方式；當需要莊嚴肅穆的效果時，一般運用調和的方式。在形象設計中，要注意以上原則。

（二）比例

「比例」是指一件事物整體與局部以及局部與局部之間的關係。例如，我們平時所說的「勻稱」，就包含了一定的比例關係。古代宋玉所謂「增之一分則太

長，減之一分則太短」就是指的比例關係。中國南朝的戴元，是古代著名雕塑家戴逵的兒子，他年輕時就跟他父親雕塑佛像，精通人體的造型、比例。傳說有這樣一個故事：「宋太子鑄丈六金像於忘棺寺，像成而恨面瘦，工人不能理，乃迎元問之。曰：『非面瘦，乃肩胛肥』。即減臂胛，像乃相稱，時人服其精思。」這裡所說的形象的肥瘦，也就是寬窄的比例。為什麼臉部本來不瘦，而使人感覺瘦呢？這是由於臂胛過寬，相形之下臉部才顯得瘦。經過修改，把臂胛寬度削減，各部分的比例就合適了。所以人體各部分之間的比例關係，不僅影響整體形象，同時在局部之間也相互影響。

突出的比例失調，便會產生畸形。在形象設計中，不能掌握正確的比例往往會產生形象的不真實。

什麼樣的比例才能引起人的美感呢？黃金分割的比例最能引起人的美感。人體即基本符合這種比例關係，書籍、報紙也大多採用這種比例。

我們認為，在美的事物中所包含的比例關係是有條件的。因為人們在美的創造活動中都是按照事物的內在尺度來確定比例關係。黃金分割的比例裡面雖然包含了一定合理的因素，因為這種比例關係較正方形有變化，還具有安全感。事實上，人們在製造許多產品的時候，都是和人的一定目的、要求結合在一起的。例如在住宅中門的長度比例便不一定符合黃金分割比例，而是和人體的比例整體相適應的。人體的勻稱在比例關係上也不是絕對不變的。所謂「增之一分則太長，減之一分則太短」，這是就某一個人身材的勻稱來說的，並不是說衡量一切人的身材是否勻稱只有一個標準。儘管正常發育的人體，各部分之間整體保持一定的比例關係。如身高與頭部的比例大約為7：1，人在不同姿勢中頭部與身高的比例也在變化。在衡量一個具體人的時候，還要結合他的體型、年齡等條件來考慮。矮而胖的人和瘦而長的人，他們在身體各部分的比例關係上是有區別的。因此，在形象設計中要靈活運用比例關係。在兩個以上要素構成的設計中，各要素之間的關係也不能是平等的，必須要有主次之分。這些要素可分解為部分（或局部）和整體（或全體）。部分是作為整體的一部分（次要部分）而從屬於整體（主要部分）的。部分雖有區別於其他部分的相對獨立性，但不具備像整體那樣

的完全獨立性。作為整體分解了的形態，它從屬於整體，處於整體的支配之下，主次之間有著一定的關係，主要部分應有一種統領性，它制約並決定著次要部分的變化；而次要部分要根據主要部分的需要來設計，受主要部分的制約，並對主要部分起襯托的作用。

主與次是相比較而存在，相協調而變化的。有主才有次，有次才能表主，相互依存，矛盾統一。成語中的「烘雲托月」，俗話所說的「紅花雖好看，還要綠葉來扶持」，說的都是主次的這種辯證關係。形象設計同樣如此，人始終是設計的最終目的，人是主體，設計是為人服務的。在形象設計中安排主次關係，做好兩者的搭配，並不像人們想像中那麼簡單易行，輕而易舉。人們具有想盡可能分解統一的事物的本能，想從中感知最強烈的東西，這就是第一印象。當整體形象點綴上一個精緻的小飾件，成為視覺刺激最強烈的一點時，這個飾品就成了第一印象，整體會自然地退居從屬地位，主次關係立刻扭轉，局面大為改觀。如果某位歌手穿著一襲藍禮服，腰間只裝飾了一朵大紅花，由於強烈的色彩刺激，主次產生了變化。人們只看到腰間突出的這一朵花，其他都退到次要的地位。從這個例子不難看出，主次不是固定的、不動的，在一定條件下，主次會發生轉化。同時，主次也不能單純從面積或體積的大小來決定，關鍵在於這個因素在整個設計中的作用如何。

在形象設計中如何適當地體現主次的比例關係，一般有兩種常用的方法：第一種，在統一中尋求部分變化。就是使從屬的部分作為整體的一部分，來發揮自己的作用，使整體更富有魅力。這種處理方法要在統一的前提下求得變化，在整體的秩序上求得多樣的統一。以服裝設計為例，款式、色彩、面料是構成服裝外觀美的主要因素，要做到統一中有變化，它們這幾個因素中應以表現其中一個因素為主：或突出款式，或突出色彩，或突出面料，而讓其他因素處於陪襯地位。如果以款式變化為主時，色彩和面料的變化應儘量簡單，附件和分割可以複雜一些，否則款式的特點就會被掩蓋。第二種，在變化中尋求統一。這是一種多樣的統一，要做到這種多樣統一是很不容易的，但只有這樣才能達到最佳效果。所以儘管較難，它仍然是較為常用的方法。比例與主次都是一種分割，而分割在形象設計中是無所不在的，所以比例與主次在形象設計中的作用是十分重要的。如果

把裙腰提高至腋下，裙子的比例加大，成為主要部分，就顯現出唐代服飾的古典美。如果把裙腰放低至腰以下，裙子的比例縮小，上身的比例加大成為主要部分，則顯現的是一種現代的美。不同的比例與主次體現了完全不同的風格，反映了不同的時代精神。

‖ 三、節奏韻律與多樣統一

（一）節奏韻律

「節奏韻律」指運動過程中有秩序的連續。構成節奏有兩個重要關係：一是時間關係，指運動過程；一是力的關係，指強弱的變化。把運動中的這種強弱變化有規律地組合起來加以反覆便形成節奏。

在生活和自然中都存在節奏。普列漢諾夫曾說：「對於一切原始民族，節奏具有真正巨大的意義。」他分析了原始民族覺察節奏和欣賞節奏的能力，發現節奏是在勞動過程中形成和發展起來的。原始人所遵照的節奏「決定於一定生產過程的技術操作性質，決定於一定的生產的技術。在原始部落裡，每種勞動有自己的歌聲，歌的拍子總是十分精確地適應於這種勞動所特有的生產動作的節奏。」在非洲黑人那裡對節奏有驚人的敏感，「划槳人配合著槳的運動歌唱，挑夫一面走一面唱，主婦一面舂米一面唱」。原始音樂中的節奏往往是伴隨勞動，是為了協同動作，使勞動具有準確的節奏，還能造成減輕疲勞的作用。

自然中同樣存在著節奏。郭沫若曾說：「本來宇宙間的事物沒有一樣是死的，就因為都有一種節奏在裡面流貫著。做藝術家的人就要在一切死的東西裡面看出生命來，一切平板的東西裡面看出節奏來。」郭沫若還具體分析了節奏的兩重情況：一種是鼓舞的節奏，先抑後揚，如海濤起初從海心捲動起來，愈捲愈快，到岸邊啪的一聲打成粉碎。一種是沉靜的節奏，先揚後抑，如遠處鐘聲，初扣時頂強，揣著裊裊的餘音漸漸地弱下去。讚美歌、簫聲都具有這種節奏的特點。

藝術中節奏表現的感更鮮明，特別是在音樂舞蹈中的節奏感更為強烈。音樂中由於音響運動的輕重緩急形成節奏；音樂的節奏一是指長短音的交替，一是指

強弱音的反覆。節奏感不僅存在於音樂之中，還存在於繪畫、建築、書法等藝術中。在繪畫和建築中，節奏感表現在形象排列的動勢上，如在形象排列上由靜到動，由疏到密，便形成一種節奏感。

在形象設計中，節奏主要是透過線條的流動、色塊的形體、光影的明暗等因素反覆重疊來體現的。節奏是藝術形象的一種組織力量。在視覺構成上，多元素間的間隔變化是產生節奏和強弱變化的重要原因之一。人總是本能地追求視覺上的統一性，根據要素大小和強弱的變化，透過它所表現的規律性和秩序性來得到統一，從而產生生命感和躍動感。只要構成要素有規律地反覆、漸變，視覺上就會產生連動的相互關係，就獲得了節奏感。

在節奏的基礎上賦予一定情調的色彩便形成韻律。韻律更能給人以情趣，滿足人的精神享受。鄭板橋所畫的無根蘭花，在形象的排列組合中所表現的那種充滿情感的節奏，也是韻律。韻律實際上是節奏形式的深化，是情調在節奏中的運用。當設計元素有規律的抑揚變化、使形式富於律動的變化美時，就形成了韻律。韻律在造型活動中的主要作用就是使形式產生情趣，具有抒情的意味，或是激動與安靜，或是單純與複雜，或是雄壯與低衰。採用什麼樣的情調，要按造型的內容要求來進行選擇。

大自然本身就顯示著無窮無盡的節奏美，海水的漲落、四季的更替、生物的萌芽、發展、消亡的生長過程、時鐘的轉動、心臟的跳動……都是節奏的體現，節奏是形象設計中常見的造型手段，如燈光強弱和明暗的交替，裝飾花邊與折褶的反覆，都產生各種不同的節奏，形成獨特的情趣。我們必須善於在形象設計中應用節奏塑造鮮明生動的新形象。

（二）多樣統一

「多樣統一」是形式美法則的高級形式，也叫和諧。從單純齊一，對稱均衡到多樣統一，類似一生二、二生三、三生萬物。多樣統一體現了生活、自然中對立統一的規律，整個宇宙就是一個多樣統一的和諧整體。「多樣」體現了各個事物的個性的千差萬別，「統一」體現了各個事物的共性或整體聯繫。

多樣統一是客觀事物本身所具有的特性。事物本身的形具有大小、方圓、高

低、長短、曲直、正斜；質具有剛柔、粗細、強弱、潤燥、輕重；勢具有疾徐、動靜、聚散、抑揚、進退、升沉。這些對立的因素統一在具體事物上面，形成了和諧。

多樣統一法則的形成是和人類所自由創造內容的日益豐富相聯繫的。人們在創造一種複雜的產品時要求把多種的因素有機組合在一起，既不雜亂，又不單調。多樣統一使人感到既豐富，又單純；既活潑，又有秩序。這一基本法則包含了變化以及對稱、均衡、對比、調和、節奏、比例等因素。

多樣統一是在變化中求得統一。中國古代藝術理論中很強調變化，如在《中國美學史資料選編》有關書法的理論中提出：「若平直相似，狀如算子，上下方整，前後齊平，此不是書法。」這是說過於拘泥於整齊、容易流於刻板。因此藝術家往往追求一種「不齊之齊」，在參差中求整齊。

在形象設計中，運用多樣性法則，可以造成波瀾起伏，跌宕多姿，變化無窮，豐富多彩的視覺效果，適應了人們審美要求的多樣性和變化性，使人們在不斷變化的心理感受中獲得豐富的美學享受。多樣，並不是雜亂無章，而是在交錯變化中，按照一定的章法，使主次分明、錯落有致，以形式的多樣性來表現內在的和諧統一。

統一性的法則運用在形象設計中，也是很常見的。它的基本美學特性是明朗單純，造成一種特定的氣氛，表現出井然的秩序，給人一種穩定、莊重、威武、有力量、有氣魄的感覺。但統一性本身存在著三方面的侷限和弱點：（1）缺乏個性，沒有個體的自由性。組成統一體的每一個單元都被牢牢地禁錮在嚴格的規範之中，即使將個體單元設計得富有新意，但由於全部個體單元的統一化，這種新意也就無從顯示或突出，束縛了個體單元能量的發揮。（2）缺乏中心，主次不分。由於沒有重點，就缺少向心力，給人的印象似乎是只要破壞其一單元，就足以擾亂整體布局，因此穩定性方面受一定限制。（3）缺乏變化，顯得呆板單調。統一的形式，一時雖覺有趣，卻沒有使人持續注意的力量。

在形象設計中，彌補多樣性與統一性的缺陷關鍵，在於將多樣性與統一性配合運用。多樣性與統一性相對存在，又相輔相成，成為對立的統一。統一是最簡

單醒目的組合形式，但它缺少變化，沒有中心，所以經常與形式美的其他規律結合起來使用。而與它相對存在的多樣性，長處就在於變化無窮，豐富多彩，正好彌補了統一的不足，因此二者配合，可以互補長短。或在整體的參差錯落中表現部分的統一，或在整體的統一中表現部分的參差變化，使整體形式既均衡和諧又不單調沉悶。

區塊二 個體形象設計的美學原理

增加個體的美感，首先在於推崇自然，這是總的原則。拋開自然美，盲目追求人工雕琢的美是庸俗的，得不到最佳美學效果。而自然美又必須超越傳統，大膽創新，用現代修飾技巧將美學研究的技術技巧作為基礎，結合形象設計中的色彩原理和美學原理的靈活運用，與人體生命活力美及個性氣質美有機地融合、協調統一在一個整體內，使整體形象設計創作進入最佳狀態。

‖ 一、美的含義

在美學範圍內，美應有三個層次的含義：

（一）專指審美對象

即能使人得到審美愉快的可供欣賞的對象都叫做「美」。

（二）說明美的性質

關於美的性質有兩派對立的觀點，即主觀論和客觀論。主觀論者認為審美對象是由人的主觀審美感受和審美態度創造出來的，美和審美是一回事。客觀論則認為審美對象是美的一種客觀存在形式，即事物能不能成為審美對象，最終還是決定於事物的審美性質。柏拉圖早在《大希庇亞篇》中指出：「當時的美學並不研究什麼東西是美的，什麼東西不是美的，而是研究有些東西之所以美和不美的原因或因素所在」。直至當代，關於美的本質的探討仍然超越不了柏拉圖提出的這一圈定範圍。柏拉圖在《古希臘羅馬哲學》中說：「我不能不這樣想：假如在

美本身之外，還有其他美的東西，那麼這些美的東西之所以美，就只能是因為它們有了美本身」。也就是說，「美」是一種客觀存在的現實，即柏拉圖說的「美本身」。

（三）指美的本質

美學專家認為美具有客觀社會性和形象性兩個基本特徵。客觀社會性是說美是一種已經客觀存在的事物，是人在社會生活中的產物，是不依賴人們的主觀感受而存在的，是不可迴避的事實；形象性是說無論是自然界的青山秀水、藍天白雲，還是社會生活中人們的陽剛雄壯或儒雅書卷氣質，或是藝術上的詩詞歌賦、名曲名畫等，其本質已經體現了美的形象或美好的意境，人們能強烈地感受到這種美麗或美好，與其能產生強烈的共鳴。法國哲學家狄德羅在《論美》中說：「只要哪兒有美，就會有人們強烈地感覺到它。」這正是由美的形象性所決定的。現在中國有些地方開展的所謂「人造美女」大賽，正是反映了她們渴望改善、美化自身形體和容貌的強烈願望。

二、美的基本形態

美有自然美、社會美和藝術美等幾種基本形態，其中自然美和社會美又可並稱為生活美。生活美是一種現實生活中客觀存在的美，藝術美則是生活美中的某種事物或物質的集中反映、提煉和昇華。自然美是自然界的某種具體事物所體現的美，既有其自然屬性，也與人們的社會生活緊密相連，因此既具有其社會屬性，又能表達社會生活中美的基本形態。例如「大漠孤煙直，長河落日圓」，沙漠的一望無際留給人悲壯蒼涼的印象；崇山峻嶺的雄渾壯麗令人心曠神怡；海天一色的波瀾壯闊又給人忘卻一切煩惱的興奮……　宋代畫家郭熙說：「春山淡冶而如笑，夏山蒼翠而如滴，秋山明淨而如洗，冬山慘淡而如睡。」句中的「笑」、「滴」、「洗」、「睡」均是客觀社會現象和社會生活中實際的事物形態，被用來比喻高山峻嶺的四季美好景象。自然美以其形式取勝，一般以其形狀、韻味、顏色、聲音、線條等表現形式被人們所欣賞和接受。

社會美是社會事物所體現的美，既包括人在社會生活實踐所創造出來的事

物，也包括人的自身美感。人是社會生活的主體，人的美感是社會美的核心，要增添社會美，關鍵在於要增加作為其中一分子的每一個人的自身美感（包括人的外在形象美和內在心靈美及氣質美）。

藝術美則不同。藝術美是經過藝術加工後形成的，既來源於生活又高於生活，是個性化和具體可感知的藝術形象的凝煉與提升。藝術美作品的創作傾注著藝術家的情感和審美理想的表達，藝術形象注重突出表現所需角色的表現形式的完美性，當然藝術作品在很大程度上也是以形式美的形式來表達的，我們在這裡暫不作討論。

（一）美感

美感有兩種含義：廣義的美感即「審美意識」；狹義的美感專指美的感覺亦稱審美感受，它是客觀事物美的屬性被人的感官所感受，透過神經觸突上傳至大腦相應的感覺神經中樞而產生的一種特殊感覺，即美感或心理愉悅感。美感在審美實踐中產生與發展，它的基本心理因素有感覺、知覺、表象、聯想、情感、思維、意志等。

美感的基本特點是：

（1）客觀制約性與主觀能動性的協調統一。

（2）形象的直覺性與理智性的協調統一。

（3）個人主觀的非功利性、愉悅性與社會的客觀功利性的協調統一。

（4）差異性與共同性的協調統一。

人類的審美感受是一個蘊藏著理性內容的、為人類所特有的極為複雜的心理活動過程，它包含著情感和個體對美的感受能力等因素。例如美感的愉悅性離不開人的情感因素同審美對象的呼應或共鳴。在審美活動中，作為審美主體的人始終處於豐富的情感狀態之中，客觀美的事物透過人們的感官感受，導致情感的聯想及共振，並產生呼應或昇華及興奮或愉悅，從而產生美的感受。

（二）審美觀

　　愛美是人類一種必然的、也是正常的心理狀態。不同時代受不同文化主流的影響，每個歷史時期的審美觀也就依時代而不同。通常所講的審美觀是人們在審美活動中評判美醜所持的一貫穩定的看法和態度。審美觀是人主觀的意識，是客觀事物存在在人們頭腦中的具體反映，所以客觀現實中美的存在是審美觀形成的物質基礎，社會實踐是人們正確審美觀形成的必然過程。不同的人，由於其文化層次和社會生活閱歷不同，審美觀也可以有很大差異。

　　那麼怎樣的審美觀是正確的呢？

　　黑格爾在《美學》一書中說過：「美的要素可分為兩種，一種是內在的即內容，另一種是外在的，即借內容以現出意蘊和特性的東西。」任何美的事物都是一定的內容和形式的統一。美的內容一般比較隱晦、曲折，各人所能認識的深度和體驗往往不盡相同，而美的形式則直接作用於感官，易為人們所感知。

　　雖然美的形式與內容互相依存和制約，統一於事物美之中，但美的內容應是決定性因素，形式必須適應內容，為內容服務。然而在美的形式與內容的關係中，形式並非純粹消極、被動的因素，它能反作用於內容。當形式符合於內容時，形式能更好地表現內容，當形式不適合內容時，又將損害甚至破壞美的內容。所以，只看形式不看內容，或者只看內容不看形式，都不是科學審美觀；只看一點不看全面，只看局部不看整體，也不能正確把握美的實質。只有局部與整體、形式與內容的兼顧統一，才是全面的、正確的、科學的審美觀──即整體審美觀。

　　（三）對人體美的整體審美觀

　　人既是審美的主體，又是審美的客體。作為主體，他應該具有敏銳的感知能力，能對客體對象的美的實質或特徵作出敏銳的觀察與判斷，並具有一定的意像生成能力和形象創造能力，對審美主體來說，審美對象（即審美客體）的存在是第一性的，沒有一定可感知的美的事物作為欣賞對象，主體感受和主觀體驗就會失去依據。人體為審美客體，要努力地從局部到整體，全方位修飾、美化自身，提高其美學價值，不僅使自身形象成為自己欣賞的客體，在對自身形象的審美中獲得最佳審美感受，同時自身形象又是別人審美的客體，讓自身的美也使別人得

到良好的審美感受，使自身的形象在別人的心目中留下良好的印象。

基於整體審美的要求，應切實地從整體的角度，對個體形象進行全方位的設計與包裝，應當從髮型、化妝、服飾、禮儀風度、個性氣質等方面的每一個方面進行精心裝扮、修飾定位，應當從形式到內容、從外表到內在，塑造一個全新的、整體的形象，這便是我們對人體美的整體審美觀，也是形象設計所要達到的目的。

║ 三、人體審美的內容

人體審美的內容可從以下幾方面來評價：

（一）集形式美於一身

形象設計首先應當集形式美於一身。客觀事物與藝術作品在表現形式上的美稱為形式美。形式美是人們最普遍、最直接地感受到的一種美。人體的美首先體現於身體的形態、構造，體現於身體外表的體態、膚色、聲音、韻律、線條、曲線、色彩等諸因素，體現其符合形式美學原則的和諧統一的組合。人體就其本身而言具有左右對稱、比例均衡、體態勻稱、動作協調優美，亦即具備了形體的均衡、勻稱的形態美；人體又是一個和諧、統一的整體，人體的局部與整體、局部與局部，機體與環境、生理與心理等等，各種對應關係是協調的、和諧而且統一的，高度體現了人體的整體美感。在欣賞美、創造美的過程中既不能否定形式美的法則，也不能離開其本質內容（如氣質風度、文化素養等）而片面強調形式美。

（二）以生命活力美為核心

生命是什麼？早在19世紀下半葉，恩格斯對生命就下了一個科學定義：「生命是蛋白體的存在方式，這個存在方式的基本因素在於和它周圍的外部自然界不斷地新陳代謝；而且這種新陳代謝一停止，生命就隨之停止，結果便是蛋白質的分解。」生命是有靈性的、形態結構與功能活動相協調的、合乎目的的、和諧統一的狀態。人的生命活力美是人體形式美的許多內容中最富有特殊和決定性

意義的因素，是人全面本質的高度顯現。人的生命美具有使人的血液、肌肉、毛髮等有機材料，與心靈、情感、思維、倫理、道德情操等社會性要素相維繫、相組合的一種高層次美的特質體現。人體的形態結構和功能是在鮮活的生命過程中逐漸完善和發展的，因此，以生命活力美為核心，組成了整個人體的美麗，只有健康的生命才能賜以人體之健康美感。健康的人體具有精力充沛及蓬勃旺盛的生命活力，表現為體態優美、肌肉發達、皮膚細膩、臉色紅潤、目光炯炯有神、坐立挺拔、步履矯健、動作靈活、神態自然；健康使人體增添了豔麗的色彩，人又因生命而感動，充滿著一種優美的動感、一種積極的生命活力，極大地增強了人體美感。相反，一旦生命活力離開人體，肌體就會變得醜陋可憎，沒有絲毫美感可言。

（三）人體美還在於其存在的形式、內容與美感效應的和諧統一

人體美是以人的軀體、情感、倫理道德和生命活力為基本內容，自然形成的並具有社會屬性的有機體。其存在的形式和內容可以透過直覺，也可透過社會倫理範圍內的綜合效應，使人產生一種富有生命力的和諧統一的美感效應。

（四）人體美富有個性的特徵

不僅是不同的民族、地區、時代或社會，即使是在同一個群體中，人都是極富個性、有很大差別的。人們的生活經歷、社會閱歷、處世經驗、所處環境、所承受的精神壓力各不相同，即使是同一個人，在不同階段、不同場合、不同環境、不同健康狀態下，個人的情緒、心境也會有很大差異，對待事物的心理感受也會不盡相同，於是便形成了個人獨特的、豐富多樣的個性。

其實，當人們在追求形體美、氣質風度美的同時，為了區別於他人，實際上已經開始在追求自我個性和自我價值的完美顯現。

四、推崇自然

（一）自然美與自然審美觀

隨著人類文明的發展，人們越來越重視返璞歸真，崇尚自然。人類起源於自

然，帶著最原始的自然美，在社會實踐中，不斷形成自己的審美意識：公正地看待自己，給自己審美；公正地看待別人，給別人以美的評判；並逐漸形成了原始的自然審美觀。因此，自然審美觀是人類對自然原始美的客觀情感評價。

自然美是一種美的形態，指自然事物美的屬性，它是自然物質在人類生活實踐中顯現的富有生命活力的原始形象；是指客觀存在的美的事物，如高山流水、日月彩霞、碧波林濤、花香鳥語，包括人體裸露的曲線起伏等等。自然界的各種事物，自然現象所具有的各種色彩、聲音和形狀，是客觀自然的物質屬性，本來並不具備什麼美與不美的問題。美只是相對於主體印象或感受而言的、產生於自然與人的相互關係中客觀存在的事物，原來的與人敵對的對象或自然現象變為與人休戚相關、對人有益的對象時，人類才有了對自然美的追求，自然才成為人類的審美對象，於是便有了不加雕琢與修飾的自然美，因此也有了自然審美觀。

（二）人體自然美

世間一切事物中，人是萬物之靈，人體是最完美和諧的，是世間最美好的審美客體。從軀體到生命，從思維到靈魂，從一顰一笑、舉手投足到儀表儀態、氣質風度都無不體現出無限美。人體在正常狀態下的形式結構、生理功能和心理過程的協調勻稱與和諧統一，是人體的自然美與社會美的和諧統一。人體的自然美即人體的自然因素，是人體美的基礎。富有韻律的人體曲線是一種自然美，人體在正常狀態下的曲線起伏、生理與心理狀態的協調與統一等自然狀態因素是人體美的基礎，人的體型富於造型美和曲線美；人的膚色在一定光線作用下富於色調與光澤的變幻美和陰柔美；人的舉手投足間的姿態千變萬化，動態與靜態皆蘊含著無限的美感……。

人體自然美既可以體現在容貌和身體的各部分，也可以體現於生理與心理的特徵中，即所謂人體美的量感與質感。「量感」指審美主體對審美客體的輕重、大小、疏密、胖瘦等量的感覺；例如：骨骼的凹凸結構、肌肉的健美發達等，是一種視覺感觀。「質感」指對審美客體的皮膚細膩、軟硬、柔和、光滑等程度的質的感覺，是一種透過視覺捕捉到的以觸覺為主的物質特性感受。在形象設計造型中，要透過不同的表現手段，表現出人體所具有的上述的物質特性。人體質感

不同於用手去觸摸人體所得到的感覺，而是一種較高層次的美感意識，用視覺比用觸覺更能捕捉形態的神韻特徵變化。

將人體作為審美的客體，無疑具有以下美的特徵：

1.人體結構的和諧與統一

人體結構具有和諧統一的整體美。人體的局部與局部、局部與整體、機體與環境、軀體與生理、軀體與心理等對應關係既和諧又協調統一。

2.人體結構與形態

人體結構以正中線為基準，左右基本對稱，比例均衡，體態勻稱，動作協調，缺一不可。

3.生命活力

人體是生命的載體，生命賦予人體智慧、靈性與活力，只有生命才能賜以人體真正的美麗。

4.全息美

「全息」一詞源於雷射物理學。《醫學美容學》對全息論的概念作了如下詮釋：「全息，在生命科學中的引入，導致了人體全息觀的形成」和「人體全息診療學」的誕生。人體全息律包括兩個內容：「一是體表的特殊部分等於整個身體的縮影；二是機體各器官之間，機體與宇宙之間均息息相關。……」「容貌全息律」是容貌美學中其他各種特徵的核心，它似乎在各種特徵中處於支配的地位。例如容貌的比例美是人體其他部位比例美的全息「縮影」；容貌的動態美是人體其他部位動態美的全息「縮影」；容貌的輪廓、突度美是人的整體形象美和氣質美的全息「縮影」。總之，美的全息律支配和主宰著各種美的規律於人的容貌，這就是「容貌美是人體美的一面鏡子」的理論根據。

生物全息律揭示了生物體結構和功能的局部與整體、局部與局部的全息對應規律，這種規律在人體的自然美方面有著重要意義。人體自然美還在於它的全息美，即是說人體作為生物個體，在其大系統與各個小系統之間存在著全息對應關

係，各部位在不同程度或不同層次上成為整體的縮影。例如，我們可以將構成人體的心、肝、脾、肺、腎等臟器，看成是人體這個全息系統中的各個全息元素；或者在五行全息系統中，金、木、水、火、土便是五行這個全息系統中的各個全息元素。

人體生活在自然界中一環套一環的各層次系統中，在茫茫宇宙間始終處於中介地位，並具有最精確的全息相關度。人體無論何種美感，都包含著直接顯性的具體感知因素、間接抽象的理性因素、潛伏在意識中被激活的隱性因素。這三種因素在審美主體——人的頭腦裡融匯交錯形成既是模糊性又是全息性的心理反映。在審美過程中，美感的全息性始終和機體生命全息性同步合一，正是這種同步合一構成了人體全息美。人體自然美各部分的名稱見圖2-1。

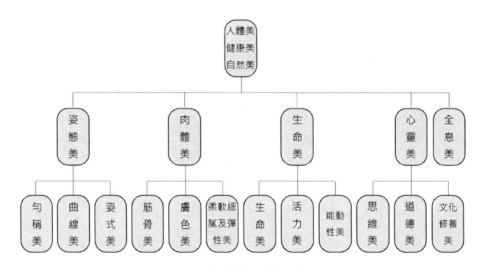

圖2-1 人體自然美各部分的名稱

（三）推崇自然美、挖掘與展示人體自然美

推崇自然美就是要突出地展示自然美的優勢，協調局部，從而體現整體的自然美感，充分發掘與展示人體的自然之美，這是人物整體形象設計的總目標或總原則。無論是髮型設計、化妝設計、服飾選擇，還是社交禮儀、風度氣質等設計，都必須以推崇自然、美化形象的整體美作為總的原則，切忌虛情假意、矯揉造作、東施效顰，這樣只會令人作嘔，使人厭惡。

單元小結

本單元系統講述了形象設計中的美學原則及「美」的含義和內容。強調美的本質是人和自然的協調統一。個體整體形象設計創作的最佳狀態，是將形象設計中的色彩原理和美學原則的靈活運用，並與人體生命活力美及個性氣質美有機地融合、協調統一在一個整體內。

思考與練習

1.簡述形象設計的美學原理。

2.為什麼説「美的本質是人和自然的協調統一」？

3.人體自然美包括哪幾個部分？

4.根據美學的原理和原則，結合自身現狀，設定自身形象設計目標。

第四單元 空服員形象氣質的構成和塑造

本章導讀

大多數人會認為形象只是指人的外表，形象的美只是體現在外觀上。其實，形象與氣質是相輔相成的，沒有良好的氣質，外在條件再好也產生不了美感。形象與氣質的美，是由內向外散發的，是心靈美與外在條件的最佳結合。因此，不能忽視內在品質與素養的塑造，要加強良好的行為與習慣、良好的性格與人脈、良好的心態與意志力等方面的培養，從而進一步塑造良好的形象與氣質。

重點提示

1.瞭解形象與氣質、品質與素養的內涵和聯繫。

2.掌握良好的行為與習慣、良好的性格與人脈、良好的心態與意志力等方面的培養要求。

區塊一 形象氣質的構成

空服員，指的是空中乘務的服務人員，常常被稱做是美的化身。在人們的腦海中，「空姐」是美麗的代言人，「空姐」這個名詞，給人的印象往往定格為：漂亮的外表和清新的裝扮，美麗的臉蛋和甜甜的微笑。其實，空乘服務是高標準、高質量的優質服務，而空服員則是這種優質服務行業的窗口。一個合格的空服員，其形象與氣質絕不僅僅是體現在外部表象上，而是其內在的品格與素養經過外化在舉手投足之間的自然流露，從而形成一種個性的氣質與美感，給人以深刻的印象。

一、形象與氣質的內涵

（一）形象

「形象」主要指的是一個人儀容儀表的具體外部表現，《現代漢語詞典》中的解釋為：

（1）能引起人的思想或感情活動的具體形狀或姿態。

（2）文藝作品中創造出來的生活圖景，通常指文學作品中人物的精神面貌和性格特徵。

（二）氣質

「氣質」也是指人的有關外部行為、形態所傳遞的訊息，人們的感官可以捕捉到，但不如形象那麼具體和直接。氣質一詞在《現代漢語詞典》中的解釋是：

（1）指人的相對穩定的個性特點，如活潑、直爽、沉靜、浮躁等，是高級神經活動在人的行動上的表現。

（2）指人的風格、氣度。

美學中給氣質所下的定義是：氣質，是一個人的風格、風度和風貌等。

形象是視覺能捕捉到的東西，能用高大、矮小、靚麗、醜陋、整潔、猥瑣、清純、成熟等詞語形容，是很直觀的。「氣」在漢語中是個神祕的字眼，它看不見摸不著，卻又無處不在，令人無法捉摸；因而氣質就不如形象那樣直觀了，它是透過人的儀容儀表、言談舉止等所傳遞的一種特殊的感覺。「它是人們在心理活動時或行為方式上表現出來的動態心理特徵」，人們很難用確切的形容詞語來界定它，用「雍容典雅、儀態萬方」、「優雅、高貴」等詞語來表述也未必就能說清楚什麼樣的氣質是好的。但人們在現實生活中，總是在不知不覺中衡量著它，評價著它，追求著它，塑造著它並體現著它。

動物也知道用華麗的外表來吸引異性，用偽裝的外表來迷惑天敵保護自己，這就是形象在動物身上所起的最典型的作用。人類對於形象的內涵有著更深刻的理解，因而對於形象有著更高的要求，形象的作用在人們的生活中，體現在交際、交往、擇業、擇偶等多個方面，其重要地位是不言而喻的。可以肯定，動物

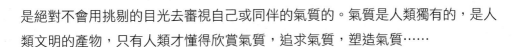

是絕對不會用挑剔的目光去審視自己或同伴的氣質的。氣質是人類獨有的，是人類文明的產物，只有人類才懂得欣賞氣質，追求氣質，塑造氣質……

（三）氣質學說

《辭海》中對「氣質學說」的解釋：說明氣質的由來和劃分類型的學說。

（1）中國古代醫學家雖未直接提出氣質學說，但曾按人的好動或喜靜的程度把人分為五型。即：好動的太陽型、少陽型，喜靜的太陰型、少陰型，動靜適中的陰陽平和型。

（2）古代希臘和羅馬醫生根據日常觀察和人體內四種體液（血、黏液、黃膽汁、黑膽汁）個人的多寡不同，把氣質假設為四型。即：性情急躁、動作迅猛的膽汁質，性情活躍、動作靈敏的多血質，性情沉靜、動作遲緩的黏液質，性情脆弱、動作遲鈍的抑鬱質。

（3）巴甫洛夫根據對動物和人的研究，認為氣質是高級神經活動類型特點在動物和人行為中的表現。提出四種基本的高級神經活動類型：興奮型、活潑型、安靜型、弱型。分別相當於膽汁質、多血質、黏液質、抑鬱質，並指出純粹的類型較少，人們一般都是混合類型。

‖ 二、形象與氣質的表現

（1）人類的形象是一個整體工程，它體現在五官、皮膚、身材、體型等自然條件上，同時又可以透過髮型、化妝、服飾等形象上的設計與包裝，進一步將內在美與外在美進行完美的結合，體現人體美的整體性和協調性。形象表現的不僅僅是人外貌上的美觀，還需要考慮職業、年齡、身分、場合等因素，表現出與諸多因素相吻合、相適應的美感。

（2）氣質與形象的美在人的外部表現上是相輔相成的，形象的好壞直接影響到氣質的表現。但氣質是高於形象的，它除了體現外表的美感，還表現在舉手投足、談吐修養等諸多細節之中。女性的內在氣質和心態，有相當一部分反映在外在儀表上，要有好的儀表美，必須經過良好的教育與訓練。如果說長相是「硬

功夫」的話，那麼體態、姿態等方面的修養是一種「軟功夫」，比裝扮更能表現一個人的氣質。女性的儀表美不全靠長相，還有賴於服飾和妝扮，有賴於身體的姿態和舉止，這些都是構成外在形象和氣質的主要因素，它們也是一個人綜合文化素質體現中的一部分。

形象的好壞有時對氣質不一定會造成決定性的作用，正所謂「人不可貌相」就是這個道理。有的女性雖然相貌平平，衣飾普通，但在與人的交往中卻因其內在的美與親和力能贏得大家的讚賞；有的女人年輕貌美，衣飾名貴華麗，卻因談吐粗俗、舉止不雅而遭人唾棄，這便是形象與氣質不同的表現。

▌三、空服員形象與氣質的特殊性

通俗地說，形象分為好看和不好看兩種。長相、皮膚、身材等是天生的，先天條件好的人在服飾和妝扮上有很多便利，但掌握形象設計和合理妝扮的技巧可以改善先天條件的不足，使得不好看的形象變得好看起來。

通常人們把女性的氣質簡單地分為優雅和粗俗兩種。其實氣質的類型是多種多樣的，如有的人性格開朗、博學多才，風度瀟灑大方，表現出聰慧的氣質；有的人性格沉穩、談吐不凡，風度溫文爾雅，表現出高雅的氣質；有的人性格直率、心直口快，風度豪放雄健，表現出粗獷的氣質；有的人性格溫柔、輕言細語，風度端莊秀麗，表現出恬靜的氣質等。各種氣質，均由每個人所處的不同環境及其心理素質，所受的教育不同或是長期的生活、工作習慣等因素所決定的。

無論哪種氣質，都是以人的文化素養、文明程度、思想品質、人格取向、生活方式為基礎的，同時還要看其對生活的態度。

空服員在人們的心目當中，應該是以面目姣好、皮膚白皙、體形修長、服飾整潔、裝扮清麗的形象出現，代表了大多數人在視覺感官上的追求。從某種意義上來看，猶如對影視演員、青春偶像的欣賞要求一樣，要達到賞心悅目的標準。

由於空服員屬於服務行業的從業人員，光有漂亮的外表是不夠的，必須具備良好的從業素質，良好的氣質就是其中之一。而對於空服員的良好氣質，則應定

位為：優雅、大方、謙和、可親，具體體現在甜美的微笑、親切的話語、謙遜的態度、周到的服務等方面。好的空服員能將秀美的外部形象和優雅大方的氣質有機地結合起來，既賞心悅目，又能給乘客留下較為深刻的良好的印象。有時即便形象並不像影視演員那麼的美麗，其敏捷周到的服務行為、富有親和力的態度等換取的讚賞，會遠遠超過形象上的讚美。這就是空服員形象與氣質的特殊性，有別於單純的視覺感官上的形象欣賞，而要更多地適應服務對象的心理需求。形象是直觀的，而氣質的特點則要透過人與人之間的相互交往的過程顯現出來，空服員的服務過程恰恰就是與人交往的過程，所以，對於空服員的氣質上的要求更高。

對於空服員而言，和藹可親是最基本的氣質，微笑服務是一種職業內涵的中心體現。當今世界上最受歡迎的公司之一——零售業巨無霸Walmart，其以標準的「十步法則」為特色的微笑服務是該公司取勝的重要因素。其創始人山姆‧沃爾頓發明的「十步法則」是：要求售貨員無論在做什麼，當顧客距離你十步之內時，都必須面帶微笑，主動與顧客打招呼，給顧客賓至如歸的親切感。老沃爾頓還對於微笑有更細緻的具體要求：微笑時必須露出八顆牙。而對於從事較高層次服務的空服員而言，微笑是一種基本功，微笑服務絕不只是單純的笑對旅客，而是竭誠為旅客著想、溫馨為旅客服務的職業態度的標誌。這種微笑，是真誠而發自內心的，見到旅客要像見到親人一般，透過微笑能和旅客產生心與心的交流，使旅客有賓至如歸之感。

【訓練1】

微笑訓練：微笑要發自內心，透過眼神、臉部表情來體現內心的熱情。訓練充滿笑意的眼神、露出八顆牙齒的微笑嘴型、微笑著打招呼等。

區塊二　形象氣質與品質素養的關係

形象與氣質帶給人們更多的是視覺等感官上的訊息，而人的品質與素養，更多的是要透過其行為習慣等方面進一步地瞭解才可以得知。

一、品質與素養的內涵

（一）品格

「品格」指的是人的品行和品性，也就是人們常說的「人品」，是一個人德行和修養的基礎；品質指人的品格性質，是品格在行為和作風上的表現。《現代漢語詞典》中對品質的解釋為：

（1）行為、作風上所表現的思想、認識、品性等的本質。

（2）物品的質量。

人的品質從根本上體現出一個人的秉性、覺悟、道德修養和思想認識，並透過有關道德行為表現出來的優劣，從而體現出一個人人品的好壞。

（二）素養

「素養」指的是一個人的素質修養，透過日常行為和習慣等方面體現出人在基本知識、技能、品格、智慧等方面的水準和造詣。《現代漢語詞典》中對素養的解釋為：平時的修養。

素質包括知識、能力、德行，以及對事業的執著追求等各種要素和品質，它為一個人能夠得到持續發展提供重要的潛能。修養指的是人在理論知識、思想內涵等方面的水準，以及平時養成的待人處事的正確態度，它能幫助人們獲得更多的成功。素質側重行為和技能，修養側重精神層面；素養是素質與修養的有效結合，是人的品格、智慧、行為習慣、心態、意志力、情感和人脈等各個方面的綜合體現。

空服員所從事的服務工作並不是簡單化的勞動，除了完成各項基本服務任務外，還要妥善處理各種突發事件。如面對特殊旅客、飛機延誤等事件的態度，以及發生劫機、旅客突發急病等危急情況時的處理、救護等，都集中體現了空服員的品質與素養。

二、品質與素養的外化

一個人的品質與素養如何，將直接影響到形象與氣質的表現。形象與氣質從某種意義上來說，是一個人品質與素養的直接反映。

良好的品質外化為對職業的熱愛，對旅客的關愛，故而一個好的空服員能永久地保持工作的熱情。一個從事空乘服務將近二十年的空姐，在介紹自己的經驗時說：永遠把旅客當作自己的親人，才會覺得為旅客服務是快樂的事情。一個人的品質決定了一個人的道德和覺悟，空乘服務需要高品質的人才，這種高品質的人首先應具備高尚的職業道德。服務行業有句口號「顧客就是上帝，善待每一位服務對象」，這也是對空服員的職業要求。空服員從事的是較為單調的勞動，要求既有耐心又能細心，既要周到又能細緻地為旅客服務，沒有奉獻精神是做不好的。尤其當面對那些殘疾人、老年人等特殊旅客時，空服員要給予更多的幫助和關照，透過真誠服務在人們心中留下的良好形象，要比外觀容貌和妝扮上的美麗要持久得多。

案例

在一架飛往北京的航班上，有一位來自山區的老大爺，登機時手中抱著一個裝滿東西的編織袋，空服員徵詢大爺是否要幫其放置行李箱，大爺搖搖頭，在座位上坐下後仍然將編織袋抱在懷中。飛行途中，當空服員向大爺遞上飲料和午餐時，大爺用懷疑的目光看著空服員，搖搖頭沒有接。過了不久，空服員察覺到大爺不停地抿動著嘴唇，想必是渴了，再次送上一杯飲料給他，大爺接過去之後，從懷中掏出一把硬幣塞給空服員，空服員解釋說飲料是免費的，大爺臉上露出了驚訝的表情。後來，經過空服員關切地詢問後，大爺告訴她自己家裡雖然窮，可是培養出了兩個大學生。大兒子已經工作了，為了父親免受旅途的勞頓，特意買了機票讓父親去北京看望正在上大學的小兒子。大爺為了省錢，從山裡步行到機場，一路上餓了啃紅薯，渴了就到路邊小店要水喝，被人當作乞丐受到了冷落和驅趕，是空服員的熱情周到的服務溫暖了他。空服員好奇地問大爺懷裡抱著的東西是什麼，大爺笑著說是給小兒子帶的禮物，一包由老伴親自做的小兒子最愛吃的紅薯乾，空服員的心深深地被大爺所打動了。飛機到達北京後，大爺問能不能將他的那份飯盒打包，他要帶給小兒子吃，空服員要把沒發完的飯盒都給他，大

爺説不，他只要屬於他的那一份，空服員的心再一次受到了觸動。大爺告別時說，在飛機上，他見到了最好看的空姐，喝到了最甜的水，享受到了這輩子都沒有享受過的服務。他一再對空服員説著感謝的話，然而空服員對大爺有著更深刻的感動，因為，空服員從大爺身上學會了如何感恩，從而更加深了對空中空服工作的熱愛。

良好的品質還外化為擁有一顆包容的心。寬容是一種非凡的氣度和寬廣的胸懷，是對人對事的包容與接納。面對現實社會，我們需要一顆真誠善良的心去包容，唯有如此，才能真正懂得生活，體會人生。空乘的服務過程中，會遇到各種脾氣性格的旅客，尤其在航班延誤等情況下，難免經過耐心解釋、安撫之後，尚免不了有人埋怨而引起爭執，此時的空服員能否保持微笑、謙和的形象呢？

案例

某公司航班因故延誤了數個小時，旅客們頗有怨言，經過空服員多次耐心細緻的解釋和安撫，大多數旅客都表示理解，可是有位公司的老總因航班延誤無法趕上與客戶的會晤，有可能損失一大筆業務訂單，情急之下，忍不住打了空服員一個耳光。所有旅客和工作人員都在指責他，可是這位空姐眼含委屈的淚水，請求大家理解這位旅客，更希望旅客理解航空公司和空服員，要大家調整好情緒，等待飛機起飛。空姐的善解人意和忍辱負重的精神，深深打動了所有的人，眾人投去了讚許的目光，航班順利到達目的地後，打人的旅客誠懇地向空姐道歉，並發誓從此只選擇乘坐該公司的飛機。空姐用她的真誠和包容之心，維護了航空公司的形象和利益，體現了對事業無私追求的良好品質。

人的素養外化為人的氣質。洛克説：「在缺乏教養的人身上，勇敢就會變成粗暴，學識就會變成迂腐，機智就會變成逗趣，質樸就會變成粗魯，溫厚就會變成媚俗。」車爾尼雪夫斯基也曾説過：「要使人成為真正有教養的人，必須具備三項品質：淵博的知識、思維的習慣、高尚的情操」。（見劉顏慶《素養——決定人生成敗的六項修煉》，（P.19）有著良好素養的人，其氣質上表現出態度誠懇、談吐得當、舉止大方、遵紀守時等特點；素養較差的人則表現為虛情假意、出言不遜、舉止粗俗、無所顧忌等特徵。

案例

一位公司老總招聘服務人員，一時應者雲集。首先入選的竟是一個既沒帶介紹信又無人推薦的人，助理問他為何看中了這個什麼都沒帶的小夥子，老總説：你錯了，他帶了許多無形的介紹信。他在進門前在門口蹭掉了腳上的土，出門時又隨手關上了門，説明他做事仔細；看到旁邊有殘疾老人時起身讓座，表明他心地善良，懂得體貼人；進門前先敲門，開口先問候，回答問題果斷乾脆，説明他既懂禮貌又有教養；其他人都從我故意扔在地上的一本書上跨過去，而他卻俯身撿起那本書放在桌上，説明他眼裡有活兒，懂得珍惜；當我和他交談時，發現他衣著整潔，頭髮梳得整整齊齊，指甲修得乾乾淨淨，這些都是一個服務人員最起碼應具備的條件，説明他注重細節，這一切都是極好的介紹信。

區塊三 良好形象氣質的塑造

一、良好行為與習慣的培養

良好的品質與素養不是一時就可以達到的，需要長期的學習和積累。在學習和積累的過程中，品質和素養的培養透過規範人的行為和習慣來體現其作用和價值，從行為和習慣的優劣表現中又能體現出人的形象與氣質的層次。

作為旅客，一開始並不能瞭解站在他面前的服務人員究竟具備什麼樣的素質，通常會透過服務人員的外在形象來判斷這個服務人員是否很職業化。

一般説來，空服員的服裝是以整潔大方並富有朝氣的制服為主。空服員的制服，包括衣服、鞋襪、領結、絲巾等，都應儘量保持一致並且維持整潔、不起皺等。除了著裝，空服員應保持髮型規整，梳理整齊，佩戴的首飾等也應與服裝、髮型等相配，避免過於複雜和花俏，要體現出幹練、簡潔的行業特點。另外，適度的化妝可以使空服員顯得更富有朝氣，增添美感，達到賞心悦目的效果，以給旅客良好的第一印象，切忌濃妝豔抹，因為那樣反而會造成與旅客之間的距離感。在氣質方面，可以透過語言交流、服務行為等方面進一步地在顧客面前樹立良好的職業形象。語言的表達能力要強，注意説話的語氣、語速、情感的運用和

音量的適中等，做到有禮有節、親善友好；在對旅客進行語言溝通和服務中，恰到好處地運用臉部表情、眼神、手勢、姿態等無聲的態勢語言，使得旅客產生良好的心理感受，大大緩解航行中的不適及陌生感，給人以賓至如歸的感覺。

在服務過程中，要做到有禮有節、高效服務，以此培養良好的習慣，以規範自己的行為。

（一）注重「五勤」，培養滿意服務的行為習慣

「五勤」：眼勤、口勤、耳勤、手勤、腿勤、腦勤。

「眼勤」指眼裡有活兒。在服務過程中，眼睛要密切關注客艙裡的動靜，適時捕捉旅客的需要，有時透過一個表情或動作，就能立刻明白旅客需要什麼；「口勤」指做到熱情主動打招呼，詢問旅客需求，提供指導等；「耳勤」指用聽覺關注旅客和客艙中的情況，有問題時能及時發現和處理；「手勤」指多用手提供各種系列服務；「腿勤」指常在客艙中走動，處理各項事宜；「腦勤」指主動思考，為提高服務質量，提升服務形象動腦筋想辦法。有了這些良好的行為習慣，才能為滿意服務打下良好的基礎。

【訓練2】

手部動作訓練：引導動作、配送餐飲動作、氧氣面罩等器材使用示範動作等。

（二）時刻注意禮儀的行為習慣

有這樣一則寓言，說的是在一個寒冷的冬天，一群刺蝟擠到一起禦寒取暖，但各自身上的刺刺得對方疼痛不堪，不得已又馬上分開，離開一定的距離。如此反覆試探，它們終於找到了最佳的相隔距離，在得到溫暖的前提下又不至於太疼痛。這個距離，即是人類交際中的禮節。

在服務過程中，要注重使用禮貌用語，旅客的詢問要及時應答，說話時眼神要禮貌地看著服務對象。迎客和送客時的語言要發自內心，用微笑輔助親切的話語，給旅客以親切感，為旅客營造輕鬆愉快的心境和氛圍。從整體上來講，要做到站姿挺拔，走姿優美，坐姿端莊，主動適時地給以禮貌的問候，親切的關懷

等，在這些方面都注意養成良好的行為習慣，從而獲得更好的形象氣質，給旅客留下更好的印象。

【訓練3】

坐姿訓練：將臀部坐在椅子深一些的部位，上身挺拔，頭部端正，目光平視，面帶微笑，雙手略交叉放置在一條腿上或雙膝中間，雙腳併攏略微向後收，並略微偏向一側，堅持三分鐘以上。

【訓練4】

站姿訓練：頭部端正，下顎微收，雙眼平視，頸部挺直，雙肩放鬆並向後、向下拉，挺胸收腹，腰部直立，臀部上收，兩腿直立，雙膝和腳後跟併攏，腳尖分開呈「V」字形。重心居於雙腳之間，雙臂自然下垂，處於身體兩側，手指稍彎曲，指尖向下，呼吸平穩均勻，然後將雙手交叉放置腰間，整體看來穩重、端莊、挺拔、大方。

坐姿訓練

站姿訓練

▌ 二、良好性格與人脈的培養

服務人員需要具備較好的性格。他們只有具備良好的個性才能受到歡迎，從而與服務對象之間建立和形成良好的合作關係。

人的性格是多種多樣的，有人把女性分為九種性格：完美型、領導型、平和型、理智型、自我型、助人型、活躍型、忠誠型、成就型，這九種性格各有特點和利弊。

空服員由於其行業的特殊性，應該屬於複合型性格的人較為理想，要求集上述性格中綜合的優點於一身。像完美型性格那樣用高標準來要求自己，具備領導型性格的外向、果敢，平和型性格的沉靜、善解人意，遇事又能像理智型那樣善於思考、克制衝動；工作中有活躍型性格的樂觀、有創意，還有忠誠型、成就型性格的愛崗敬業精神和幹勁，更重要的要有助人型性格的熱情和愛心。做一個優秀的空服員的確標準很高，有志者要努力用該標準來嚴格要求自己，儘量使自己的性格向健康的方向發展。

人脈即人際交往和人際關係，良好的人脈是一個人成功的關鍵。人脈不是指庸俗的關係網，而是做人處事的基本準則，是建立和諧環境，和諧氛圍的基本條件。空服員從事的職業，要求與人建立良好的合作關係，這裡面有上下級、同事間的合作，在短暫的航行過程中，更重要的是與旅客建立良好的合作，這就需要具備較好的溝通能力和表達能力，以及良好的人緣關係。

（一）學會傾訴和傾聽

傾訴是一個人情緒和情感的宣洩，將快樂與人分享會更快樂，將憂愁和煩惱向朋友傾訴，會分擔憂愁，化解不快。生活中我們要有朋友的關愛，工作中更要有同事的幫助，這樣才能擁有快樂的人生。現實生活的道路，不可能總是一帆風順的。傾聽是一種理解，更是一門藝術。學會傾聽，往往是人際交往中最有力的武器，能使自己更加受人歡迎；善於傾聽，有時比千言萬語更能打動對方的心。

空乘服務過程中，能友好地面對服務對象，傾聽旅客的需求，是服務員富有親和力形象的最佳體現。在傾聽旅客說話時，臉部帶有微笑，身體略向前傾，用目光與旅客親切對視，態度溫和。對旅客的詢問要耐心解答，當旅客有不理解和煩躁的情緒時，更要耐心詢問和解釋，做好安撫工作，有時良好的傾聽態度，能鼓勵旅客更好地表達，良好的傾聽藝術，能化解旅客之間的矛盾和不快，善於傾聽，在旅客心中更能建立良好而深刻的印象。

【訓練5】

傾聽時的姿態訓練：體態、目光、點頭、微笑等。

認真傾聽

（二）學會寬容

霍姆林斯基說過：「寬容所產生的道德震動比責罰產生的要強烈得多」。（見劉顏慶《素養——決定人生成敗的六項修煉》）寬容是一種高尚的品質，擁有它意味著要真誠的付出和給予，並能得到更多的尊重和諒解；寬容也是一種智慧和境界，擁有它能使人更自信從容，更加大度而不計較得失，心境會更平和超脫，得到的快樂會更多。寬容別人就是善待自己。

案例

在航班上，旅客都在靜悄悄地用餐，忽然有位旅客招手，高聲喊道：「小姐，過來！」空姐詢問他有什麼事，他說：「咖啡不熱，給我換杯熱的來！」空姐道歉後換上一杯新的咖啡，旅客又大聲說咖啡倒得太少了，空姐輕聲說：「先生，咖啡太燙，倒滿了您不好端杯，你若需要，喝完後隨時叫我，我會給你添加的。」旅客說：「我可以端，不用你操心！」空姐解釋航行中免不了顛簸，咖啡倒太滿了容易溢出來燙傷旅客，經過耐心解釋，旅客的不滿情緒才漸漸平靜下來。事後，有人問空姐在旅客蠻不講理時，為什麼還能保持良好的態度，空姐回答：「因為職業要求我要擁有一顆寬容的心，正因為他粗暴我才採用婉轉的方式對待，正因為道理一說就明白，我才不需要大聲說話。理直不一定要氣壯，只有理直氣和時才能交到更多的朋友。」

▌三、良好心態與意志力的培養

（1）良好的心態是在為人處世、學習、工作、事業、家庭等方面得以成功的基石。良好的心態能促使人寵辱不驚、知足常樂。

古希臘哲學家蘇格拉底說過：「逆境是磨練人的最高學府。」（見劉顏慶《素養——決定人生成敗的六項修煉》）良好的心態能使人在身處逆境、遭遇苦難時建立更多的信心和勇氣，樂觀向上，奮力拚搏。逆境是成長過程中必經的過程，只有能勇於接受挑戰，承受逆境磨練的人，在人生的道路上才能走得更遠、更穩。良好的心態能讓人在心理上激起更多的積極健康的情緒體驗，以控制負面情緒，從而產生自我控制力。自我控制力是一種寶貴的品質。在緊張繁忙的現實生活中，人們有時會變得很脆弱；遭遇不愉快的事情時，往往會產生憤怒、悲傷、失望、沮喪等不良情緒。若這種不良情緒占上風，人的心情受到很大影響，輕則喪失學習工作的激情，重則甚者對人生都將失去信心。擁有良好心態的人，才能夠有效地控制自己。俗話說得好：弱者任情緒控制思維，強者讓意志控制情緒。逆境磨練意志，苦難塑造心靈，只有微笑著面對苦難，才能看見人生的另一種風景。

（2）意志力是一種頑強的鬥志。具備較強意志力的人能正確面對失敗，在經歷挫折時百折不撓，建立起必勝的信心；具備較強意志力的人能夠做到持之以恆、鍥而不捨，永不放棄對事業的追求。

生活中需要勇氣，勇氣的根源是意志力。空服員要具備頑強的意志力，才能有勇氣從容應對可能發生的事情，甚至要有為事業獻身的思想準備。

案例

1.在各國航空史上，都有發生空難和各類事故的記載，在災難和事故發生的時刻，空服員的意志力將受到嚴峻的考驗。曾有資料記載，有一次飛機出現機械事故，在飛機墜地即將爆炸之前，有八位坐在後艙的旅客跳出艙門獲救，他們心目當中的英雄，就是一名空姐。在緊要關頭，她以鎮定的態度，告訴大家不要亂，隨後用力打開了緊急出口的門，幫助那幾名旅客遠離了災難，自己最後一個跳了出來，保全了生命。從她那弱小的身軀中體現出的這種臨危不亂、捨身救旅客的精神，就源自於她那頑強的意志力，以及旅客至上的職業道德感，她的形象是高大的、感人至深的。

2.在中國民航史上，曾發生過劫機事件。面對窮凶極惡的歹徒，是選擇逃避、屈服，還是勇於搏鬥，捍衛正義？這是對思想境界和意志力的考驗。職業的使命感使得有的機長和空姐挺身而出，與歹徒頑強地鬥爭，有的不惜獻出了自己寶貴的生命，永遠活在人們心中；有的成為了時代的英雄，成為人們學習的榜樣。例如，東方航空公司江西分公司的一名空姐，面對劫機犯從容鎮定，與其周旋搏鬥，最終制服了歹徒，捍衛了人民的生命財產的安全。她的英雄形象和大無畏的精神，構成了空服員的特殊形象和氣質，這也是另一種深層次的美麗，將產生經久不衰的魅力。

單元小結

本單元闡述了空服員形象與氣質的構成以及品質和素養的關係，在培養形象氣質的基礎上，強調品質與素養的重要性，討論了品質與素養對形象與氣質的塑造。

思考與練習

1.簡述氣質的定義。

2.簡述品質和素養的基本內容。

3.簡述品質與素養對於形象氣質的重要作用。

4.結合自己的實際，講述良好行為習慣以及學會寬容的心得體會。

第五單元　服飾與形象塑造

本章導讀

　　民航空服員是航空服務工作的實施者，民航空服員的個人形象在某種程度上能夠代表企業形象，民航空服員的專業化形象是航空公司整體形象的重要組成部分，而在民航空服員專業形象的塑造過程中，服飾造成了至關重要的作用。民航空服員應該和職業特點來協調搭配服飾，使服飾能夠體現並渲染職業的優勢，美化民航空服員的職業形象。在日常生活中，民航空服員也要善於利用服飾來顯示自身的文化素養和審美品味，構築一道亮麗的風景線。本單元全面介紹如何利用服飾來成功地進行形象塑造。

區塊一　服裝色彩的搭配

本章導讀

　　色彩、款式、質地是構成服飾的三要素，其中色彩是影響人的視覺效果最重要的因素，是服裝的精華。在日常生活中，服裝色彩能顯示一個人的氣質與格調，能幫助人們創造一個完美的形象，人們經常根據服裝配色的優劣來評價穿著者的文化藝術修養。在工作場合，服裝色彩能顯示出工作的特性，例如，民航空服員的工作制服以藍色為主要基調，顯示出「志在藍天，服務航空」的理念。在日常生活中，民航空服員要根據配色的規律來搭配服裝色彩，力爭達到整體色彩的和諧美。本區塊詳細介紹服裝與色彩的搭配技巧。

重點提示

　　1.掌握服裝色彩搭配的基本原則，大致掌握季節、環境、服裝面料、穿著者

的年齡、性別、性格、膚色、體型對服裝色彩的搭配要求，學會根據自己的膚色、體型、性格選擇適合自己的服裝顏色。

2.掌握服裝色彩搭配技巧，學會運用根據自身條件，分別運用統一法色彩搭配法、對比法色彩搭配法、主色調搭配法為自己設計出一系列社交場合的服裝顏色。

一、服裝色彩搭配基本原則

色彩一般可分為無彩色和有彩色兩大系列。無彩色主要由黑、白、灰組成，有彩色按可見光的不同波長區分，有紅、黃、綠、青、藍、紫等色。一種顏色表現的是一種風格，不同顏色能巧妙搭配出千百種非凡風格。對服裝色彩進行搭配時要對季節、環境、服裝面料、穿著者的自身條件等因素進行全面考慮，以創造出服裝色彩的整體美與和諧美。

（一）服裝色彩與季節搭配

服裝的色彩要與自然界季節的變化同步。一般說來，紅、橙、黃及其相近的色彩為暖色，給人以熱的感覺；青、藍色及其相近的色彩是冷色，給人以冷的感覺，綠、紫色是中間色。春季，大地復甦、萬象更新，欣欣向榮，大自然的色彩走向溫和，明快豔麗的色彩更適宜人們此時的心境。夏日，烈日驕陽，無處躲藏的熾熱讓人們渴望涼爽，服裝色宜以寧靜的冷色和能反射陽光的淺色為主。秋季是成熟的季節，自然界色彩豐富多變，秋季服裝的色彩趨於沉穩、飽滿、中性、柔和。冬季氣候寒冷，自然界色彩趨於單調，冬裝的色彩既可以與季節相搭配，也可以用強烈的色彩組合來使冬天增添活力。

（二）服裝色彩與環境搭配

色彩組合常常能帶來神奇的視覺效果，深色顯得安定、沉著；淺色顯得文雅、大方；冷色顯得沉靜、莊重，服裝色彩必須與環境相對應。例如，休息時要有一個寧靜、舒適和諧的環境，採用淡雅、舒適的淺淡色，可以消除、緩解緊張情緒；宴會、舞會一般都比較華麗、熱鬧，故而色彩也應濃豔一些；夏日的海濱

因日照強烈，服裝也常以紅、橙、白等色為主；重要會議場合莊嚴，服裝也常以黑色、灰色、藍色為主；在辦公室內，低彩度可使工作其中的人專心致志，平心靜氣的處理各種問題。

（三）服裝色彩與面料搭配

服裝面料是服裝的色彩得以體現的載體，面料由於纖維成分、織造結構及表面紋理的不同而呈現不同效果，如光亮、粗糙、溫暖、滑爽、硬挺、柔軟等等。同一種顏色放置在不同紋理效果的面料上，其色彩明度不同：表面光滑的纖維的色彩強度大於粗糙的纖維，斜紋的色彩強度大於平紋。在進行服裝配色時，應對服裝面料特質做科學的理性分析，選擇出適合不同材質的色彩搭配。

（四）服裝色彩與年齡搭配

服裝色彩的選擇應考慮不同年齡階段的膚色與心理的差別：嬰兒的皮膚嬌嫩，宜選淺淡、柔和，小花型紋樣的色彩；少兒活潑個性，宜選色彩對比明快，配色豔麗，裝飾點綴比較多，一般還有大面積色彩拼接的色彩；青年人的生活豐富多彩，宜用鮮豔花俏、與時尚同步、富於特色的色彩；中年人成熟沉穩，宜用溫和、端莊、雅緻的色調；老年人由於膚色的改變和身心的特點，色調沉穩，中性色彩占主導地位，當然有些老年人出於對青春的懷戀和不服老的心理也會選擇一些較鮮豔的色彩作為身心健康的一種標誌。

（五）服裝色彩與性格搭配

色彩的視覺幻想造成了不同的心理感知。紅色代表活躍、熱情、勇敢、健康，橙色代表友愛、豪爽；黃色代表智慧、光榮、忠誠；綠色代表自然、和平、幸福、理智、活潑；藍色代表自信、真實、沉默、冷靜；紫色代表高貴、優雅、信仰；黑色代表穩重、寂寞、嚴肅；白色代表寧靜、純潔、無私、樸素、誠實等。因此服裝的穿著色彩能夠強烈地反映出著裝者的個性特徵，每個人都會根據自己的性格和喜好選擇不同的服色。性格外向者多選擇暖色調服裝，如紅、黃等色彩，不會傾向色澤灰暗的色調；個性內向的人通常偏於冷色調，而不偏愛大紅大紫等特別鮮豔的服裝；理智恬靜者常偏愛白、藍等顏色；天真純潔的少女偏愛淡色、粉紅色。

（六）服裝色彩與職業搭配

色彩會給人不同的心理感受，不同的職業對服裝色彩有著不同的要求。暖色會給人熱情、自信、友愛、爽朗的感覺，有助結交朋友，適合需要經常接觸人和特別講求人際關係的工作，如公關、推銷員、社工等行業。冷色及深色的衣服能營造嚴肅氣氛，對從事管理、金融、律師等人士比較適合。

（七）服裝彩色與性別搭配

女性服裝的顏色選擇餘地較大，男性服裝的顏色選擇餘地相對較小，男士身著一身鮮紅、粉紫或亮綠走上街頭時，難免惹來異樣眼光。深藍、灰色及褐色三種是男士較為正式服裝的主色調。

（八）服裝色彩與膚色搭配

人們的膚色存在著很大的差異，要掩飾人的膚色缺點，色彩就是第一重要的因素。服裝顏色能增加人體膚色的色彩感度，服色與膚色的默契配合能夠產生和諧的美學效果，服裝色彩對人體膚色造成美化的作用。一般說來，膚色偏黑者通常不宜選擇深暗色調，最好與明快、潔淨的色彩相配，顏色的純度保持為中等，如淺黃色、淺藍色、米色、像牙白色等；膚色偏白者不宜選擇冷色調，否則會越加突出臉色的蒼白，這種膚色的人最好淡橙紅、檸檬黃、蘋果綠、紫紅、天藍等色彩明亮、純度偏高的色彩組合；膚色偏黃者避免採用強烈的黃色系，如褐色、橘紅，最適合明快的酒紅、淡紫、紫藍等色彩，能令面容更白皙；膚色偏紅者要避免淺綠或藍綠色，適宜選擇輕淡的和深暗的兩種色彩系列。

（九）服裝色彩與體型搭配

從色彩視覺上說，淺色、暖色會給人膨脹的感覺，深色、冷色會給人收縮的感覺。巧妙地運用服飾色彩對人的錯覺效果可以顯示體型優點，彌補體型缺陷，實現對體態的揚其所長、避其所短的美化效果。體型高大的人，服裝上的色彩不要使用單色調或冷色調，最好選用高明度、高純度的鮮豔色彩，如：紅色、黃色、綠色、橙色等，宜配淺色橫色紋等的圖案；體態瘦小的人，比較適合橫條紋的圖案，色彩以鮮豔的、明度高的色彩較理想，服裝色彩不要使用冷色調，在整

體配色變化上要豐富，最忌諱從上到下只採用一種色調；體態較胖的人，適合穿冷色系和深色調的服裝，不宜配高純度、高明度的色彩，適合穿著色彩簡單或細長直條圖案，不宜配大花紋、橫紋等圖案的服飾；體型矮小的人不宜穿色彩過重的服飾，不宜配大花、寬格、圓圈圖案的服飾，應選小花紋和長條紋圖案，服飾色調以溫和為佳，上裝與下裝的顏色要相近搭配，忌諱上下裝顏色反差過大。

【訓練1】 服裝色彩搭配訓練

根據自己的膚色、體型、性格選擇適合自己的服裝顏色。

二、服裝色彩搭配技巧

（一）統一色彩搭配法

統一服裝色彩搭配法是將同種顏色或鄰近顏色搭配起來產生一種和諧、自然的色彩美，可以取得端莊、沉靜、柔和、文雅、穩重的服裝效果，適用於氣質優雅的成熟女性。

1.搭配方式

（1）同種色搭配法

設計服飾時，將同一類顏色中深淺不同的兩種顏色相配，即同一色相由於明度變化而產生的濃淡深淺不同的色調。如深紅與淺紅、深綠與淺綠、深灰與淺灰等。

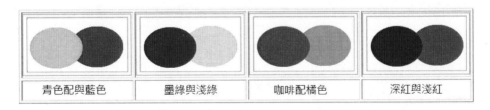

| 青色配與藍色 | 墨綠與淺綠 | 咖啡配橘色 | 深紅與淺紅 |

同種色搭配法

（2）鄰近色搭配法

設計服飾時，將色環大約在90度以內的鄰近色搭配起來，如紅與橙黃、橙

紅與黃綠、黃綠與綠、綠與青紫等鄰似色相配，把色譜上相近的色彩搭配起來，能獲得協調統一的整體效果。

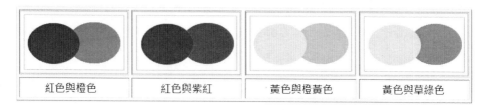

鄰近色搭配法

2.注意事項

（1）同種色搭配法時，色與色之間的明度差異要適當，相差太小或太接近的色調容易相互混淆，缺乏層次感；相差太大或對比太強烈的色調易於割裂整體。

（2）鄰近色搭配法時，需要注意色彩之間純度和明度上的相互襯托關係，在相配置的幾種顏色中應有主次、虛實的強弱之分。例如用深一點的藍和淺一點的綠相配或中橙和淡黃相配，都能顯出調和中的變化，造成一定的對比作用。

【訓練2】 統一色彩搭配法訓練

根據自身條件，運用統一色彩搭配法為自己選擇一套適合社交場合的服裝。

（二）對比色彩搭配法

指兩個相隔較遠的顏色相配。這種配色有比較強烈的對比感覺，既有互相對抗的一面，又有互相依存的一面，在刺激人的視覺感官的同時，產生出強烈的審美效果。

1.搭配方式

（1）強烈色配合

設計服飾時，將兩個相隔較遠的顏色相配，如：黃色與紫色，紅色與青綠色。

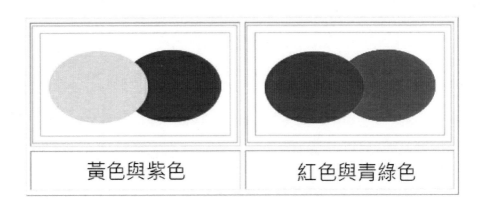

強烈色配合

（2）補色配合

設計服飾時，將兩個相對的顏色的配合，如：紅與綠，青與橙，黑與白等。

補色配合

2.注意事項

（1）強烈色配色比較強烈，並有一種視覺和諧美。例如，黑色與黃色是最亮眼的搭配，紅色和黑色的搭配顯得隆重。注意對比色之間面積的比例關係。色彩面積的大與小、色彩量的多與少都能夠改變對比色配置的對比效果。一般說來全身服飾色彩的搭配避免1：1的對比，一般以3：2或5：3為宜。

（2）補色相配能形成鮮明的對比，有時會收到較好的效果。例如，黑白搭配是永遠的經典。兩個相對比的顏色在明度和純度上要有區別：一般是面積大的顏色，其純度和明度低一些，而面積小的顏色其純度和明度高一些。例如：整套

服裝的色彩呈黑色，在其領子或袖口處配以白色，還可以利用顏色純白的提袋、圍巾、首飾等來構成對比關係，這樣的色彩配置會產生既整體又富於變化、既統一又富有活力的視覺美感。

【訓練3】 對比色彩搭配法訓練

根據自身條件，分別運用對比法色彩搭配法為自己選擇一套適合社交場合的服裝。

（三）主色調搭配法

主色調搭配法是以一種主色調為基礎色，再配上幾種次要色的分配方法，它可以使整個服飾的色彩主次分明、相得益彰。

1.搭配方式

設計服飾時，選擇一種主色調為基礎色，再配上幾種次要顏色。

2.注意事項

（1）全身色彩要有明確的基調，主要色彩應占較大的面積。

（2）次要顏色用色不要太繁雜凌亂。一般來說，男性服裝不易有過多的顏色變化，以不超過3種顏色為好。女性身上的顏色不能過於堆砌，否則會顯得浮豔、俗氣。

【訓練4】 主色調搭配法訓練

根據自身條件，運用主色調搭配法為自己選擇一套適合社交場合的服裝。

（四）點綴色彩搭配法

點綴裝飾法是在統一顏色基調中，點綴一點強調色，造成畫龍點睛的作用。運用小點綴色彩的裝點，可以打破沉悶的單一色調的局面。如果衣櫃裡的衣服色彩並不豐富的時候，只要運用點綴法，稍加點綴就可以讓這些服裝的配色每日推陳出新。點綴法的運用是日本、韓國、法國女人最擅長的。例如，日本女人最多的飾品是絲巾，她們將絲巾與自己的服裝做成不同的風格搭配，讓人會情不自禁地注意其臉部；法國女人最多的飾品是胸針，利用胸針展示女人的浪漫情懷。

1.搭配方法

設計服飾時，在統一色調中，選擇一點強調色。如素淨的冷色調中，點綴一點暖色調。可以穿著藍地黑花的上衣和裙子，僅用金色項鏈作點綴。

2.注意事項

（1）衣服並不一定要多，也不必花樣百出，最好選用簡潔大方的款式，給配飾留下展示的空間，這樣才能體現出著裝者的搭配技巧和品味愛好。

（2）服裝上的點綴色應當鮮明、醒目、少而精，造成畫龍點睛的作用，一般用於各種胸花、髮夾、紗巾、徽章及附件上。

（五）漸變式色彩搭配

漸變式色彩搭配方法也叫「三明治搭配法」或「漢堡搭配法」，有層次地運用主色、輔助色、點綴色的色彩的搭配方法。

（1）要確定一種起主導作用的主色。主色是整套服飾的基調，在整套服飾中占重要的位置。主色通常是指套裝、風衣、大衣、褲子、裙子等的顏色，一般占全身面積的50%以上。

（2）輔助色是與主色相搭配的顏色，通常是單件的上衣、外套、襯衫、背心等的顏色，通常占全身面積的40%左右。

（3）點綴色一般只占全身面積的10%左右。點綴色可以是為了造成畫龍點睛作用的服飾點綴物，例如：絲巾、鞋、包、飾品等點綴物的顏色。也可以是為了造成緩衝對比顏色緩衝過渡作用的調和色，例如：一件紅色衣裙，往往採用白色鑲嵌袖口和領邊，使之緩衝過渡來沖淡紅色，取得調和效果。又如，穿著黃色襯衫和深紫色裙子，色彩對比過於強烈，採用黑或白或金色的皮帶可以取得上下銜接、統一和諧的效果。

（六）呼應色彩搭配法

呼應色彩搭配法是選擇搭配的單品時，在已有的色彩組合中選擇其中任一顏色作為與之相搭配的顏色，在前與後、上與下、內與外之間呼應裝飾，給人整

體、和諧、統一的美感。例如，身著黑底紅花的襯衫和黑色裙子，配上紅色手提包與皮帶，這種黑、紅的上下呼應，產生整體協調的效果。

注意事項：

（1）任何色彩的處理都不應該是孤立的，要同周圍的色彩相呼應。

（2）呼應法色彩搭配的具體的處理手法可以體現在：內衣與外衣的呼應，上衣和下裙的呼應，衣服與配件的呼應，衣服與裝飾品的呼應等，使服裝色彩的整體與局部、前與後、內與外、上與下之間相互搭配、渾然一體。

案例

1.張女士認為色彩堆砌越多，越「豐富多彩」就越漂亮。所以，服飾總是集五色於一身，結果獲得了「聖誕樹」的稱號。

問題：張女士的穿著錯誤在哪裡？

提示：色不在多，和諧則美，全身色彩以三種顏色為宜。應該是選擇一兩個系列的顏色作為主色調，占據服飾的大面積，其他少量的顏色作為對比、或作為襯托、或作為點綴裝飾，可以取得和諧效果，並給人俐落、清晰的印象。

案例

2.劉女士是一位辦公室白領，喜歡穿豔粉色、紅色、橘黃色服裝。但是，她越來越發現：這些著裝會使一位上班族的女性難以專心致志工作，工作效率較低，並失去權威感，顯得柔弱。

問題：劉女士的服裝很失敗，請你思考一下辦公室工作的女性適合穿什麼顏色的服裝？

提示：辦公室白領適宜穿中性色，例如黑、藏藍、灰、褐、咖啡、米和白等等。這些顏色純度低彩度低的顏色。原因如下：一，職業女性穿著職業女裝活動的場所是辦公室，中性色可使工作其中的人專心致志，平心靜氣地處理各種問題，營造沉靜的氣氛。反之，穿著高純度的色彩影響他人工作時注意力的集中。二，職業女裝穿著的環境多在室內、有限的空間裡，人們總希望獲得更多的私人

空間，穿著中性色的色彩會增加人與人之間的距離，減少擁擠感。因為，明度相同的情況下，純度低的中性色具有後退感和收縮感。三，中性色更容易與其他顏色相互協調，有助於形成協同合作的格局。相反，高純度表現出極強的個性，與其他顏色不易調和，如果其他同事是低純度的服色，則會使高純度色陷於孤立，在男同事較多時，這種情況尤其明顯。四，中性色給人以謙遜、寬容、成熟感，借用這種色彩語言，職業女性更易受到他人的重視和信賴。

區塊小結

服裝色彩是服裝感觀的第一印象，它有極強的吸引力。在日常生活中，服裝色彩能顯示一個人的氣質與格調，民航空服員在日常生活和社交場合要根據配色的規律來搭配服裝色彩。首先，要根據周圍的環境、所在的季節、服裝的面料、自身的年齡、性別、性格、膚色、體型等選擇服裝色彩。其次，要靈活運用統一色彩搭配法、對比色彩搭配法、主色調搭配法等色彩搭配方法為自己成功塑造良好形象。

思考與練習

1.根據服裝色彩搭配基本原則談談空乘制服顏色的合理性。

2.不同的膚色、體型、性格對服裝顏色有哪些要求？

3.對比統一色彩搭配法、對比色彩搭配法、主色調搭配法。

區塊二 服裝搭配的運用

本章導讀

服飾反映著一個人的社會地位、文化素養和審美品味，是一種特殊的「身分證」。空服員雖然在工作場合有規定的制服，但是在日常交際場合，要善於運用富有個性色彩、藝術品味、優美雅緻的衣裝來形成典雅氣質，構築一道亮麗的風景線。本區塊全面介紹服裝與時間、場合、膚色、職業、妝面、體型等方面的搭配技巧，幫助民航空服員塑造良好的社交形象。

重點提示

1.基本瞭解服裝搭配基本要領,學會根據時間、場合、職業、膚色、年齡、臉型、妝型等搭配不同款式的服裝。

2.掌握不同體型對服裝的不同要求,學會利用服飾來發揮自身體型的優點,彌補自身體型的不足。

3.瞭解季節的交替對服裝的款式和色彩的要求,學會根據季節的更替來選擇服裝。

一、服裝搭配基本要領

高雅的衣裝形象是靠服裝生活中的細節體現出來的,服裝應該與穿著的時間、場合,個人的膚色、職業、妝面、體型等因素相搭配。

1.服裝與時間相搭配

不同的時代背景、人生閱歷使人們有著各自不同的服裝喜好和選擇,因此不同時段的著裝規則是不一樣的。以一天為例,女士的著裝要隨時間而變換。白天工作時,女士應穿著正式套裝,以體現專業性;晚上出席雞尾酒會就須多加一些修飾,如換一雙高跟鞋,戴上有光澤的佩飾,圍一條漂亮的絲巾。以一年為例,季節特點的不同,人們的心理狀態和思想情緒也隨之發生變化,所以服裝的選擇還要適合季節氣候特點,保持與潮流大勢同步。以人的一生為例,年齡不同,服裝的選擇也不同。嬰兒裝造型簡潔,易穿脫,無衣扣;童裝造型活潑、可愛、寬鬆;學生裝造型簡練、活潑,色彩明快,便於活動;青年裝造型多種多樣,服裝款式與時尚同步,表現風格富於特色;中年裝傾向於端莊、雅緻、沉穩、大方的服裝;老年裝以為傳統風格的服裝,以實用功能為主,色調沉穩。不同的時代對服裝的審美要求不盡相同,服裝的款式和色彩有追求時尚的特點,人們的著裝要有強烈的時代感。

2.服裝與場合相搭配

不同的自然環境、光源、人際環境,應該有不同的服裝要求,因而衣著要與

場合協調。工作場合的著裝要端莊、簡潔、持重和專業；參加正式會議時，衣著應莊重考究；出席正式宴會時應穿著禮服；休閒場合的著裝應輕便舒適。例如，印花圖案的衣服給人一種輕鬆、休閒、天真、不拘小節的感覺，是大部分人士業餘或消閒時最喜愛穿著的衣服。

3.服裝與職業相搭配

一個人的個人形象在某種程度上能夠代表企業形象，人們應該根據自身的職業、職位及知識素養等因素來協調搭配服飾，服裝不僅要能反映職業，而且要求體現和渲染職業的優勢，美化職業形象。例如：領導者應該修飾得端莊、穩重、深沉，著裝質地高檔，款式略趨保守，以體現一種權威性；公關經理的儀表形象應與企業形象一致，因為人們常會透過其形象來評價其企業的形象水準；文藝工作者的修飾可時尚、浪漫；科教專業工作者則應莊重、嚴肅，體現其一絲不苟的專家的權威作風；商界人士和企業主管卻要追求幹練、穩重的風格。

4.服裝與膚色相搭配

服裝是一種整體美的效果，適當的服裝搭配會對膚色的美化造成提升作用，會使人顯得精神煥發，不適當的搭配可起相反的效果，因此，服裝款式的選擇上要注重與膚色的搭配效果。不管哪種膚色都有適合它的服裝款式，只要膚色與服裝和諧，就會產生美的視覺效果。在選擇服裝款式時，首先確定與膚色相和諧的色彩系列，巧妙地運用色彩知識精心設計，選擇與膚色相協調的服裝款式。例如，膚色偏暗的人的服裝款式應趨於典雅、自然、簡潔，因為款式過於時尚會起過分注意，款式過於落後就有「土氣」之嫌，只有典雅服裝款式可以沖淡膚色的缺陷，給人留下優雅的印象。膚色偏白女性的服裝款式的選擇範圍較大，可以是自然型、優雅型、莊重型或浪漫型，只要款式大方得體，式樣新潮一些也是可以的。膚色偏黃女性的服裝款式應以優雅、嫻靜或古典的「小家碧玉」款式為主，強調服裝的領、袖、肩等處的造型，變化出較多精緻或古典的款式，會使這類女性增色不少。

【訓練1】 服裝與膚色搭配訓練

根據自己的膚色選擇適合自己的服裝。

5.服裝與體型相搭配

人們的體型條件千差萬別。有體型勻稱、美好的穿著者，可以任選其喜好或流行時尚選擇服裝，追求自己的服裝表現風格，力求達到完美的個性展示。但體型並非都是十分理想的，對於某些的體型不足可以按照「理想形體」去提高自己的構思境界，找出體型中最美的部位，利用視差覺方法加以強調；找出體型中不美的部位，充分利用線條分割型完美方法來完善自我。均衡好看的切割比例可以讓你變得更高：比如上衣比例較短，下半身則顯的長，就產生了高的錯覺。

6.服裝與妝型相搭配

妝型的風格決定著服裝搭配，服裝的完美表現也需要透過和諧的妝型展示出來的，因此，妝型的風格（尤其是色彩）決定著個人的整體形象。如果妝型新潮，服裝必然前衛，如果妝型古典，服裝必然典雅。

7.服裝與臉型相搭配

服裝的款式，尤其是服裝的領子應該與臉型相搭配。橢圓形臉和瓜子臉是比較理想的臉型，任何領子都適合；由字形臉，下顎寬大、上顎狹小、穿V字形的領子看來臉型柔和些；方形臉人很強的角度感，用U字形領口可緩和這種臉型；長方形臉型適合搭配船形領、方領、水平領；菱形臉型尖銳狹長，以V字形的領口緩和最為恰當。

【訓練2】 服裝與臉型搭配訓練

根據自己的臉型選擇適合自己的服裝。

8.服裝與年齡相搭配

一般來説，服裝按照年齡可以分為：兒童裝、少年裝、青年裝、中年裝和老年裝。年齡對於服裝的影響表現為：兩頭重，中間輕。嬰兒、兒童以及少年時，服裝特徵明顯；老年服裝功能性強，具有一定的侷限性；而中年和青年之間，年齡對於服裝的影響甚微，特別是現代人更注意體型的保養，其差別繼續不斷地逐漸縮小。

　　青年人的生活豐富多彩，因此青年裝造型多種多樣，服裝款式變化迅速。青年人自我意識開始成熟，服裝風格富於特色，個性顯著，喜歡俏麗與前衛的服飾。青年是與鮮花相伴的年齡，著裝色彩也如鮮花一樣豐富，沒有不美的色彩，只有不美的搭配。他們嘗試各種服飾色彩，追求個性、時尚、亮麗的生活，青年人服飾色彩一般比較俏麗與前衛。

　　中年人豐韻與成熟，中年裝傾向於端莊、雅緻、沉穩、大方的服裝典型，用料較為高檔，側重表現華麗、典雅的風格。中年人處於經濟獨立、事業蒸蒸日上之時，以藍灰、綠灰、銀灰、豆沙灰、駝灰等色組成的低純度、中明度的灰色調。色調素雅、平穩、高貴、和諧，既大方又有神采。

　　老年裝傾向保守，以傳統風格的服裝、實用功能為主，比如舒適、便於動作，受時尚的影響比較小，適當融入一些時尚氣息。老年人處於享受天倫之樂之時，加上閱歷豐富，見多識廣，服裝色調沉穩，中性色彩占主導地位宜選用淡雅、含蓄、穩重暗色調和中性色調，如莊重的青色、平靜淳樸的灰色、嚴肅的黑色、渾厚堅實的褐色、華貴的紫色、穩重的黃色等。總之，老年服飾色彩美應在於體現矍鑠與慈祥。

二、服裝與體型的搭配

　　人們的體型條件千差萬別，並非所有人的體型都是十分理想，可以用服飾彌補外形不足。服裝與體型的搭配訓練主要是學會利用服裝來對自身體型進行揚長避短。原則為：直線條使人產生延伸感，橫線條使人產生收縮感；緊束的衣服使形體某些部位後收，皺褶的裝束可使某些部位看起來豐滿；深顏色有縮攏的效果，淺顏色則有膨脹的功能。

　　1.標準體型服裝搭配

　　女性標準體型身高為168公分。頸部、肩部、軀幹、胸部、腰部、大腿、臀旁肉和小腿等，都要有完美的比例。這種標準體型穿什麼衣服都好看。在色彩搭配和諧的前提下可穿任何流行時裝。

2.瘦體者服裝搭配

瘦體型者不宜太露或太緊，豐盈和柔軟是衣著的兩個原則，多選用蓬鬆的毛料和毛皮。服裝款式一定要隨意風格的，不規則的圖形，這樣會顯得活躍、奔放一些，以打破瘦體型原有的單薄、缺少活力的缺點。上裝不能採用直線條，應該採用柔和的曲線，胸前飾有裝飾物，用以掩飾胸部平坦的缺點，比如，胸花、領結、裝飾絲帶等，軟垂的高翻領、流暢的長抽，多層次穿法都能增加人的豐滿度。下裝以擴展式為主，搭配蓬鬆的塔裙和百褶裙以及臀部誇張的錐形褲、肥腿褲等為最佳款式。圍巾、短項鏈、高領衫、披肩髮都可以掩飾瘦削身材的缺陷。腰間的皮帶，上衣塞進裙內之後，使其四周鬆動而形成的襯衫腰都會創造一個適當的腰圍。

瘦體型者不適合穿豎條紋服裝，可以選擇橫向條紋的面料。顏色以淺色服裝或上下異色衣服為主。例如，上裝素雅，下裝選用比較豔麗的色調，這樣可以達到吸引人們視線的目的。

3.肥體者服裝搭配

肥胖者在選擇服裝時應力求使身體有修長感。不可選擇過於寬鬆的款式，以薄型合體的服裝為宜。上裝的造型儘量簡潔，少裝飾，應選擇V形領口、長過臀部的款式、前開襟的直線裝飾，胸前切忌佩戴各種花俏的飾品。下身則以直筒式為最佳選擇。肥胖者不宜穿花飾過多的衣裝。

肥胖者不宜穿厚重、有光澤或有彈性的面料，服裝尤其是上衣適宜選用垂感、不貼身的面料。忌諱粗橫條紋、大型印花圖案、太多的色彩和淺色系列服裝，應採用深色系列服裝的搭配。最忌諱整體色塊太多，對比強烈。比如：頭飾、上裝、下裝、飾品，分別為不同的色彩，並且色彩對比明確，這種效果使人感到既繁瑣，又有擴大視覺的感覺，上裝與下裝要相近搭配屬同一色系，色彩反差太大或對比強烈都不好。色彩忌上身深下身色淺，這樣會增加人體不穩定感。

4.高體型者服裝搭配

高體型者服裝選擇重點須放在加強橫與寬的感覺上面。下裝應該採用上下裝

不同的面積分配法，比如：上裝短、下裝長，或是上裝長、下裝短，這樣的變化組合，可以改變和緩解視覺中短粗的印象。也可採用分割手法，如在橫的銜接處或腰部鑲以大的口袋或寬腰帶。還可以用坎肩、披巾等來進行配色移動，每個部分的面積給人「縮小」的視覺效果。

高體型者服裝的顏色最好是清爽而無彩度為宜。比較適合橫條衣衫，因其給人以縮短感，不適宜穿直條花紋的服裝。色彩面積不要過大，從上到下不能採用一種色彩，色塊面積要有大、小區分，或是上裝面積大、下裝面積小，或是反之，其目的是不讓它們有等分之感。

5.矮小型服裝搭配

矮小型服裝選擇力求增大自身的視覺印象，引人注目。適宜整潔、簡明、直線條的款式設計，一定要製作精緻。上裝的腰部要做得稍稍高一點；下裝易穿著垂直線條的窄裙、直統長褲。褲子應該選從臀部到褲腳寬窄相同的直線型，儘量把褲子做得長些，讓褲管遮住腳後跟，蓋住皮鞋的腳面，使身材顯得修長，但應避免穿著緊身褲。

矮小者宜選擇明亮活潑的顏色、無花紋的服裝，不宜穿大格子、大型印花、太多的色彩圖案。選擇服裝面料以光滑平整為佳，像花呢、薄毛呢、細紋紋理的衣料更好。特別注意顏色應與上、下半身和諧，全身服裝色調最好相同或相近以顯示修長身形。上下身不同顏色的衣服也可以穿，但要注意身材比例，最好上淺下深，把別人的注意力引向頭部或肩部。

6.頸粗短者服裝搭配

頸粗短者應穿無領、敞領、翻領、低領口或V字領上裝，領口稍微開低一些，以突出肌膚的美，藉以分散人們對你短脖子的注意力，相對地會增長脖子的長度。切忌在領口處裝飾花邊、蝴蝶結等任何使領口看來複雜且龐大的裝飾品。不宜穿高領毛衣。上裝造型不要誇張肩部而鬆度適中，下裝穿著穩重，比如喇叭形長褲，傘擺長裙，斜裙等；下裝不宜選擇錐形褲、錐形裙或尖頭鞋等，以免產生頭重腳輕之感。

頸粗短者的服裝色彩上裝淺淡，下裝深色，對比較強，將給人以體型勻稱、協調之感。

7.頸細長者服裝搭配

為了減少脖子細長的感覺，頸細長者可以選用高領、立領、花邊領、中式直領或船底形領的服裝，領口用大蝴蝶結、蕾絲花邊、荷葉邊綴飾，不宜穿低寬衣領的服裝。上裝不宜過於蓬鬆、寬大，那樣會顯得頭小，頸細的缺點更為突出；下裝不要過於擴張、沉重，適宜選擇輕巧、秀麗的造型，比如，緊身直身裙、直身褲、短裙、短褲等。

頸細長者服裝色彩適宜素色，因為素色能夠造成擴充脖頸的作用。

8.肩寬者服裝搭配

肩寬者的特點是雙肩距離很明顯的寬於臀部，體型上寬下窄，會減弱身體優美的曲線，影響女性美的充分體現。這種體型適宜選擇合體的、鬆度適中的上裝，深V形領口，用以打破肩部的整體感，避免誇張的領形、袖形、墊肩。上裝中部可以加飾品，外束腰帶或腰部招褶等。下裝均要適當擴張，可以採用魚尾裙、喇叭褲、百褶裙、鬱金香裙等。

肩寬者適合採用深色、冷色且單一的色彩，以使肩部顯窄些。不宜使用橫條面料。可以用上深下淺的色調做整體搭配，上裝則適宜素色、深色調服裝，下裝適宜用醒目的格紋、條紋或誇張圖案的面料，可以在視覺上產生很好的平衡效果。

9.削肩者服裝搭配

削肩者應該借助服裝來增加上部寬度，可穿著一字領款式的服裝，因為該領形會產生一條橫越雙肩的水平線，容易使人的視覺產生肩部增寬的感覺。可以穿著有領子的衣服，以轉移他人的視線。穿著一些裝有墊肩的襯衫或夾克、穿著無袖的衣服、披戴披肩都可以彌補身材的不足。

削肩者服裝的顏色可以選擇上裝淺淡明亮、下裝較深的顏色，或者可穿全身同一色調的服裝。

10.腰粗者服裝搭配

腰粗者可以選擇剪裁自然的直身或腰部寬鬆的服裝，曲線不能太明顯。選擇穿著較寬大或傘狀上衣、披肩裝、A字裙、長褲，搭配出X形整體效果，也可以適當彌補腰粗者的不足。腰部太緊或過於裝飾的衣服，容易暴露腰部肥胖的缺點。不要穿著有鬆緊帶的上裝或連身裙，不要穿著衣長僅至腰部的服裝，不可以將襯衫束入腰帶中穿著，腰部不要搭配裝飾物。

腰粗者可選擇能掩飾腰圍過粗的服飾，使用深色、冷色而質地較硬的布料，使腰身纖細一些、優美一些。服裝色彩上裝深色，下裝淺淡，將給人以體型勻稱之感。上裝不宜穿質料厚重面料、有光澤、大花圖案的衣服。

11.腹突者服裝搭配

腹部突出的人適宜穿著直身、寬鬆的服裝。上身不要採用衣長至腹部或是短於腹部的服裝，最好穿長外套遮住腰腹部。例如，復古的花襯衫或T恤配上背心或外套，但是外套花色要素雅、料子要柔軟。還可以選擇條紋上衣，能分散對腰部的注意力，使身材看起來會更修長。穿著裙子時，忌用百褶裙，避免膝上短裙。腹部絕對不可以設置任何裝飾，那樣會使體型的缺點更加突出。把襯衫紮到裙或褲腰內，或是穿腹部剪接的打褶時裝，都會使腹部顯得更加醒目，因此應儘量避免。在其他部位設置裝飾點綴的方法，也能造成轉移視線的作用，是一種比較容易做到的設計手段。

腹部突出的人儘量選擇深顏色等具有收縮感的顏色。

12.腿短者服裝搭配

腿短者的上衣宜穿短上衣或橫條紋上衣、高腰節外衣、背心。下裝選擇高腰設計的款式，能顯得下半身更長一些。例如，女性應選擇高腰裙，並且加飾一條寬腰帶，裙子的長度一定要遮蓋膝部。也可以選擇A字裙，或者隨身體動作擺動的裙子，例如褶裙、圓裙，以轉移別人對腿部的注意力。穿著長褲時，褲長適當加長，直筒褲型，配合高跟鞋，效果將很好。具有長、短不一的多件套服裝，也是掩飾腿短缺點的較好選擇。避免穿著錐形褲、低腰裙、蓬蓬裙、牛仔褲、超級

短款裙，避免佩戴有低腰視覺效果的腰帶，不要把上衣穿在褲子或裙子裡面，因為會使人穿會顯得鬆垮、臃腫。

腿短者不宜穿色彩相差很大的上下裝，以免將上身與下身截然分開，從而看上去顯得更短，全身服飾色彩應力求統一、協調。儘量穿著上、下裝統一色彩的服裝，甚至是盡可能穿著與服裝同色調的襪子和鞋子，統一的色彩可以造成修長感。

13.腿粗者服裝搭配

腿粗者服裝選擇的重點是減弱腿型的暴露。適宜選擇寬大的肥腿褲子，具有蓬鬆感的寬擺長裙。腿部較粗的人，一定不要選擇瘦窄的瘦腿褲或彈力褲、緊擺裙、短褲，以免暴露缺點。腿粗者在穿著裙裝時，加上半高跟或高跟鞋，可加長腿的長度。不能選用纖細、秀氣的鞋，對比之下，將會感覺腿部的臃腫，配合大方、樸實風格的鞋則更為恰當。

腿粗者上裝配合亮麗色彩。下裝裙子的配色可以選擇明快、活潑的色彩，帶一些花紋圖案效果更佳。褲子的顏色則適宜深暗色。

【訓練3】 服裝與體型搭配訓練

分析自己的體型中的優點與缺點，選擇適合自己的服裝款式。

三、服裝與季節的搭配

季節的交替使服裝的款式和色彩都發生了變化。一般說來，春夏季節的服裝具有新穎、活潑的特徵，色彩明快、柔和；秋冬季節的服裝款式和色彩常常表現為深沉、含蓄，給人以溫暖而又多彩的感覺。

1.春季著裝

萬物復甦，使人精神會重新振作起來。在大自然生命力的感召下，此時造型趨於簡潔、清爽、實用。經過漫長冬季的包裹，人們都渴望苗條、纖細、雅緻的風格，瘦型服裝受到人們的喜愛。由於春季氣溫變化無常，易於穿脫的多件套組

合比較適宜人們春季的活動特點。該季節給人以朝氣而充滿活力的感覺，春季服裝的設計風格趨於輕鬆、自然、活潑、隨意，比如休閒式外衣與斜裙相配，領口配一條淡綠色綢巾，都顯示出清新、雅緻的氣息。

明快豔麗的色彩更適宜人們春季此時的心境，服裝配色也宜以多彩、明快的色調為主，春季服裝的設計重點為鄰近色色彩組合為主，春季服裝比較適合黃綠、橘黃、杏桃色、杏色、象牙白、天藍、褐色、駝色等顏色，給人生機勃勃的活力。不適宜冷色調、純黑、冷灰色等色彩。

2.夏季著裝

夏季是熱情洋溢的季節，是多彩的季節，是無拘無束的季節，人們對於服裝的需求也隨之升溫。此外夏季服裝簡潔、便宜，也使人們不斷變換更替服裝。因此，夏季著裝具有多變性和非常規性，人們在熱浪中盡情地選擇各種款式以顯示自己的美好形象。夏季服裝造型簡潔而富於變化，以表現個性為主，與眾不同的款式，獨特的風格情調，或是打破常規的服裝搭配形式，都是夏季服裝設計構思的主題。夏季的服裝風格表現多姿多彩，活潑風格、隨意風格、典雅風格、民間風格、浪漫風格的服裝不停變換，展示個性獨特。

自然界色彩在炎熱的夏季變得濃豔，無處躲藏的熾熱讓人們渴望涼爽。服裝色宜以寧靜的冷色和能反射陽光、清新淡雅的淺色為主。淺白色系、粉彩冷色系、煙灰冷色系、藍色色系類服裝顏色比較適合，給人以清新、秀麗、蓬勃、蔥鬱的感覺；不適宜選擇棕色、橙色、綠色等顏色。要注意冷暖色彩的對比面積不能相等，色彩的飽和度也應有所區別，比如大面積淡藍色配小面積橙色，補色對比，效果強烈，富於青春活力。棉、麻、絲是這一季著裝的首選面料。

3.秋季著裝

秋季服裝給人的感覺要沉穩。秋季最能體現「整體著裝」的方式，服裝造型以多件套、疊層式設計為宜。通常它是由幾種不同長度、不同質地的服裝配合，再利用附加的飾品，如圍巾等，產生不同的立體效果和層疊效果。

秋季是成熟的季節，秋季服裝的色彩趨於沉穩、飽滿、中性、柔和。在服裝

顏色選擇上比較適合橙色系、橙紅色系、金黃色系,金色系、暖藍色系、米色系、綠色系等色彩,給人以華麗、自然、濃郁的感覺。由以上暖色構成的著裝方式值得推薦,既可以鄰近色組合,效果溫和質樸,也可以冷暖對比,效果清雅宜人。面料的選擇可以多樣化,蓬鬆的質地和柔軟的裁剪值得考慮,力爭創造豐富而不雜亂的效果。

4.冬季著裝

冬季服裝首先應在保暖的前提下加以變化。服裝要給人以整體感,冬季服裝造型通常採用長線條、大面積的設計手法,造型要簡練,追求整體服裝,局部裝飾要少,表現風格富有特色,或是沉穩、大方,或是活躍、富有朝氣,具有鮮明的特色,但是無論何種表現形式,均應顯示溫暖的安全感覺。服裝的色彩要用得調和,服裝才會顯得大方端裝。

寒極冬至,自然界的暗淡給我們創造展示色彩的機會,冬裝的色彩具有顯著的兩大配色傾向:一種是與季節相搭配的沉穩、厚重的色彩組合,常規的應是正色系、鮮豔的冷色系、純黑、純白、銀灰、黑褐色、海軍藍、冰冷色系等色彩,給人以冷靜、果斷、幹練的感覺。另一種是反季節的顏色,配色方式是活潑、強烈的色彩組合,如橙色、藍色、黃色、紅色、藍色,並且冷暖對比,效果亮明、明快,富於表現力,通常表現在棉服、羽絨服上鮮明的色彩對比,使冬裝更增添許多生氣。

【訓練4】 服裝與季節的搭配訓練

根據自身特點分別選擇幾款春季服裝、夏季服裝、秋季服裝、冬季服裝。

【問題處理】

O型腿的人應如何搭配服裝?

提示:O型腿的人可以穿裙子,但須是長度在膝蓋以下、斜向帶花紋的寬鬆飄飄短裙,這樣可以轉移視線,應避免穿窄裙。也可以穿褲管寬點的長褲,使腿部看起來筆直,避免穿緊身褲。穿及膝剪口款式靴子,不要穿有貼腿效果的窄管靴。

案例

空服員小王身高164公分,很羨慕那些高個子女孩,就好像什麼衣服穿在她們身上都好看。每次逛街都想像著一件衣服穿在自己身上和高個子女孩子身上的效果,然後就幾乎沒有可以買的衣服了。都說自信是最主要的,可是自身的個頭就這樣了,真的不知道該怎麼辦了。難道矮個子女生就不可以擁有自己的美麗嗎?除了人們常說的要自信以外,還有沒有什麼辦法可以改變衣服在矮個子女孩子身上的效果,從而建立他自信心呢?

問題:請你幫助空服員小王出謀劃策,提高服裝品味。

提示:服裝的色調以溫和者為佳,極深色與特淺色不好。上裝與下裝的顏色要相近搭配,屬同一色系,反差太大,對比太強烈都不好。體型矮小瘦弱的人宜選素色、無花紋的服裝;如果一定想穿花紋的衣服,應選擇小方格的花紋,因為大格子花紋會顯得人更瘦。選擇服裝面料以光滑平整為佳,像花呢、薄毛呢、細紋紋理的衣料更好。服裝式樣也應盡可能地簡單,但一定要製作精緻,上裝的腰部要做得稍稍高一點。矮小者所穿的褲子應該選從臀部到褲腳寬窄相同的直線型,褲管口最好是後邊比前面稍長,呈大禮服式,而不是平的;褲袋的開口應儘量以縱切線或斜切線來代替橫切線;此外,選擇一根狹窄皮帶也能產生良好的作用。身材嬌小者在穿扮時最大的困擾是下半身的穿著,因此要特別注意顏色應與上半身和諧,通常選擇明亮活潑的服飾較為合適。矮小的女性的全身服裝色調最好相同或相近以修長身形。

區塊小結

高雅的形象是透過合體的服裝體現出來的,服裝應該與穿著的時間、場合,個人的膚色、職業、妝面、體型等因素相搭配。直線條的服裝使人產生延伸感,橫線條的服裝使人產生收縮感,深顏色有縮攏的效果,淺顏色則有膨脹的功能。在日常生活中可以用服飾以上這些特點來彌補外形不足與發揮身材的優點,找出體型中最美的部位,利用視差覺方法加以強調,找出體型中不美的部位,充分利用線條分割型完美方法來完善自我。季節的交替對服裝的款式和色彩都提出了不同的要求。春夏季節的服裝新穎、活潑、明快、柔和,秋冬季節的服為深沉、含

蓄。

思考與練習

1.選擇服裝時，應該考慮哪些因素？

2.不同體型的人應該如何選擇適合自己的服裝搭配？

3.季節的變化對服裝產生了哪些影響？

區塊三 首飾的搭配

本章導讀

首飾，本指戴在頭上的裝飾品，今泛指戒指、耳環、項鏈、胸針等。在一個人的穿著打扮中，首飾可謂是體積最小而表現力最強的配飾，能使人顯露出高貴脫俗的風采，畫龍點睛。本區塊介紹空服員在工作場合和日常生活場合首飾的搭配常識，讓首飾搭配成為其內心對美的一種表達，體現出空服員獨特的品味和優雅的氣質，幫助空服員樹立良好的職業和社交形象。

重點提示

1.基本掌握首飾的種類，掌握首飾的原料，學會黃金、白銀、鑽石、藍寶石、紅寶石與珍珠的鑑別和保養方法。

2.掌握民航空服員在工作場合和日常場合佩戴首飾的基本要求，學會在民航空服工作中應該如何佩戴首飾。

3.掌握戒指的基本佩戴要求，學會根據自己的體型、手型、臉型、髮型等選擇適合自己的首飾。

‖ 一、首飾的種類

當今的首飾款式繁多，一般從六個方面分類：

（1）根據佩戴位置劃分有：耳飾（包括耳環、耳墜、耳扣等）、頸飾（包括頸鏈、項鏈、項圈、鏈墜等）、戒指（包括方戒、絨戒、寶石戒等）、手鐲（包括手鏈）、胸花（包括領針、別針、披肩針飾等）。

（2）根據材料劃分有：金、銀、鉑貴金屬首飾（含包金、鍍金、仿金、仿鉑金首飾）；珠寶玉器首飾（含人造珠寶首飾）。

（3）根據用途劃分有：掛件首飾和擺件首飾。

（4）根據使用方式劃分有：佩戴首飾、時裝首飾、觀賞首飾、旅遊首飾、珍藏首飾、饋贈首飾、紀念首飾、保值首飾、表演首飾、流行首飾、應季首飾、訂婚首飾、結婚首飾、生日首飾、結婚紀念日首飾和醫用首飾等。

（5）根據使用對象劃分有：男性首飾、女性首飾、兒童首飾、年輕人首飾、中年人首飾、演員首飾。

（6）根據風格流派劃分有：古典派（又叫復古派）首飾和自然主義派（又叫流行首飾、服裝首飾派）。

二、首飾的原料

首飾正朝著多元化的方向發展，製作首飾的材料很多，但主要分三類：一是以寶石、珍珠、象牙等高檔材料為代表的「珠寶首飾」，二是以金、銀等高檔材料為代表的金屬首飾，三是採用骨雕、景泰藍、琺瑯、人造寶石、養殖珍珠、水鑽等材料為原料的價格低廉首飾。下面介紹幾種常見的首飾的原料：

1.黃金

絢麗耀眼、光彩迷人的黃金，自古以來就是製作首飾的主要材料，黃金製品會使人感到寶貴、尊嚴因而備受青睞。當前市場上流通的黃金首飾一般有四種：純金首飾、K金首飾、鍍金首飾、仿金首飾。純金首飾是由含金量在99.6%以上的黃金製成的，也叫24K金。由於黃金極軟，純金造的首飾在穿戴過程中非常容易變形，因此，製作飾品的金採用合金式的K金（Karat Gold），加入合金能讓金的硬度增加並呈現不同的顏色。K的數值表示合金的24份中純金所占的份數；

24K是足金，18K就意味著該金是由18份金和6份其他金屬構成。為適應不同場合的需要，人們需要多種款式精巧、價格便宜的首飾，於是就製造出外觀精美、款式多樣，價格低廉的鍍金首飾和仿金首飾。人們在選購首飾時，常會看到首飾上有英文字母標記，如18K、18KP、18KF；K表示真金首飾，KP表示鍍金，KF表示仿金。

純金飾品的鑑別方法如下：純金首飾的顏色為黃中帶赤，若金的顏色黃中帶青或呈淺黃色就有假了；純金的相對密度大，將純金首飾放在手中有比純鉛砣子手感還重的沉甸感。純金硬度小，容易變形，具延展性，用細針就可以劃出一條細痕，用牙咬會有輕痕。純金有很強的化學穩定性，火燒（1000℃）後不會褪色，放在硝酸（45%）中無變化。

2.白銀

白銀，是僅次於金的首飾原料。白銀光潤銀白、色澤精美，富於延展性和可塑性，它在地球中的含量比黃金多，價格比黃金低得多，白銀是製造首飾的好材料。

白銀飾品的鑑別方法如下：白銀柔軟，拋落在水泥地板或鐵板上聲音疲軟，而其他金屬發出的聲響清脆；用火燒烤後，成色好的白銀銀色不變，假白銀或成色低劣品會變黑；將硝酸點滴在銀飾的表面，抹去硝酸後飾品表面仍然白色說明含銀量相當高，變成灰黑色說明飾品含銀量低；用雙手折彎時，成色高的銀首飾易彎不易斷，成色低的折彎時則不易折或折不動。把銀飾品橫向剪斷一半，碴口凌白的白銀成色在98%左右，碴口白中帶灰或有微紅的白銀成色在90%左右，碴口微紅、微黃、土黃等色的白銀成色在70%左右，碴口紅中帶黑的白銀成色在60%左右。

3.鑽石

鑽石，是指寶石級金剛石，人稱「寶石之王」。鑽石晶瑩無瑕、燦爛奪目，是最為稀有、珍貴的寶石。鑽石是人類所知的最堅硬的天然物質，其顯微硬度比堅硬難尋的紅寶石、藍寶石還大150倍，比硬亮光滑的石英大1000倍。因此，鑽石被視為無價之寶和愛情的信物。鑽石是完全由一種化學元素碳在極度高溫和高

壓條件下所形成的寶石。鑽石極為稀有珍貴，若要得到1克拉的鑽石，需要開採數以百噸的鑽石礦砂，挑選出合適的鑽石，再由經驗豐富的工匠進行切割、思索才可以得到一顆光芒奪目的鑽石。

鑽石評價的質量標準通常是按4C標準來評定鑽石：一是克拉重（Carat）：零點幾克拉都能明顯地改變價格。二是顏色（Color）：在無色鑽石中從無色開始，等級隨黃色色澤增加而降低，無色帶藍白色的最珍貴。在有色鑽石中一些品種因其稀少罕見而比常見品種價格更高。三是淨度（Clarity）：根據鑽石的瑕疵、雜質的程度來確定鑽石的透明度。四是切工（Cut）：對鑽石理想的切磨能夠將一顆天然鑽石的瑕疵減小到最少，可以使寶石將光線反射到不同的瓣面。由於這四個字英文名稱的頭一個字母都是C，所以被稱為4C。

鑽石飾品的鑑別方法如下：鑽石是天然物質中最堅硬的，鑽石可刻劃任何其他寶石，但其他任何寶石卻都劃不動鑽石。用「標準硬度計」刻劃，凡硬度小於9度，均是假鑽石。鑽石具有親油性，如用鋼筆在鑽石表面畫一條線，則成一條連續不斷的直線，而其他寶石則呈斷斷續續的間斷線。由於鑽石的透明度、折射率都高，光澤無比，在10倍放大鏡下，多數鑽石可見瑕疵，有三角形的生長紋，鑽石的表面有「紅、橙、藍」等色的「火」光；用「熱導儀」來測出導熱數據來區分真假鑽石是最精確的方法。

4.紅寶石

紅寶石，是一種貴重而堅硬的寶石，硬度僅次於鑽石。大多數目寶石產於亞洲，因此被人們稱為東方紅寶石。

紅寶石的顏色是決定價值的重要因素，最優質的紅寶石產自緬甸，所產的紅石色豔紅，稱為鴿血紅。泰國是紅寶石的主要產地，通常顏色較深微帶紫色或橙色。

紅寶石飾品的鑑別方法如下：天然寶石「十紅九裂」，紅寶石晶體內有雜亂的裂隙和含有礦物顆粒形成的包體，沒有一點瑕疵及裂紋的天然紅寶石極為罕見。人造紅寶石顏色一致，內部缺陷或結晶質包裹體少、潔淨，塊體較大，天然紅寶石有較強的「二色性」。由於紅寶石的異性決定著從不同方向看有紅色和橙

紅色或深紫紅色和橙紅色二種色調的切換，如只有一種顏色則可能是紅色尖晶石、石榴石或紅色玻璃等。

5.藍寶石

藍寶石，被看作忠誠和堅貞象徵。由於它的顏色濃豔使人感到一種具有豐富內涵的含蓄美、成熟美和深沉美。藍寶石耐磨適合加工成首飾，適合在各種場合佩戴。

價值最高的藍寶石產於印度，顏色為蔚藍中帶紫，稱為車菊藍，看上去像鮮豔的天鵝絨。緬甸、泰國、斯裡蘭卡和澳大利亞為藍寶石的主要產地。

藍寶石飾品的鑑別方法如下：天然藍寶石的顏色往往不均勻，大多數具有平直的生長紋。人造藍寶石顏色一致，其生長紋為弧形帶，往往可見體內有麵包屑狀或珠狀的氣泡；天然藍寶石也具有明顯的二色性，從一個方向看為藍色，從另一個方向看則為藍綠色。其他寶石的呈色性與天然藍寶石不同，據此可以區分；天然藍寶石可在黃玉上劃出痕跡，而其他藍色寶石難以在黃玉上劃出痕跡。

6.珍珠

珍珠飾品明潤光潔，耀眼生輝，素有珠寶「皇后」之美譽。佩戴珍珠飾品會給人冷豔、高潔之感，深受女士歡迎。珍珠的主要成分是碳酸鈣，是微小的刺激物（如沙粒）侵入牡蠣而形成的。珍珠表面有一些「角質體」並含有一定比例的水分，能放出迷人的光彩。

挑選珍珠主要從以下幾個方面去考慮：形狀越圓越好，最好的就是所謂的「走盤珠」，即在水平的玻璃上會自己不停地滾動；光澤越亮越強越好，並且要均勻，並帶有彩虹般的暈色。珍珠的顏色有多種，黑珍珠是很稀少的品種，因此是珍珠中的珍品，特別是呈類似金屬光澤的黑珍珠。另外，玫瑰色、粉紅色、金黃色的珍珠也是非常珍貴的品種，最常見的就是白色、乳白色的珍珠。珍珠在生長過程中，常會形成一些凹坑、突起、髒垢，因此好的珍珠表面要十分光潔，顏色要均勻一致；珍珠是越大越好，但天然珍珠相對於養殖珍珠來說，一般稍小。

珍珠飾品的鑑別方法如下：如是成串珍珠，其顏色、大小、形狀、光澤等完

全一致，即為人造珍珠，因為真珍珠無論如何也不可能一致。真珍珠的光澤似彩虹，五光十色，十分美麗；假珍珠因其表面是塗料，故光澤單調，沒有五光十色的彩虹色調。迎光透視，真珍珠透明度好；假珍珠透明度差。透過手感，真珍珠有滑爽涼感；而假珍珠則往往溫膩。用10倍放大鏡觀察，真珍珠表面能見到其生長紋理；假珍珠沒有生長紋理，僅見塗層。

三、首飾的保養

首飾雖然多種多樣，但對它們的保養卻有許多方面是相同的，最重要的有下列幾點：

1.小心佩戴

平時佩戴首飾時，要養成輕拿輕放的習慣，儘量避免受撞擊和摩擦，以防破裂或使表面失去光澤。如果參加生產勞動、體育活動、洗澡洗頭、家務勞動時，應取下首飾，以免首飾受到損傷。嵌在首飾上的寶石應儘量避免受高溫或與酸、鹼溶液接觸。受高溫或在陽光下長時間的暴晒，容易使它褪色；有的首飾與酸、鹼溶液接觸也會引起褪色，甚至溶解。

2.經常清洗

清洗，是保持首飾表面光亮的一個有效方法。各類首飾應經常清洗，以每週清洗一次最佳，至少也應每月清洗一次，這樣才能使首飾保持明亮光潔。首飾的清洗一般可採用「清洗劑浴法」：先將飾品浸在一小盆有清潔劑的溫水中（也可是稍熱的肥皂水中），用牙刷刷掉珠寶背面的塵汙，再將珠寶放在濾紙上用溫水沖洗，最後用布吸乾水分。清洗後的金銀首飾若光澤不足的話，還可以拋光。用最細的拋光劑（如常用的綠油）沾在羊毛氈上，滴幾滴縫紉機油，來回擦拭，首飾即可光澤耀目，整舊如新。金銀首飾在佩戴前，塗上一層無色指甲油，則可使金銀首飾表面光澤持久。對於已受嚴重腐蝕的金銀飾品，只有送到專門加工首飾的部門，重新拋光、鍍金、鍍銀、壓亮，使其變舊為新。

3.及時保藏

首飾保藏得好可以使首飾保持光亮。要把首飾保藏好，首先要清除首飾各個部位的汙垢並擦乾、晾乾；選擇大小適度的盒子，通常是略大於首飾的面積，並將一小包乾燥劑用紗布包好，同首飾一起放入盒內；最後，在盒外再套上一個塑膠袋，存放在乾燥的環境中。過若干日子後，觀察一下乾燥劑是否返潮，如返潮的話，要處理後再放入盒內，同時，再把首飾擦一遍。這樣的保藏能改善和減少首飾的變色現象。

【訓練1】 首飾清洗訓練

準備好工具，進行首飾清洗。

四、民航空服員佩戴首飾基本要求

（一）民航空服員工作場合佩戴首飾基本要求

民航空服員是航空服務工作的實施者，為了提供優質的服務，為了代表航空公司的正面形象，首飾選擇以不阻礙工作效率和尊重顧客為原則。民航空服員工作場合佩戴的首飾要求款式簡練、線條簡潔、造型纖細、面板樸素的首飾，不能太過於張揚。太長的墜子和戴鑲有大寶石或珍珠的首飾都是不合適的。民航空服員工作場合佩戴的首飾要求品質上要質地高雅，純金或純銀飾品比較合適。

在《民航空服員職業技能鑑定指南》中對民航空服員首飾佩戴提出以下幾點要求：

1.項鏈

項鏈只能戴一條，以純金或純銀的質地為宜。不能選用粗大的造型，項鏈直徑最好不超過5公釐，需佩戴在襯衫裡面。

2.耳飾

耳飾只允許戴一副，選擇緊貼耳朵的款式，設計簡單、樣式保守，並且不能有吊墜，以耳釘為最佳。耳釘式樣保守，鑲嵌物直徑不超過5公釐。

3.戒指

戒指設計要簡單，鑲嵌物直徑不超過5公釐。

4.手錶

手錶的設計應是保守簡單的，錶帶是銀色、金色的金屬或皮製錶帶。為了在緊急情況下準確對時，不能戴沒有分針和秒針的藝術錶。卡通錶給人感覺不嚴肅，不允許佩戴。不允許佩戴腳鐲、鏈式手鐲。

【訓練2】　首飾佩戴訓練

為自己選擇在民航空服工作中所佩戴的首飾。

（二）民航空服員社交場合佩戴首飾基本要求

首飾在服飾中擁有舉足輕重的作用，其中蘊涵著很多美學原理。為了讓首飾發揮其應有的美化、裝飾功能，又能合乎常規，不至於弄出洋相，被人恥笑，民航空服員在日常生活社交場合必須要遵守以下的使用規則。

1.營造焦點

巧妙的配件可使服飾平添無限的光彩，成為人們的關注焦點，讓觀賞者視線長久停留於此。佩戴首飾時，注意恰到好處，切不可畫蛇添足、佩戴過多的首飾。如果一位女性戴著髮帶、項鏈、胸花、耳環、手鐲、戒指等飾品，這麼多美麗的飾品聚集在一起，給人的感覺是珠光寶氣、庸俗呆滯；掩蓋住了自身的麗質，並且眾多首飾互相干擾，難以形成視覺焦點。佩戴首飾時要營造一個好的視覺焦點，數量上以少為佳；除非參加宴會等隆重場合，一般情況下若有意同時佩戴多種首飾，其上限一般為三。總之，首飾不必用太多、太繁，飾品裝扮，一枚胸針、一條項鏈、一副耳環就能左右人們的視線，使平凡的服裝熠熠生輝，既造成了「點睛」的作用；又能展示個人的審美情趣和個性魅力，還可以使穿著者心情愉快。

2.整體協調

從服飾美的角度來講，整套服飾的色彩效果應該是賞心悅目而又和諧統一的，因此佩戴首飾時要考慮整體的效果，切不可以佩戴過多風格不同一的首飾，

讓人感覺譁眾取寵、庸俗低級。首先，首飾的搭配應全方位考慮，不要一味拘泥於某個部位。其次，佩戴首飾時，色彩的規則是力求同色。若同時佩戴兩件或兩件以上首飾，應使其色彩一致，主色調保持一致，千萬不要佩戴幾種色彩斑斕首飾。最後，首飾的質地應力求同質。特別是若同時需佩戴兩件或兩件以上鑲嵌首飾時，應使其被鑲嵌物質地、飾品托架也應各力求一致。這樣能令其總體上顯得協調一致。

3.配合場合

佩戴首飾應與所處的環境，場合相適應。不同的場合對於首飾的質地、款式、形式要求不同，因此應採取不同的合理佩戴方式。辦公室裡佩戴首飾，應注意品味、格調的選擇，選擇簡單大方的首飾，職業婦女適合佩戴斯文但有質感的黃金首飾，通常造型有心形、花形等；而對年輕又不用穿著職業服裝的女性來說，各種幾何圖形、卡通圖形是更佳的選擇。社交場合是顯露品味、個性的極好機會，可以選擇個性張揚的首飾，藉此機會讓周圍的人瞭解你個性的另一面。晚宴用的首飾可考慮選用能強調並顯示優雅情調的款式，可以選擇鑲嵌較大而外托的珍珠或鑽石的華麗首飾。參加葬禮，最好考慮選用能產生溫和、恬靜、莊重效果的平靜顏色；在國外，葬禮中最常用的服飾是黑色的禮服加白色珍珠套飾。

4.配合自身

人們在社會中各自所處的生活環境、工作崗位不同，身分、年齡、外貌、體型、氣質、經濟狀況及活動範圍各異，所以對於首飾的佩戴要求也是不一樣的。合理選用首飾能反映出一個人脫俗的審美品味和文化素養。佩戴首飾的種類和形式多種多樣，在繁多的飾品和佩戴法中，要考慮其是否與人的氣質、容貌、髮型、裝束渾然一體，才能造成佩戴首飾的效果。佩戴首飾時，不僅要照顧個人愛好，更應當使之適合本人身分、性別、體型、年齡、職業等，努力使首飾的佩戴為自己揚長避短。

首先，首飾要與身材搭配。肥胖型多身材粗短、體形臃腫、脖子較短者，佩戴首飾時應修細身體兩側。耳環、戒指、手鐲等宜選擇色調暗淡、造型簡潔的。項鏈的掛墜造型宜選長而細或大而多姿的。手鐲或臂環宜選寬而闊的，若選擇細

而小的，會反襯出手臂更粗大。胖人的手一般說來手指短而扁平，應選戴窄邊的戒指。清瘦型多體形單薄，瘦弱、脖子細長，故選擇首飾的原則是淡化中央、光彩兩側。為使脖子顯得短些，項鏈與掛墜以細小而簡潔為佳。耳環、戒指、手鐲等則宜選取較為華麗一些的，如雙耳佩戴稍大的蕩環、腕部戴有稍粗的手鐲，可使雙耳、雙臂和手奪人眼目，讓人覺得並不太清瘦。偏矮者選擇首飾的原則是增添纖柔感。項鏈宜選細長簡潔的，最好與淡雅的珍珠掛墜相配。耳環、戒指則應粗細得當，過粗令人覺得矮胖，過細則又與其較粗的手指不相稱。偏高者身材高大、選擇首飾時應該光彩兩側、淡化中央。項鏈宜粗而長，掛墜的造型要大而豐富，戒指和耳環上鑲嵌的珠寶宜選擇有主次搭配的，這樣會更端莊。

其次，首飾要與膚色搭配。皮膚偏白的人，適合用淺色調的暖色寶石，如粉紅色的石榴石和芙蓉石可增加皮膚紅暈，使之富有生機和活力。皮膚偏黃的人宜佩戴暖色調的珠寶首飾，可選用紅、橘黃、米黃色的寶石，如紅寶石、石榴石和黃玉等，可以使人的臉部色彩宜人。皮膚偏紅的人，應選擇淺綠、淡藍、紫色等一系列淺冷色系的珠寶首飾，以襯托出活力色，減弱皮膚的紅色調；不宜佩戴大紅、大紫或亮藍色的寶石，以免將臉色襯托得發紫。皮膚偏黑的人要突出自己皮膚的光澤，要搭配相應的首飾；應該選擇有光澤的首飾和偏黑的皮膚搭配起來，會給人一種健康有活力的感覺。黑膚色的人不宜佩戴白色或粉色寶石，以免對比強烈而使皮膚顯得更黑，但適用茶晶、黃玉等中間色調的寶石，可以造成淡化皮膚的良好作用。

5.搭配服裝

首飾是點綴服裝的裝飾，選擇首飾應與服裝的款式、質地、色彩相協調，提高飾品的適用功能，使首飾在整個服飾效果中造成「畫龍點睛」、「錦上添花」的重要作用。當服裝的色彩過於單調和沉穩時，可利用鮮明而多變的首飾色彩提神；當服裝的色彩顯得有些強烈和雜亂時，又可利用單純而含蓄的首飾色彩來緩和氣氛。如：職業裝一般款式單調、缺乏新意，適合配搭款式簡練、線條簡潔、造型纖細、面板樸素的首飾，體現出白領麗人的幹練雅緻。建議佩戴精巧小耳釘、精細長項鏈、寶石胸針，最適合佩戴珍珠或做工精良的黃金白金首飾。休閒

裝可以搭配隨意性的現代首飾，比較適合戴個性化或民族風格的首飾，甚至是設計獨特、造型誇張、張揚個性的時尚首飾。晚禮服搭配貨真價實的珠寶鑽石首飾會顯得更高貴典雅，但項鏈、戒指、耳環等閃亮的首飾切記不要超過5個。

6.搭配季節

除了鑽石首飾和珍珠首飾一般不受季節的限制外，大多首飾應與季節相吻合。戴首飾時，根據季節不同選取不同質地、色彩、形式的首飾；金色、深色首飾適於冷季佩戴，銀色、豔色首飾則適合暖季佩戴。一般而言，季節不同，所戴首飾也應不同：新柳吐芽的初春，佩戴翡翠、祖母綠、孔雀石等首飾，會令人精神爽快而富有朝氣；夏季適宜佩戴白色、透明色和藍色的首飾，鑽石、水晶、乳白色珍珠、藍寶石、紫晶都會大顯風采；秋季適宜黃色的寶石、歐泊、琥珀、瑪瑙等；冬季適合金色、深色的首飾，佩戴石榴石、紫晶和月光石首飾會產生出神祕之感。

五、首飾的佩戴

（一）戒指的佩戴

1.戒指的禮儀要求

按西方的傳統習慣，左手有一條血管與心臟相連，因此，戴在左手的戒指顯示出戀愛和婚姻的狀態。按照國際流行看法，戒指戴在左手手指上的寓意是：戒指戴在食指上——想結婚，表示未婚；中指——已經在戀愛中；無名指——表示已經訂婚或結婚；小指——表示獨身。戒指戴在右手手指上的寓意是：戒指戴在右手的無名指上表示將愛獻給上帝。

按照中國的習慣，訂婚戒一般戴在左手的中指，結婚戒指戴在左手的無名指。

2.戒指與指形的搭配

（1）短指型佩戴戒指要求

以簡約、縱向、細長、直線款式戒指修飾指短缺陷，選擇直線形、欖形、橢圓形、V字形的指環，在視覺上能造成拉長的效果，避免底座厚實的扭飾型及複雜設計，避免圓形、方形及長方形的寶石戒指。

（2）長指型佩戴戒指要求

對於修長的手指以橫線款式增添手形的魅力。較修長的手指宜佩戴橫線條的指環，款式如高形、闊條、多層鑲嵌、圓形、方形寶石、有花飾的、兩枚重疊型，橫的條紋與修長的手指相配襯可增加手的魅力。儘量避免梨形、橄欖形及直線形的指環，因它們會令手指看起來更瘦。對於修長的手指可以嘗試在同一手指上戴兩只細的指環。

（3）粗指型佩戴戒指要求

對於手指較粗或者手掌較大的，應以戒面較寬或設計主題明確的戒指來彌補指粗缺陷，指環過細或是戒指太小會讓人覺得手指粗，而稍有扭飾或起伏的設計會讓手指看起來較纖細，而較大或單一設計的可以達到掩飾粗指的效果。

（4）指關節粗大型佩戴戒指要求

對於指關節粗大的手指，戴戒指的要注意不要讓凸出的指關節太顯眼，可以選擇面積比較大或縱向線條的戒指，最好選擇那些有圖形且刻有花紋的、扭繩狀或非對稱的款式，可以將人們的視線引向戒指，而使指關節不惹人注目，以達到轉移視線的效果。

（5）中等型手指佩戴戒指要求

中等型的手指可以佩戴任何形狀的戒指，根據個人風格塑造手形的嬌美，但任何戒指都不應長至指的上關節，也不可以寬於手指的寬度。

【訓練3】 戒指佩戴訓練

確定自己的手指的形狀，根據自己的手指形狀決定戒指的款式。

（二）耳飾的佩戴

耳環對臉型能造成一種平衡作用，耳飾所具有的揚長避短的作用在與臉型的

配襯中最具表現力。耳環選用原則是，耳環的形狀避免與臉型重複，也不可與臉型極端相反。

1.耳環與臉型搭配

（1）方形臉者佩戴耳飾要求

方形臉的女孩有方形的腮部，為了使腮部柔和，不適宜帶過寬的耳環，不適宜三角形、五角形的等稜角銳利形狀的耳環。適合佩戴直向長於橫向的弧形設計的耳環，有助於增加臉部的長度、緩和臉部的角度，例如長橢圓形、弦月形、新葉形、單片花瓣形、不規則幾何形等。

（2）長形臉者佩戴耳飾要求

長形臉的人比較適合佩戴具有「圓效果」的耳環，像傳統的珍珠、寶石耳釘，緊緊地扣在耳朵上散發個人獨特的魅力。長形臉的女孩可選擇方扇形橫向設計的耳環，這種方正弧線優美的特色，能夠巧妙地增加臉的寬度、減少臉的長度。長形臉的人還可佩戴大的耳環來調節臉部形象，使臉部豐滿動人。

（3）圓形臉者佩戴耳飾要求

為了塑造出臉部長度增加、寬度減少的視覺效果，圓形臉的女孩應選擇緊貼著臉頰的長款式耳飾，以形成上下延伸的視覺效果，讓豐腴的臉部線變得秀美起來，如長方鞭形、水滴形、垂形耳環、長形項鏈等類耳環和墜子。避免佩戴有橫向擴張感的耳飾，如圓耳環，會使臉部顯得更豐滿渾圓。耳環的大小則應與臉部的大小成正比為宜。

（4）菱形臉者佩戴耳飾要求

菱形臉的人最適宜佩戴「下緣大於上緣」的形狀的耳飾，如水滴形、栗子形等。而應避免佩戴像菱形、心形、倒三角形等墜飾。

（5）倒三角形臉佩戴耳飾要求

倒三角形臉的下巴比較尖，應該選擇加強下巴寬度的耳飾，適合佩戴「下緣大於上緣」的耳環，如水滴形、葫蘆形以及角度不是非常銳利的三角形等，都可

以增加瓜子臉美人下巴的份量，讓臉部線條看起來比較圓潤。

（6）由字形臉佩戴耳飾要求

由字形臉型的女孩應選擇「下緣小於上緣」的耳環，才能達到平衡下顎寬度、創造柔美臉部線條的功效。若是佩戴有墜子的耳環，請特別注意墜子的長度，最好避免不長不短地結束在下顎，因為墜子長度結束的地方，剛好就是人們眼光的焦點。避免佩戴角度十分明顯的耳環，如三角形、六角形。

（7）橢圓形臉佩戴耳飾要求

橢圓形臉的女孩佩戴適合自己臉部皮膚色調、臉型大小的耳環均可。

2.耳飾與髮型搭配

一般說來頭髮與耳墜的搭配理應遵循長配長，短配短，髮飾耳飾相一致的原則。

（1）長髮者佩戴耳飾要求

留披肩長髮的女性，佩戴狹長的耳墜會顯得漂亮而醒目。宜佩戴長鏈子形的耳飾，以此增加柔和婀娜的感覺。

（2）短髮者佩戴耳飾要求

留短髮的女性，可佩戴卵形或菱形的耳飾，短髮與精巧的耳釘搭配可襯托女性的活潑和精明。

（3）盤髮者佩戴耳飾要求

如果頭髮梳成髻或盤髮，佩戴大型耳飾或吊式耳飾使人典雅、大方。

（4）長辮者佩戴耳飾要求

梳長辮式髮型的女孩，宜戴懸垂式的鑽石耳飾。

3.耳飾與體型搭配訓練

（1）矮小者佩戴耳飾

身材玲瓏的女性，不宜佩戴大型號的首飾，宜選擇一些小巧、精緻的首飾，會顯得優雅、秀氣、玲瓏。如戴上有墜子的耳飾，由於視覺導向的下移，體型將顯得更矮小。

（2）高大者佩戴耳飾要求

身材高大者佩戴耳墜或大耳環可增添美感。但不宜佩戴小型的首飾，因為會顯得太小氣。

4.耳飾與膚色搭配

首先確定自己的膚色，然後根據膚色來選用不同類型的耳飾。一般説來，金色耳飾適合各種膚色的人佩戴。

（1）膚色較暗者佩戴耳飾要求

膚色較暗的人不宜佩戴過於明亮鮮豔的耳飾，可選擇銀白色，例如珍珠耳飾來掩飾膚色的暗淡。

（2）皮膚白嫩者佩戴耳飾要求

皮膚白嫩的女士適合佩戴紅色、棕色、紫色、藍色或暗色系耳飾，以襯托膚色的光彩。

5.耳飾與服裝的搭配

（1）耳飾的色彩或質地應與膚色和著裝色彩相協調，同一色系的調配可產生出和諧的美感。反差比較大的色彩搭配要恰如其分，可使人充滿動感。

（2）戴眼鏡的女性不宜戴大耳環，因為眼鏡在臉部已占據較大的面積，如佩戴小耳飾作點綴，則大小錯落，別有情趣。

（3）職業女性上班可佩戴簡潔的耳飾搭配套裝，既具女性美，又顯端莊穩重。晚宴時宜佩戴與禮服協調的真質耳飾，既華貴高雅，又具女性魅力。

（4）誇張的幾何圖形、粗獷的木質耳飾、吉普賽式的巨型圓環很有野性味道，與牛仔外套、夾克相匹配，可使人富有豪放的現代感，別有韻味。

【訓練4】 耳飾佩戴訓練

確定自己的臉型、髮型、體型、膚色、服裝，根據自己的臉型、髮型、體型、膚色、服裝決定耳飾的款式。

（三）項鏈的佩戴

1.項鏈與臉型的搭配

合理的項鏈的選配可以改變臉型，人們應該根據自己的臉型決定選用選用項鏈的類型。

（1）圓臉型：適合中長度的項鏈及垂墜式耳環，使臉部產生較瘦長的視覺效果。

（2）方形臉：適合中長度的項鏈及（垂墜式）鈕扣式包耳式耳環，以圓形、橢圓形的設計為佳，藉以柔和臉部輪廓。

（3）三角型臉：適合中長度的項鏈及垂墜式耳環，以修飾額頭及下巴間的線條。

（4）倒三角型臉：適合短項鏈及垂墜式耳環，底部寬者更佳，以柔和顴骨線條。

（5）長方形臉：短項鏈及鈕扣或包耳式耳環，以圓形或造型寬者為佳。

（6）由字形臉：由字形臉可以選擇比較顯眼的項鏈或者選擇線條柔和的項鏈來弱化臉部稜角。千萬不能戴那種下端很尖的項鏈。

（7）蛋形臉：任何款式皆適宜，均有亮麗動人的效果。

2.項鏈與頸部的搭配

合理的項鏈選配可以對脖頸的長短粗細造成改變和協調的作用。確定好自己的頸部長短，根據自己頸部長短決定項鏈的類型。

（1）頸部細長者項鏈搭配要求

頸部細長的人適合佩戴短一些的項鏈、項圈或粗形的項鏈，尤其以彩色大珠

鏈最適宜。不適合佩戴細長形並有掛墜的項鏈，如果選擇較長的項鏈，會使細長的頸部印象更明顯，選用效果較好。

（2）頸部短者項鏈搭配要求

頸部短者要選擇稍細長的項鏈或珠子，由大到小逐漸而上的塔形項鏈在視覺上能增加頸部的長度，切忌佩戴較粗的項鏈。

3.項鏈與服裝的搭配

（1）素雅的晚裝，可搭配耀眼的首飾；華麗的晚裝款式應該選擇簡約的首飾以達到視覺上的平衡。

（2）套裝的色彩一般都經比較單純，樣式也較簡單，為了避免穿套裝顯得過於呆板，可以選佩裝飾性較強的項鏈來改善。套裝一般沒有繁瑣的花邊、衣褶和裝飾，主要以直線條和大小不一的塊面組合而成；為了使套裝更具有韻律美，選佩的項鏈，可以強調圓線條和圓點。環或圈狀的項墜裝飾，又或者是較大的圓形珠鏈，這樣使點、線、面的結合更具有律動感。

（3）項鏈的長短所呈現的形狀不要與領口的形狀相同，這種重疊會顯得特別繁雜。而領口較封閉的套裝，可以選佩較長的項鏈，垂掛於套裝領口之外。領口開得較大的衣服，可以佩長一點的項鏈或有墜子的項鏈，反之，如果是開口小衣領，則應佩短一點的項鏈。

（4）西服套裝使脖子充分地暴露在外，所以頸部的修飾也特別講究。選戴的項鏈風格可以大氣一些，女性若佩戴跳躍生動的項鏈，可以體現出特有的神采和魅力。西服套裙的硬直線條可以在項鏈圓弧形線條的映襯下，使硬直的視覺得到緩解，達到剛柔相濟的效果，著裝的女士會顯得既端莊又有幾絲柔麗。

（5）飄逸、輕柔、細薄的夏季便服，不能用有沉重的項鏈來搭配，以免破壞輕靈和飄灑的效果。

（6）素色的便服不宜佩戴珠光寶氣的項鏈，以具自然特色的項鏈為好，如戴繩編的、有小掛飾的裝飾項鏈。

（7）鉤織的服裝，或者是網狀露式的服裝，配之以金絲項鏈或者晶瑩剔透的項鏈，可體現精緻、優雅的秀麗之美。

【訓練5】 項鏈佩戴訓練

根據自己的臉型和服裝類型決定項鏈的款式。

【問題處理】

佩戴戒指後，出現手指不適，原因何在？

答：佩戴戒指後，出現手指不適的原因有以下四種可能：一：可能是戒指尺寸太小，被箍的一段皮膚、肌肉易產生畸形，長時期影響血液循環，產生局部病變，若將戒指尺寸放大一點問題就解決了。二：可能是具有過敏體質，使用純金、銀飾品而少用含有鉻、鎳雜質的合金問題就解決了。三：可能是由於生金提煉不純，混入一些放射性元素，如鈷、釙、鐳等，引起放射性疾病，只要到正規銀樓購買，就不存在此病。四：可能是戒指鏈稜角性強，損傷皮膚引起發炎症狀，應選擇加工精細的飾品，防止皮膚受傷。

區塊小結

當今的首飾款式繁多，根據佩戴位置、製作材料、基本用途、使用方式、使用對象、風格流派等有不同的分類。製作首飾的材料主要分為珠寶首飾、金屬首飾、低廉材料首飾三種，以黃金、白銀、鑽石、藍寶石、紅寶石與珍珠為常見原料。為了保養好首飾，要對首飾小心佩戴，經常清洗，及時保藏。民航空服員在工作場合佩戴的首飾要求為款式簡練、線條簡潔、造型纖細、表面樸素的規範性首飾。在日常生活中要根據自己的體型、手型、臉型、髮型等選擇適合自己的首飾。

思考與練習

1.黃金、白銀、鑽石、藍寶石、紅寶石、珍珠鑑別方法有哪些？

2.簡述首飾的保養方法。

3.民航空服員佩戴首飾有哪些基本要求？

4.根據自身的情況設計自己在宴會中的首飾的選擇與佩戴。

5.根據自身的情況設計自己日常生活中的首飾的選擇與佩戴。

區塊四 不同場合的服飾搭配技巧

本章導讀

不同的場合帶來不同的人際環境，應該有不同的服裝要求，一般説來工作場合的著裝要端莊、簡潔、規範專業；參加正式會議時，衣著應莊重考究；出席正式宴會時應穿著高貴典雅；休閒場合的著裝應輕便舒適。民航空服員要根據不同場合選擇不同的服裝，塑造出良好的職業形象和社交形象。本區塊主要講述民航空服員不同場合的不同服飾要求。

重點提示

1.掌握民航空服員的工作裝要求，學會快速、規範的穿著民航空服員的工作制服。

2.掌握外出職業裝、晚禮服、公務禮服、休閒服、居家服的服裝要求，學會不同場合的不同的服飾搭配技巧。

3.掌握晨禮服、小禮服、大禮服、西裝套裝、民族服裝所使用的場合和服裝搭配要求，學會在隆重場合選擇合適的禮服。

4.透過反覆訓練，男民航空服員要能夠快速打三種領帶。

‖ 一、民航空服員的工作裝要求

作為為旅客提供高層次服務的民航空服員，其制服是絕對統一的規範服裝。民航空服員穿上醒目、統一的制服，既可以使賓客產生信賴感和安全感，便於賓客辨認，又可以在民航空服員心中產生職業的特殊感、責任感和榮譽感，同時佩戴標明其姓名、職稱、部門的胸牌的話還能充分發揮制服所獨具的鞭策作用，整齊而美觀的制服還可以達到美化自身、形成整體美的效果。

民航空服員的工作制服穿著有以下幾點要求：

1.合體

制服穿著忌亂，必須合體。

（1）講究「四長」，即袖至手腕、衣至虎口、褲至腳面、裙到膝蓋。

（2）講究「四圍」，即領圍以插入一指大小為宜，上衣的胸圍、腰圍及褲裙的臀圍以穿一套羊毛衣褲的鬆緊為宜。

2.規範

民航空服員在執行任務全過程中必須統一著裝，在《民航空服員職業技能鑑定指南》中對民航空服員的工作制服穿著提出以下幾點具體規範要求：

（1）女民航空服員穿著制服基本要求

著制服時，必須繫好鈕扣，將襯衫下擺繫入裙子或褲子中；戴帽子時，帽子應戴在眉上方1～2指處；著大衣時必須繫好鈕扣、繫好腰帶；登機證佩戴在襯衫、制服、風衣的胸前側，上機後摘掉；胸牌佩戴在制服左上側；供餐飲服務時穿戴圍裙，保持圍裙整潔。

（2）男民航空服員穿著制服基本要求

著制服時，必須繫好鈕扣，不能袒胸露背、高捲袖筒、挽起褲腿；必須配戴領帶、肩章；襯衫需扣好鈕扣，將襯衫下擺繫入褲子中；著制服、風衣、大衣、襯衫時要戴帽子；褲子應熨燙平整，保持乾淨、整潔；皮鞋保持光亮；空中服務時可穿馬甲；著風衣、大衣時須扣好鈕扣、繫好腰帶、並佩戴手套、帽子；登機證佩戴在襯衫、制服、風衣的胸前側，上機後摘掉；胸牌佩戴在制服左上側。

3.完整

避免制服開線、磨毛、磨破、破損、鈕扣丟失的現象，制服一旦出現開線、破洞等情況要立即更換。

4.清潔

制服穿著忌髒，要求無異物、無異色、無異跡、無異味等，尤其是領口與袖口要保持乾淨，制服要定期進行換洗。與制服同時配套穿著的內衣、襯衫、鞋襪，亦應定期進行換洗。

5.挺括

（1）制服穿著忌皺，要求上衣平整、褲線筆挺。

（2）為了防止制服產生折皺，必須採取一些必要的措施。例如，洗後的制服，要熨燙或上漿。穿前燙平，穿後應當掛好或疊好。穿制服時，不亂倚、靠、坐等。

【訓練1】民航空服員工作裝著裝提速訓練

透過反覆訓練，提高工作裝著裝的速度。

訓練方法：

（1）對鏡進行工作裝著裝。

（2）兩人一組，一個人看秒錶，兩一個人進行工作裝著裝，並對對方工作裝著裝中的問題進行分析與解決。

（3）分組進行工作裝著裝比賽

‖二、民航空服員的生活裝

民航空服員的生活裝的選擇應整潔、大方、整體和諧、展示個性、符合時尚，在不同場合選擇不同的服飾：

1.外出職業裝

外出職業裝。是指在外出聯繫工作時，不用穿著制服時所穿著的正裝。服裝款式應注重整體和立體的職業形象；注重舒適、簡潔、得體，便於走動；不宜穿著過緊或寬鬆、不透氣或面料粗糙的服飾。女士在正式的場合仍然以西服套裙最為適應，次正式的場合也可選用簡約、品質好的上裝和褲裝，並配以女式高跟鞋。男士以西裝為宜。由於外接洽公務，衣服極易起皺。所以好質料是必需的。

2.晚禮服

晚禮服是用於慶典、晚會、宴會等禮儀活動的服飾。晚裝服飾的特色、款式和變化較多，需根據不同的場合及需求的風格而定。晚裝多以高貴優雅、雍容華貴為基本著裝原則，閃亮的服飾是晚禮服永恆的風采。西式的晚裝多為開放型，強調美豔、性感、光彩奪目；中式傳統晚裝以中式旗袍為主，注重表現女性端莊、文雅、含蓄、秀美的姿態。晚裝既講究面料的品質，也講究飾品的品質，好的品質可以烘托和映襯女人的社會形象和品質。女人最恰到好處的美是精緻，晚裝是凸顯女性魅力的代表著裝，講究細緻的款式和做工的精美。

3.公務禮服

公務禮服是用於較為正式、隆重的會議、迎賓接待的服飾。公務禮服的優良品質是最為重要，做工要精緻得體。色彩應以保守色為主色，忌用輕浮、流行的時尚色系。佩飾應小巧而精美，襯托出高雅、莊重的氣質。此類活動較少有充分的交流機會，應選擇質地優良、色彩和諧、款式簡潔、精美的提袋，比較便於攜帶。

4.休閒服

休閒服是用於休息、渡假、一般娛樂時穿著的服裝，具有寬鬆、舒適、穿脫方便等特點。休閒服的穿著效果，可以使人們感到輕鬆、無壓力感，充分享受閒暇的樂趣，恢復和積蓄精力，是在現代緊張節奏社會中人們不可缺少的服裝選擇。休閒服造型簡潔，裝飾少，服裝造型輪廓多顯示為O型。休閒服裝顏色彩明快，通常選用中性柔和色組合或是明亮豔麗色組合。休閒服與人體親密接觸，面料多為天然材料、質優、柔和、易於吸汗、不需熨燙等複雜打理。

5.家居服

家居服是一種在家中穿著的服裝，在家中穿著要隨便、舒適，與家庭氣氛相稱。在家中休閒活動或接待客人時，服裝既要具有溫馨的情調，還要富於個性的展示。家居服的造型特點是寬鬆、隨意，結構簡潔，易於穿脫，定調與家居環境相協調，風格具有個性，裝飾品極少，給人以自由、輕鬆的感覺。做家務時，穿

著的服裝具有穿著隨意、舒適，並且能夠防止汙穢的特點；造型寬鬆，便於活動，褲口多為鬆緊式；以便於勞動，面料要耐磨、易洗，且穿著舒適。

║ 三、禮服搭配技巧

禮服是在隆重場合穿著的服裝，有晨禮服、小禮服、大禮服、西裝套裝、民族服裝等種類。

1.晨禮服

（1）使用場合要求

晨禮服也稱常禮服，白天參加儀式、婚禮等場合穿著晨禮服。

（2）服裝搭配要求

①男士服裝搭配要求

男士晨禮服上裝為灰、黑色，後擺為圓尾形，下衣為深灰色底、黑色條紋褲。繫灰領帶、黑皮鞋，黑禮帽等。這種禮服在白天參加典禮，星期日教堂禮拜，以及參加婚禮等場合穿用。

②女士服裝搭配要求

女士晨禮服都是嚴謹保守的造型，一般是質地、色澤一般的上衣和裙子。禮服的裙長，隨著流行而變化，但不可以採用超短裙的形式。上半部無需暴露設計，不宜過於暴露肌膚，款式變化需簡潔，造型貼身合體。可適當採用一些裝飾性設計，如皺褶、花邊、飾品等。面料多為絲織物和毛織物等，色彩對比較弱，以中性色彩居多，變化柔和、自然，表現風格端莊、雅緻。飾品以小巧精美為主，一般為真品，因為在自然光線下，仿製品易暴露缺點，而影響整體著裝效果。白天使用的包一般用軟革、羊皮、蛇皮等。

2.小禮服

（1）使用場合要求

小禮服也稱晚餐禮服或便禮服。穿著這種禮服一般為參加晚上六點以後舉行

的晚宴、音樂會、劇院演出等活動。

（2）服裝搭配要求

①男士服裝搭配要求

男士小禮服為全白色或全黑色西裝上衣，著黑領結，衣領鑲有緞面。圓擺，前門襟有一粒扣，口袋為雙開線無兜蓋式。褲子為與禮服同料的不翻腳長褲，長褲沿褲縫兩側裝飾緞面條形。與小禮服配套的服飾是與外衣同料的U形四粒扣禮服背心，或在腰部繫一條寬飾帶；襯衫為白色雙翼領、胸前帶褶皺的禮服襯衫，配黑領結，黑皮鞋。

②女士服裝搭配要求

女士小禮服一般是長及腳背但不拖地的露背式單色連身裙服裝，既可以是一件式連身裙，也可是兩件式、三件式服裝。裙長一般在膝蓋上下，隨流行而定。面料多運用天然的真絲綢、錦緞、合成纖維及一些新的高科技材料。小禮服的顏色為素色，有底紋，小型花紋的面料也常常被用。飾品多為珍珠項鏈、耳釘或垂吊式耳環。手拿式皮包多簡潔的造型，漆皮、軟革。鞋裝飾性很強的，略帶光澤感，顏色鮮豔。

3.大禮服

（1）使用場合要求

大禮服在現代社會僅僅出現在國家級的典禮、婚禮、古典交際舞大賽、大型樂隊指揮或豪華賓館指定的公關先生的晚間著裝。

（2）服裝搭配要求

①男士服裝搭配要求

男士大禮服也稱燕尾服。禮服顏色多為黑色和深藍色。前擺齊腰剪平，後擺剪成燕尾樣式。翻領上鑲有緞面，可用白領結。前身有六粒雙排扣，穿著時不繫扣，只作裝飾。下裝為與禮服同料的不翻腳長褲，長褲沿褲縫兩側裝飾緞面條形。與燕尾服配套的服飾有：三粒扣或四粒扣的白色禮服背心、白色領結、白色

手套、黑色襪子和黑色漆皮皮鞋。

②女士服裝搭配要求

女士大禮服一般是坦胸露背的單色連身裙服裝，裙長長及腳背。禮服上部要有局部露出的設計，如露背、露胸、露臂等，這種設計是為華麗的首飾留下表現空間，可以採用鑲嵌、刺繡、細褶、花邊、蝴蝶結等給人以華麗的印象。傳統晚禮服以夜晚交際為目的，為迎合夜晚奢華、熱烈的氣氛，用料多為綢、緞等柔滑並富有光澤的面料。女士大禮服可以搭配鑽石等高品質的配飾、修飾性強的高跟鞋、精巧雅緻的晚禮服專用包。

4.西裝套裝

（1）使用場合要求

西裝套裝適用於較正式又沒有明確穿著要求的場合，在正式場合運用廣泛。

（2）服裝搭配要求

①男士服裝搭配要求

大多數國家在禮服穿著方面均趨於簡化，很少有人穿著傳統的禮服參加活動，目前國際上逐漸以深色西服套裝取代禮服。作為禮服的西裝要求為黑色、灰色等深色系，雙排四粒扣或六粒扣，無兜蓋雙開線，繫黑色領結或銀灰色領帶。襯衫為帶胸褶的普通領形襯衫或一般襯衫，並配穿與西裝同質同料的背心；下裝為與上衣同料的不翻腳褲。

在穿西裝之前，務必要將位於上衣左袖袖口上的商標、純頭號毛標誌等，先行拆除。穿著西裝時，襯衫袖口應露出1公分左右，襯衫衣領應高出西裝衣領，以保護西裝衣領，增添美感。上衣小兜稱「手巾袋」，只放折疊扁平的手帕，並淺露小邊，除此不宜放其他東西，以保持紳士風度。在一般情況下，坐著的時候可將西裝上衣衣扣解開，站起來之後，雙排扣西裝上衣的衣扣應當全部繫上，單排兩粒扣西裝上衣只繫上邊的那粒衣扣，單排三粒扣西裝上衣應當繫中間的那粒衣扣。正式場合穿著西裝一般穿背心，如果背心是六粒鈕扣，最下邊的那粒衣扣，一般可以不繫，如果是五粒鈕扣，則需要全部繫上。正式場合穿著西裝必須

打領帶，領帶打好之後，其下端應當正好抵達皮帶扣的上端，領帶夾應夾在七粒扣襯衫自上而下數的第四、第五粒衣扣之間。西服皺了，可將其掛在稍有濕度的地方，這樣有利於衣服纖維恢復疲勞，除去衣服皺褶。西服褲長前面已蓋及皮鞋面，後面離地面約2公分為最佳。

　　②女士服裝搭配要求

　　職業女性的最佳衣著是西裝套裝，因為它是永不退色的流行時裝。最好有兩套套裝，一套是上衣配裙子，一套是上衣配長褲。女性選擇套裝時要注意：要有色系的規劃，色彩柔和，才能穿出高貴；最好選擇質料好、式樣好和裁剪好的高級時裝，不易變形，不易過時，穿上去很體面，穿著的機會多。套裝裡面可以穿襯衫、毛衣、背心等；熱時可以脫去外套，直接襯衫配裙子、襯衫配長褲、背心配裙子、背心配長褲，也能表現女性美。天冷時，外穿著和其他的衣服能夠相配的風衣或大衣，可以禦寒保暖，最好是簡單大方、不易過時的傳統式樣；顏色通常為米色、灰色、咖啡色、黑色等顏色。

　　5.民族服裝

　　（1）使用場合要求

　　全世界有相當多的國家規定民族服裝為禮服，在國慶、民族節日等重大慶典和最隆重場合穿著。

　　（2）服裝搭配要求

　　①男士服裝搭配要求

　　穿毛料中山裝或民族服裝為禮服。穿中山裝時，上衣領口之處的風紀扣，務必要扣上。上衣的其他衣扣，務必要在正式場合一律扣緊。在大庭廣眾之前，無論如何都不得挽起自己的袖管或褲管。不要在衣袋或褲袋裡裝過多的東西。上衣衣袋的蓋子，應處於衣袋之外。

　　②女士服裝搭配要求

　　中式上衣配長裙或長褲、連身裙、旗袍以及其他民族服裝均為禮服。尤其是

旗袍，是中國女性最佳的禮服，既端莊典雅，又突顯身材，還能顯示出東方女性的魅力。

【訓練2】 禮服搭配訓練

設計適合自己的禮服。

‖ 四、領帶基本常識

領帶是男性飾品中最具有男子漢氣概的飾品，是男性身上唯一可以變換色彩的飾品。在工作場合，領帶是男性制服的靈魂，穿西裝不繫領帶往往會使制服黯然失色。因而學會繫好領帶是男民航空服員必須作好的功課。

（一）領帶的選擇

選擇領帶應考慮領帶的面料、色彩和圖案等是否與個人的年齡、身分一致。

單色領帶適合於公務活動和隆重的社交場合，以紫紅、藍、灰、黑、棕色最受歡迎。多色領帶不易超過三種色彩。要少打淺色或豔色領帶。領帶的色彩有一定的含義：金色代表雍容華貴，紅色代表喜慶熱烈，藍色代表寬容冷靜，黑色代表堅定莊重，白色代表聖潔純真。

正式場合應選擇形狀規則、圖案傳統的領帶，如橫、豎、斜條、圓點、方格、規則的碎花等。領帶的圖案通常有一定寓意：小巧而濃密的花朵或圓點表示溫柔和歡喜，斜紋表示決斷和勇敢，垂直線條表示和諧安靜，橫條花紋表示高雅穩重。印有人物、動物、景觀、怪異神祕圖案的領帶，適用於非正式場合；印有廣告、組織標識徽記的領帶，最好不要亂用。

領帶面料要以平整、無跳線、無瑕疵點、無線頭、下垂感較強為佳。領帶最高檔、最正宗的面料是真絲領帶，真絲領帶適合在正式場合使用。棉布、麻料、羊毛、皮革、珍珠等面料的領帶不適合在正式場合使用。

（二）領帶的繫法

目前國際較流行以下三種領帶的繫法：

1.小結

小結也叫普通結或浪漫結。

繫結要領：領帶的大頭壓小頭，圍著小頭繞一圈後使大頭穿過這個圈繫緊。如下圖所示：

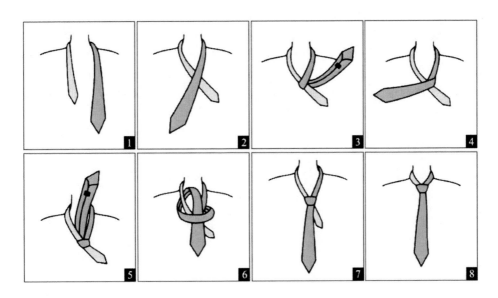

領帶小結繫法示意圖

2.中結

中結也叫「小溫莎結」或「半溫莎結」，結的大小介於普通結和溫莎結之間。

繫結要領：大頭壓小頭後，先在大頭一側繞一圈，再圍著小頭繞一圈，然後讓大頭穿過這個圈繫緊。如下圖所示：

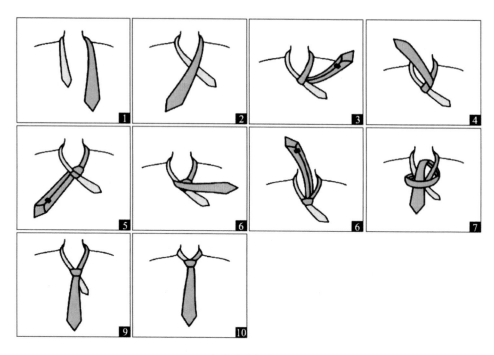

領帶中結繫法示意圖

3.大結

大結也叫「溫莎結」，據說是英國著名的溫莎公爵發明的繫法。

繫結要領：大頭壓小頭後，先在小頭一側繞一圈，然後再回到大頭一側繞自己一圈，再圍著小頭繞一圈，讓頭穿過這個圈繫緊。如下圖所示：

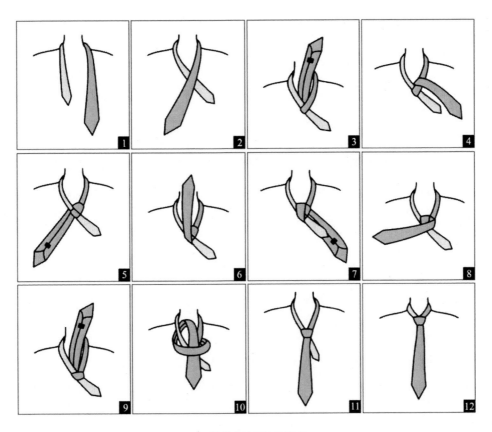

領帶大結繫法示意圖

（三）繫領帶的要求

在繫領帶時，切記領帶結不宜繫得過緊或過鬆，特別值得注意的是，打完結後一定要向上拉緊，領帶結應微微翹起。

領帶結的形狀要端正、挺括，外觀上呈倒三角形，且有立體感；可以在收緊領結時，有意在其下壓出一個窩或一條溝來，使其看起來美觀、自然。

領帶打好後，其標準長度要外側略長於內側，且下端正好觸及腰帶扣眼處。

領帶夾通常位於領帶打好後的「黃金分割點」上，即在襯衫自上而下第四到第五粒鈕扣之間，要含而不露。

【訓練3】 打領帶訓練

透過反覆訓練，男民航空服員要能夠快速打三種領帶。

案例

空中民航空服員小李在飛機起飛前發現自己的絲襪已經開始脫絲了，但由於沒有帶別的絲襪而只能硬著頭皮為旅客服務。在服務工作結束後的講評階段，座艙長批評了小李。請問座艙長為什麼批評小李？

提示：空服員的穿著，不僅僅為了美化自身，還代表著航空公司的整體形象，不能掉以輕心。小李的錯誤在於沒有做好準備工作，應該多準備些絲襪，以備不時之需。發現絲襪脫絲時，還可以用無色指甲油塗抹，以防絲脫得越來越嚴重。

【問題處理】

為什麼我買衣服總買不到自己特別喜歡的衣服？

答：平時多翻看時尚服裝資訊的雜誌，或服飾專欄簡介，多關注流行資訊，以培養自己的敏感度和判斷力。理性地購買衣服，能夠理性地放棄「美，但並不適合我」的服裝。仔細計算每件衣服的「投資回報率」一件衣服的穿著頻率越高、時間越久和其他衣服的搭配度越高，它的「投資回報率」也就越高，也越值得購買。買衣服時，一定要親自試穿，不要由於沒有試穿選錯尺碼，使人看上去好像穿錯了別人的衣服。不要在精緻的燈光和導購小姐的遊說造成的假象中迷失了自己，要在讀懂自己的身材、氣質、膚色，瞭解自己適合的色彩和款式，才不會買回錯誤的衣服。

區塊小結

民航空服員工作時應穿著統一的規範服裝，有讓賓客產生信賴感、讓空服員產生責任感、讓班組集體產生整體美的效果，民航空服員的工作制服穿著必須合體、規範、完整、清潔、整齊。民航空服員的生活裝的選擇應整潔、大方、整體和諧、展示個性、符合時尚，在不同場合選擇不同的服飾。禮服是在隆重場合穿著的服裝，有晨禮服、小禮服、大禮服、西裝套裝、民族服裝等種類。

思考與練習

1.民航空服員的工作裝有哪些要求？

2.民航空服員的生活裝有哪些要求？

3.如何根據場合挑選禮服？

4.繫領帶的基本要求有哪些？

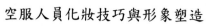

第六單元 美容化妝用品

本章導讀

隨著時代的進步，社會交往的日益頻繁，美容化妝越來越受到人們的重視，美容化妝隨著社會的發展具有更豐富的內涵。本章透過對化妝的概念、基本理論、分類、功能和特性等知識的瞭解和掌握，可以使我們更好地把握化妝的具體方法和技巧。透過對化妝品、化妝用具應用方面知識的瞭解和掌握，為熟練掌握化妝技術打下基礎。

重點提示

1.掌握美容化妝的基礎理論知識，為更好地學習化妝技術打下基礎。

2.瞭解各類化妝品的品牌、功能與特性。

3.瞭解各種化妝工具的特點及用途。

4.能夠正確地選擇和保存化妝品。

5.能夠正確地選購和使用香水。

區塊一 美容化妝的基礎知識

一、美容化妝的概念

美容就是透過科學與藝術的方法，人為地加入修飾，使人體容顏在原有的基礎上揚長避短。美容既是一種手段，又是目的。

化妝就是透過使用豐富的化妝品和工具，正確運用色彩，採用合乎規則的步

驟和技巧，對臉部五官及其他部位進行渲染、描畫、整理，以加強立體效果、調整形色、表現神采，從而達到美容的目的。

‖ 二、美容化妝的目的和作用

當今社會上沒有完全不經過修飾而能風華絕代的美人。因此，天生的美麗只是良好的基礎，如何有技巧地展示美才是女性最大的課題。

（一）美容化妝的目的意義

1.社會交往的需要

由於女性地位和生活方式的改變及社會交際的頻繁，女性透過正確的化妝，配以適當的服飾、髮型，加上良好的修養、優雅的談吐、端莊的儀表，使女性獨有的天生麗質更加美麗動人。

2.職業活動的需要

隨著商品社會的不斷發展，化妝已不再侷限於舞台上，而是逐漸進入職業生活，透過化妝的修飾，使平凡的相貌煥發出超凡脫俗的魅力，給人以美的享受，反映出新時代女性的精神風貌。

3.日常生活的需要

一個人的容貌，除了天生條件和氣質風度之外，儀容的修飾也是很重要的。所以，透過化妝使人容貌美麗，精神煥發，還可以保護皮膚，避免風寒，延緩衰老。成功的化妝甚至能喚起女性心理和生理上的潛在活動，以愉快的心情投身到學習和工作中去。在公共場合造成交流情感，尊重他人，增進友誼的作用。

美容化妝是透過化妝品、化妝用具和化妝技巧三者的完美結合來實現的，三者缺一不可。我們在學習化妝技巧之前，先要瞭解化妝品、化妝用具應用方面的指示，為熟練掌握化妝技巧打下基礎。

（二）美容化妝作用

1.美化容顏

化妝的直接目的是為了美化自己的容顏。透過化妝，可調整臉部皮膚的色澤，改善皮膚的質感，還可使臉部五官更生動自然。總之，透過化妝可突出個性，表現自身內在的性格特徵。

2.增強自信

化妝是對外交往和社會工作的需要。有句話説的好：「自信才是美。」可見美本身就包含著自信的因素。化妝在為人們增添美感的同時，也為自身帶來了自信。在國際事務活動中，適度的裝扮也代表國家的一種形象；在一些商務活動中，個人的衣著打扮也代表了所在公司或企業的形象；在旅遊、交通等服務行業的工作人員，適度的化妝會給人熱精神飽滿的感覺，是高質量服務的組成部分；在日常生活中，適度裝扮會使人們心情愉悦。

3.彌補缺陷

完美無瑕的容貌不是每個女性都可以擁有的，透過後天的修飾來彌補先天的不足，使自己更加美麗，卻是每個女性可以追求與渴望的，化妝便是實現這一願望的重要手段之一。化妝可透過運用色彩的明暗和色調的對比關係造成人的視差覺，從而達到彌補不足的目的。

美容化妝的作用是無可非議的，但面容的修飾必須與髮型、服飾以及儀態等結合起來，才能組成一個完美的整體形象。

▎三、美容化妝的基本原則

（一）揚長避短的原則

化妝是以化妝品及藝術描繪手法來美化自己，而這一美化是建立在原有容貌的基礎之上，其目的是既要保持原有的容貌特徵，又要使容貌得到美化。在化妝中必須充分發揮原面容的優點，修飾和掩蓋其不足之處，這是化妝的重要原則，這一點要準確把握。同時還要根據環境、服裝等特定條件結合其優缺點著手進行化妝，這樣方能收到揚長避短的效果。

（二）自然真實的原則

美容化妝是在人自身的客觀條件基礎上進行的美化，又真實地存在於現實生活中，過於誇張及脫離原型的修飾都會產生虛假和生硬的效果。化妝要做到自然、真實。「濃妝淡抹總相宜」，所講究的就是一個「度」，而要把握好這個「度」，就要講本色美育修飾美有機的結合，是本色美在修飾美的映襯下變得更為突出。

（三）突出個性的原則

美容化妝來自生活，也表現於生活。生活中的每一個人都有著獨立的個性，美容化妝應能夠因人而異地體現出個性的特點。在各人的自然條件的基礎上進行修飾，使其優點、個性得以突出。化妝修飾與自身個性之間有著相輔相成的關係，將兩者融會貫通地有機結合起來，勢必會給化妝注入活力使其生動化。因此，化妝不要單純地模仿或機械性地操作，千人一面的「美人妝」或生硬的面具在生活中是不真實的，不自然的。個性特徵包括外部形態特徵和內在性格特徵。

（四）整體協調的原則

美容化妝還應注意整體配合。妝面的設計與用色應同化妝對象的髮型、服裝及飾品相配合，使之具有整體的美感；造型化妝設計師還應考慮化妝對象的氣質、性格、職業等內在的特徵，取得和諧統一的效果。

區塊二 化妝品的分類

一、按使用部位分

（1）護膚化妝品：用於清潔皮膚，補充皮脂不足，滋潤皮膚，促進皮膚的新陳代謝等。

（2）毛髮化妝品：用於使頭髮保持天然、健康、美觀的外表，以及修飾和固定髮型，包括護髮、洗髮和除毛用品。

（3）口腔衛生用品：用於清潔口腔和牙齒，防齲消炎，祛除口臭。

（4）美容化妝品：用於修飾容貌，發揮色彩和芳香效果，增進美感。

（5）特殊用途化妝品：用於養髮、染髮、燙髮、脫毛、豐胸、健美、除臭、袪斑、防晒等。

二、按使用目的分

1.基礎性化妝品

其中護膚化妝品、清潔衛生類化妝品、營養化妝品等統列為基礎性化妝品。除美容修飾化妝品外，其他的均屬基礎性化妝品，根據其用途可分四種：

（1）清潔皮膚，如花露水、香皂、奎寧頭水等。

（2）防止皮膚受到外來刺激，如雪花膏、冷霜、防晒霜、防凍膏等，具有防止紫外線照射、寒冷刺激以及防止細菌感染等作用。

（3）代替皮脂膜，如雪花膏、冷霜、乳液等。

（4）使皮膚保持光潤澤，並促進其新陳代謝。現代化妝品中往往加入不同的營養成分，如銀耳、珍珠粉水解液、蜂王漿、人參、花粉、麥芽油、磷脂等。其中低分子量的有效物質容易隨乳劑被皮膚所吸收，使皮膚有保持水分的功能，補充天然調濕因於的不足，逐漸使皮膚潤滑，促進微血管擴張，增加細胞活力，達到延緩皮膚衰老的目的。

2.美容修飾化妝品

也稱修飾化妝品或粉飾化妝品，用於美化面容，增加魅力，改變容貌，因此與基礎化妝品用途有很大差異。常用的美容化妝品有唇膏、粉底、指甲油、睫毛膏、眼影粉、眼線筆、粉餅、香水等。

3.特殊用途化妝品

特殊用途化妝品是指用以改變人體局部狀態，或是促進人體美，或是消除人體不利於美因素的一類化妝品。此類化妝品的特點是帶有半永久裝飾性（如燙髮），或帶有治療（如袪斑）作用。特殊用途化妝品有如下幾類：

（1）養髮化妝品：有助於毛髮生長、減少脫髮和斷髮的化妝品；

（2）染髮化妝品：具有改變頭髮顏色作用的化妝品；

（3）燙髮化妝品：具有改變頭髮彎曲度，並維持相對穩定的化妝品；

（4）脫毛化妝品：具有減少、消除體毛作用的化妝品；

（5）美胸化妝品：有助於乳房健美的化妝品；

（6）健美化妝品：有助於使體形健美的化妝品；

（7）除臭化妝品：用於消除腋臭等體臭的化妝品；

（8）祛斑化妝品：用於減輕皮膚表皮色素沉著的化妝品；

（9）防晒化妝品：具有吸收紫外線作用，減輕因日晒引起皮膚損傷的化妝品。

三、按適用部位和用途分

日本學者垣原高志根據化妝品適用部位和用途將其分為8類，即皮膚用化妝品、頭髮用化妝品、指甲用化妝品、口腔用化妝品、清潔化妝品、基礎化妝品、美容化妝品、芳香化妝品。

四、按專業性特點分

1.生活化妝品

生活化妝品用於日常生活的皮膚、毛髮護理或臉部美容的化妝品。相對於專業化妝品，國外有人稱之為商業性化妝品。生活化妝品品種繁多，根據其性質、功能、用途可分多個種類。

（1）根據化妝品性狀分為：膏類化妝品、霜類化妝品、蜜類化妝品、水類化妝品等。

（2）根據酸鹼度可分為：酸性化妝品、鹼性化妝品、中性化妝品等。

（3）根據功能和用途可分為：基礎化妝品、護膚化妝品、美容化妝品、營養化妝品、藥用化妝品、衛生化妝品、清潔化妝品、護髮化妝品、美髮化妝品等。

2.文藝化妝品

文藝化妝品也稱專業化妝品，是專為專業化妝師刻畫戲劇、電影、電視人物形象生產的。文藝化妝品與生活化妝品在用途和品種上有很大區別，文藝化妝品最主要功能是塑造人物形象，而生活化妝品用途繁多。兩者品種也有很大差異。油彩，是文藝化妝品最主要的品種，生活化妝品中則無此品種。

五、按原料加工程序分

1.天然化妝品

天然化妝品指以自然界植物、水果等提煉物為原料製成的化妝品。其有兩種含義：

（1）相對天然化妝品，即相對於含有多種工業化學成分的人工化妝品而言，在製作過程中主要使用天然原料。但在其製造過程中，需加入香料和防腐劑，故很難稱其為絕對的天然化妝品。

（2）純粹天然化妝品，在人工化妝品還沒有問世以前，人們便直接用一些水果、蔬菜或其他食品來保養皮膚，於是人們稱它們為天然化妝品。這些直接在家庭裡被用作化妝美容的植物、藥草、水果才是天然化妝品。常被選用的有：番茄、黃瓜、西瓜、蜂蜜、橘子、萵苣、雞蛋、無花果等等。

2.藥物化妝品

藥物化妝品是一類具有美容作用和治療效果的化妝品，主要是根據皮膚組織的生理需要和病理狀況，加入有關物質和藥物，既有護膚作用，又有治療功能。

六、按加入的成份分

（1）天然滋補品類，如銀耳、珍珠、人參、花粉、靈芝、奶製品；

（2）蛋白類，主要用動物或植物水解蛋白；

（3）維生素類；

（4）中草藥類，如當歸、紅花、首烏、丹參、黃芪、補骨脂等；

（5）其他，如膽固醇、磷脂、矽油、微量元素。

七、按功能或作用分

（1）消斑類；（2）消退粉刺類；（3）養髮生髮類；（4）豐胸類；（5）美白類；（6）減肥類；（7）其他。

八、按化妝品存在形態分

（1）膏類化妝品也稱雪花膏，是以油脂、甘油、水、香精為原料，以鉀皂為乳化劑，經過乳化，使油脂和水形成潔白的乳化體，構成一種非油性的「水包油」型乳劑，能使皮膚不受外界濕度、溫度變化影響，從而保護皮膚健康和防止皮膚衰老。適合在夏季或油性皮膚者選用。

（2）霜類化妝品也稱冷霜、護膚脂、香脂，為一種「油包水」型的乳劑，是保護和滋潤皮膚的油性護膚品，能防止皮膚的乾燥與凍裂。冷霜起源於希臘，當時用蜂蠟、橄欖油以及玫瑰水溶液等製成，由於乳化不穩定，敷在皮膚上有水分分離出來，水分蒸發時吸熱，使皮膚有清涼感覺，故稱冷霜。霜類化妝品的特點是含有較多的油脂成分，擦用後乳劑中的水分逐漸揮發，在皮膚上留下一層油脂薄膜，能阻隔皮膚表面與外界乾燥、寒冷的空氣相接觸，保持皮膚的水分，防止皮膚乾燥皺裂，具有柔軟和滋潤皮膚的作用，適合冬季和乾性皮膚者使用。

（3）蜜類化妝品又稱乳液，為一種略帶油性的半流動狀的液態乳劑。大多數屬於「水包油」型的乳劑。此類化妝品有清潔蜜、潤膚蜜、杏仁蜜、檸檬蜜等，主要原料是硬脂酸、單硬脂酸、計油脂、蜂蠟、18醇、羊毛脂、白油、甘

油、三乙醇胺、水、香精和防腐劑等。皮膚擦抹蜜類化妝品後，隨著水分逐漸揮發，在皮膚表面留下一層脂肪物和甘油形成的薄膜，使皮膚表面保持相當的潤濕程度，防止皮膚乾燥開裂。同時，由於甘油具有吸濕性能，能減緩皮膚水分蒸發，使皮膚表面保持滋潤、滑爽，所以一年四季皆可使用。

（4）氣壓化妝品也稱氣溶膠化妝品，是1960年代以來發展起來的新型包裝的化妝品。是利用氣壓容器的原理，啟動氣閥，將內容物壓出的一類化妝品的總稱。該種化妝品可分5大類：

① 空間噴霧製品：能噴出細霧，有香水、古龍水等。

② 表面成膜製品：能附著在物質表面成連續的薄膜。有香水、古龍水、髮油、祛臭劑等。

③ 泡沫製品：壓出後立即膨脹，產生泡沫。有除毛膏、防晒膏、潤膚膏等。

④ 氣壓溢流製品：用壓縮氣體使產品壓出，形態不變。有牙膏、冷霜等。

⑤ 粉末製品：有爽身粉、足粉和古龍香粉。

九、按化妝品的pH性分

1.酸性化妝品

酸性化妝品含有酸性成分，使化妝品呈酸性，使用於皮膚可使皮膚呈正常弱酸性反應。強酸性尤其可起收斂皮膚，抑制汗液與皮脂的分泌作用，故適合於夏季或油性皮膚者使用。但常用於分泌作用微弱的乾性或老化皮膚者，可使皮膚日漸乾燥，以致產生小皺紋或鬆弛。在皮膚分泌不旺盛的冬季使用，也可能帶來同樣的不良後果。

2.鹼性化妝品

鹼性化妝品含有鹼性成分，使化妝品呈鹼性，具有軟化皮膚，提高皮膚含水率，使有效成分易於滲透的作用，還有溶解老化皮膚角質，使其易於脫落的功

能。因其有促進新陳代謝的機能，故適合老化或乾燥皮膚使用。用於鹼度過高或鹼性中和能力較弱的皮膚時，可能會引起皮膚過敏或發炎。

‖ 十、按適用人群分

女性化妝品為針對女性皮膚特點而研製的化妝品。此類化妝品油脂含量較低，因此女性絕不可選用適合油性皮膚用的男性化妝品。

男性化妝品為針對男性皮膚特點所設計的化妝品。男性皮膚與女性不同，皮膚較粗，毛孔較大，毛孔上的皮脂腺分泌出的皮脂較多。所以男性化妝品的主要特點是能吸收較多的油脂，使皮脂膜的狀況趨於平衡，保持臉部的潔淨。

思考與練習

如何對化妝品進行分類？

區塊三 化妝品的成分

‖ 一、基質

化妝品基質是組成化妝品的基本原料。基質主要是由油性原料和水組成。油性原料包括油脂類、蠟類、碳氫化合物以及組成這些成分的高級脂肪酸和高級脂肪醇類。

油脂是油和脂的總稱，在常溫下為液體者稱為油，為固體者稱為脂。動植物油脂主要成分為高級脂肪酸甘酯，皂化後水解成高級脂肪酸和甘油。

常用的膏霜類基質是由油脂和水，在乳化劑作用下乳化製成的。塗用後，在皮膚表面形成的脂膜，具有滋潤皮膚和抑制表皮水分過度蒸發的作用，能增加皮膚吸水能力，柔軟皮膚，可以防止皮膚乾燥皸裂。

蠟類包括植物性蠟，如松香；動物性蠟，如蜂蠟和鯨蠟。蜂蠟系棕櫚酸蜂花醇酯，多用於冷霜、唇膏和髮蠟中以及羊毛脂及其衍生物等。蠟的主要成分是高

級脂肪酸和高級飽和一元醇酯。

羊毛脂是由33種高級醇和36種高碳酸組成的酯類，是蠟，不是脂，其衍生物有羊毛醇和羊毛酸。其中羊毛脂的結構除缺水甘油三酯和脂肪酸外，其他結構最接近人體的皮脂，能在皮膚表面形成防水膜，有助乳化劑、增稠劑和賦形劑等作用，還能改進膏霜的光滑性和紋理性。因而應用比較廣泛，目前是化妝品的主要原料。

常用的礦物油有白油（即液體石蠟）、凡士林、石蠟和地蠟。其特點為不易酸敗。

二、香料

在常溫下能發出芳香的有機物質稱為香料，香料包括天然香料和人造合成香料。天然香料中的動物性香料有麝香、靈貓香、海貍香和龍涎香，均為名貴香料，價格昂貴；天然香料中的植物香料，目前已知有1500多種。香料可以掩蓋某些原料的不良氣味，遮蓋皮膚的汗味和腋臭。

無論天然香料或合成香料，一般均不能單獨使用，而是把若干種香料調配在一起使用。若干種調配在一起的香料稱為香精。化妝品添加香精後，具有誘人的香味，能使人心情愉快，提神醒腦。

三、防腐劑

為防止化妝品存放變質，化妝品中都加防腐劑。防腐劑的成分分為三類：抗微生物劑、抗氧化劑和紫外線吸收劑。

抗微生物劑包括抗霉菌和抗細菌兩類，主要是抑制化妝品可能出現的微生物繁殖和消費者在使用時產生的第二次汙染。中國常用的有尼泊金酯類，化學名稱為對羥基苯甲酸酯類；新型防腐劑凱林CC也開始使用。

抗氧化劑是為了防止化妝品中油脂、蠟、烴類等油性成分在空氣中發生氧化反應，使化妝品中的油脂產生酸敗。酸敗生成的過氧化物、醛、酸等可以使化妝

品變色、變質而引起質量下降。常用的抗氧化劑有丁代羥基甲苯，維生素E、培酸丙酯等。

紫外線吸收劑主要是為了防止化妝品因紫外線照射而引起某些成分的降解。常用的有二苯、酮、對氨基苯甲酸乙酯、水楊酸　酯等。

‖ 四、色素

色素包括天然色素、合成色素和無機色素。色素可以掩蓋原料的顏色，增加化妝品的魅力。為了使化妝品，特別是美容化妝品色澤豔麗，塗在皮膚、毛髮表面容易被接受，幾乎所有化妝品均含有色素。

‖ 五、保濕劑

其作用是在皮膚表面形成一層薄膜，將水分密封在皮膚內以防止水分蒸發，同時不妨礙皮膚對於空氣中水分的吸收，從而保持皮膚適當的濕度。尿素和尿囊素是護膚類化妝品最常用的保濕劑。

‖ 六、界面活性劑

界面活性劑分為離子型和非離子型兩類。離子型界面活性劑又分為陰離子型和陽離子型兩種。界面活性劑具有乳化、洗滌、增溶、濕潤、分散、發泡、潤滑、殺菌、柔軟、抗靜電等作用。一般說來，界面活性劑的使用和選擇是現代化妝品製造技術的關鍵。

陰離子型界面活性劑常用於膏霜類和香波中，作為乳化劑和洗滌劑，具有良好的乳化、潤濕、洗滌、發泡和去汙作用。有些陰離子型界面活性劑成分在酸鹼、硬水等環境中作用穩定；而有些成分則是優良的乳化劑，並具有較強的防靜電作用。

陽離子型界面活性劑具有去垢、乳化、增溶、抗靜電、殺菌等作用。

非離子型界面活性劑溶於水時，不能電離出離子，是中性化合物，與電解質、無機鹽共存時穩定，有良好的配合效果。

▌七、水溶性高分子化合物

通常包括天然、半合成、合成三大類。

其中天然水溶性高分子化合物有動物明膠、酪蛋白植物澱粉、阿拉伯樹脂、果膠、海藻酸鈉等；半合成水溶性高分子化合物有甲基纖維素等；合成水溶性高分子化合物有乙烯吡咯烷酮（NP）等。水溶性高分子化合物具有膠體保護、增稠、乳化、分散、成膜、黏合、保濕、泡沫穩定等作用。

▌八、化妝品用藥物

近年來，隨著化妝品的不斷更新，化妝品與藥物之間相互滲透，使得藥物性化妝品日益增多。常添加的天然藥物有人參、珍珠、靈芝、鹿茸、當歸、銀耳、胎盤、白芷、川芎、澤瀉等。其他還有祛斑、美白、去粉刺、減肥等藥物。

▌九、金屬離子

化妝品中加入金屬離子有時會成為自動氧化的催化劑，能使化妝品變質變色，導致化妝品質量惡化。加入少量的整合劑可延長化妝品結構支架的壽命，提高化妝品的質量。常用的有EDTA及其鹽、檸檬酸等。

區塊四 化妝品品牌簡介

▌一、法國LANCÔME（蘭蔻）

法國LANCÔME（蘭蔻）是法國國寶級的化妝品品牌，創立於1935年，迄今已有近70多年歷史。自創立伊始，就以一朵含苞欲放的玫瑰作為品牌標記。在

這70多年的時間裡，蘭蔻以其獨特的品牌理念實踐著對全世界女性美的承諾，給無數愛美女性帶去了美麗與夢想。更難得的是，一個有70年歷史的老牌子，時至今日還能保持如此年輕的狀態，在彩妝以及護膚界均有有眾多被時下女性擁護的精品。其中著名的產品有：

睫毛膏——LANCÔME的睫毛膏，在化妝品屆無可爭辯的崇高地位。獨特的刷頭設計，層次細緻分明；纖維超幼細，無人能及。其中，淡妝首選Definicils（簡稱DE）精密睫毛膏、晚妝等場合首選Amplicils 3D立體睫毛膏。

HYDRA ZEN水分緣系列——該系列無疑是LANCÔME最被推崇的護膚系列，以細膩薄透的質地出名，保濕滋潤，又不會覺得厚重。可消除肌膚疲勞，鎮靜、並調節肌膚功能，對各種因環境天氣等原因造成的皮膚不適可造成很好的舒緩功效，有「保命霜」之稱。

二、美國ESTＥE LAUDER（雅詩蘭黛）

Estｅe Lauder夫人在1948年創立品牌，並在紐約第五大道知名的Saks百貨，設立了第一個ESTＥLAUDER專櫃。Estｅe Lauder夫人終身致力於追求完美，雖然她已經去世，但新產品仍在不斷上市；從基礎化妝品、彩妝、臉部和身體保養系列系列及香水等一應俱全。產品不斷創新，始終居業界領導地位，是美國生產的著名品牌，其中著名的產品有：

Adbanced Night Repair（簡稱ANR）系列——該品牌是最為經典和大牌的護膚保養品了。自推出20多年來，一直保持經典的琥珀色玻璃瓶包裝，創下全球每10秒銷售出一瓶的佳績。內含果酸，可在夜間修復細胞，深層滋潤保濕，增強肌膚吸收護膚品的能力，睡醒後，只覺得皮膚水分充足，光滑細膩。

三、法國DIOR（迪奧）

DIOR（簡稱CD），全名為Christian Dior。以做高級時裝起家的DIOR品牌，自1947年首次推出香水Miss DIOR後，現已全面進軍美容領域。經典與高貴是

DIOR的代名詞，如今，DIOR更是時尚和創新的代表之一。其中著名的產品有：

藍金唇膏——DIOR標誌性的唇膏，豐潤柔軟，色彩純正，在舒適和持久之間達到不可思議的平衡。也是無數女性提袋中必不可少的恩物。

五色眼影——雖然DIOR每一季都會推出各種令人眼花繚亂的彩妝新品，但這款眼影自1987年推出延續至今，依舊是許多化妝師和眾多女性的最愛。

四、法國CHANEL（香奈兒）

以交叉的二個C為品牌標識的CHANEL品牌，和DIOR一樣以高級成衣起家。在美容領域成就最大的就是香水。其中著名的產品有：

NO° 5香水——這個成就了一段香水神話的香水，已經成為全球無數女子的妝台最愛。它特別幽雅浪漫的格調，把女子內心的細緻情懷表達盡致。

五、美國CLINIQUE（倩碧）

CLINIQUE的名字和品牌的概念來源於法文「醫學診所」。是EST E LAUDER集團的另一重量級品牌。以過敏度低，不含香料無刺激的護理理念聞名於世。CLINIQUE在美國、英國均是銷量第一的高檔化妝品牌。其中著名的產品有：

護膚三步曲——CLINIQUE自1968年品牌創立之初就推出的三步曲概念，倡導簡單就是美的哲學，至今仍秉承「洗臉皂＋化妝水＋特效潤膚乳」的組合。在1、2、3步的三件產品之外再用任何保養品都能得到事半功倍的效果，為肌膚提供最簡便、安全，有效的呵護。

六、日本SK-II

SK-II是日本的品牌。1990年代起，SK-II從MF（MAX FACTOR，蜜絲佛陀）公司獨立出來。定位為高級保養品牌。其專利成分PITERA，提取自米酒的天然

酵母。其中著名的產品有：

護膚精華露（又稱神仙水）——內含高達90％以上的PITERA，能調整肌膚的PH值，促進細胞的抵抗力，幫助肌膚恢復天然的水油平衡。

‖ 七、法國BIOTHERM（碧兒泉）

碧兒泉卓越的護膚功效，來自自溫泉中提取的精華PETPTM（礦泉有機活性因子），富含多種微量元素、礦物質和蛋白質成分，能溫和條理肌膚，使其達到均衡狀態。它是法國的科學家在研究溫泉對人體的療養功效時發現的。為了尋求最佳的提取源，科學家不惜涉入法國山脈深處，終於以20年的努力，以生物技術提取到大量的PETPTM因子，並成功研發出適合皮膚每日使用的護膚產品，也就是我們今天的 Biotherm護理全系列。其中著名的產品有：

活泉水分露——碧兒泉最初打天下的鎮店王牌。每一瓶都含有相當於5000公升的溫泉水中所含的豐富的PETPTM因子，只需豌豆大小，即可令肌膚水分十足，呈現最完美的狀態。

‖ 八、法國HR（赫蓮娜）

品牌名字取自該品牌創立者Helena Rubinstein女士。她也是世界上第一家美容院的創立者。HR產品以”追求完美”著稱，自被歐萊雅集團收購後，更成為該集團的科技先鋒，以一流的抗皺、修復系列品的研製為長。其中著名的產品有：

極至之美膠原系列、維他命C精華系列——是有肌膚「急救站」之稱的兩款抗皺、修復產品，對一切因為衰老而引起的皮膚問題有很好的改善作用，受到了無數不再年輕、但仍然追求完美肌膚的女性的追崇。

‖ 九、美國ELIZABETH ARDEN（伊麗莎白‧雅頓）

早在1920年代，Elizabeth Arden（簡稱EA）已經是一個全球知名的美國品

牌，曾一度壟斷整個高級美容護膚市場。一代性感女神瑪麗蓮‧夢露的化妝箱裡，就常備有雅頓的眼影、唇膏。在美容界多元化的今天，EA依然保持其傳統的特色，一些產品的巧妙用法，仍為人稱奇。其中著名的產品有：

8小時潤澤霜——該品牌歷史最悠久的產品之一，至今已有74年的歷史，有「萬能霜」之稱。可用於臉部、眼部、唇、頸和手，任何一處你覺得乾燥的地方。滋潤度非常持久而有效，它另外還有淡化疤痕、修復肌膚彈性的意外療效。

‖ 十、法國CLARINS（克蘭詩）

法國克蘭詩自創立之日起，就堅持純植物護膚的研發理念，憑藉其四十多年來的肌膚護理、纖體經驗及超卓的功效，贏得了全球越來越多女性的信賴和歡迎。直到今天，這個第一家長期使用純植物精華的化妝品品牌繼續本著自然、健康、注重心靈感受的原則，與愛美的女性一起愉悅地享受著美麗人生。其中著名的產品有：

臉部、身體護理油——Clarins的三款臉部護理油、身體護理油自品牌創始以來，一直沿用至今。該產品在40多年中，經歷了無數次革新，使得配方更精純，效果更卓越。全天然的成分可為全身肌膚提供最溫和的天然護理。

‖ 十一、法國GUERLAIN（嬌蘭）

以調製香水起家的GUERLAIN，1828年由皮埃爾‧嬌蘭（Pascal　Guerlain）先生一手創立，迄今已有170多年歷史。1864年Guerlain先生離世，他的龐大業務便由他的兩個兒子肩負。其中Aime Guerlain憑著Fleurs d'Italie和Excellence成名於國際，更因創造了Jicky而舉世聞名。從1828年至今，GUERLAIN共有320多種香水陸續面世，更以卓越的品質使其從眾多香水品牌中脫穎而出。與此同時，GUERLAIN亦加強了護膚產品的研發和生產。其產品亦不再侷限於香水，各種護膚液、洗面乳、化妝粉底及面霜等有保護、美化及軟化肌膚之效的產品陸續面世。其中著名的產品有：

幻彩流星粉——僅憑一盒幻彩流星修飾粉，嬌蘭在全球知名度大漲。粉紅色增添紅潤，綠色淡化紅腫，白色悅目亮麗，金色與珍珠色帶出晶瑩光澤。多色交錯令臉色透出神韻無限；透粉質，令妝容帶出迷濛美感。小小的幾十枚粉珠，令女人們容光煥發，已成為嬌蘭多年最暢銷產品系列。

‖ 十二、法國SISLEY（希思黎）

SISLEY創立於1976年，是法國享有盛譽的一個家族式的貴族化妝品品牌。創始之初，整個品牌非常低調，顧客群也只限於一些上流貴族圈。直至上世紀末，SISLEY才開始在全球範圍內公開發售，純植物提取是該品牌的立身之本。其中著名的產品有：

全能乳液——SISLEY全球最暢銷的產品之一，它採用多種植物精華配製而成，香味宜人，抹到臉上後很容易就被吸收了，還可以促進皮膚對其他保養品的加倍吸收；雖然價格不菲，但以其卓越的功效，還是成為了諸多女性的心頭之愛。

‖ 十三、美國BOBBI BROWN（芭比波朗，簡稱BB）

兼任化妝品牌掌門人、化妝師、暢銷書作家的BB品牌創始人的Bobbi Brown女士，自小便喜歡用化妝品為自己的父母描描畫畫。BB品牌，在1995年被美國雅詩蘭黛集團合併，自此走上了國際化的發展之路。BB的哲學是：讓每一個女人都做她自己，最自然的狀態就是最美的。因此，該品牌的彩妝顏色毫不花俏，色彩也大多是基本的，質地讓人愛不釋手。其中著名的產品有：

粉底條——BB的Foundation Stick粉底條，質地讓人驚嘆，超強遮瑕力和極自然的妝效融為一身，抹上後不會有絲毫的厚重感，輕輕一抹既可融入肌膚，毛孔、細斑頓時不見了，讓臉部如瓷般光滑柔美。

‖ 十四、美國～H2O＋（水芝澳）

～H2O＋（水芝澳）於1989年在美國芝加哥創立，始創人為辛蒂・梅其，同年在著名的密西根大道開設首間門市。以水分為基本的美顏系列，必可在零售市場中獨當一面，基於這個理念，辛蒂特意為顧客精心創造了～H2O＋（水芝澳）水分護膚系列產品，～H2O＋（水芝澳）為全球首家集中研創不含油脂、以水分護膚配方的公司，憑著六百多款自行調配的產品及獨特的品牌形象，～H2O＋（水芝澳）已在行業內穩占重要的席位。其中著名的產品有：

八杯水——face oasis hydrating treatment適用於任何皮膚，不含油脂，基本成分為水，能即時滋潤皮膚，輸送水分，並改善皮膚儲水功能豐滿皮膚細胞及消除細小皺紋。

‖ 十五、韓國 LANEIGE（蘭芝）

LANEIGE（蘭芝）是韓國生產的著名品牌，在法語裡是「雪」的意思。冬去春來，第一道融雪幻化出的曙光。水和光的「浪漫相遇」折射出蘭芝快樂的內涵，水代表蘭芝的護膚品，光代表蘭芝的彩妝。「水」和「光」共同打造了蘭芝的清新與快樂，讓女性擁有「水漾容顏」，讓女性「清新每天」。產品根據不同的美麗面容為每一位顧客提供不同的色彩和質感，蘭芝最重要的變化就是能使每一位女性變得美麗。由於此產品可以細膩地表現每一位不同皮膚類型與特性的女性的美麗面孔，蘭芝準備了可以充分滿足個性、使面孔更加美麗的多種多樣的產品。其中著名的產品有：

隔離霜——運用擬真似膚技術，溶入肌膚般附著於皮膚表面，持久保持初妝時的妝容。

‖ 十六、法國L'OREAL（巴黎萊雅）

作為財富500強之一的歐萊雅集團，由發明世界上第一種合成染髮劑的法國化學家歐仁・舒萊爾創立於1907年。歷經一個世紀的努力，今天，歐萊雅已從一個小型家庭企業躍居成為世界化妝品行業的領頭羊。巴黎萊雅是歐萊雅集團旗

下知名度最高、歷史最為悠久的三大大眾化妝品品牌之一。其中著名的產品有：

清潤全日保濕水精華——

（1）能瞬間清新肌膚：細緻柔滑，令人愉悅的凝膠狀質地能瞬間融入肌膚，為肌膚帶來源源不斷的清新活力感受。

（2）能全天候保持肌膚最佳的鎖水狀態。

（3）清潤全日保濕水精華富含維生素C，能增強肌膚的防禦能力。

十七、法國VICHY（薇姿）

VICHY（薇姿）起源於法國中部的千年歷史小城Vichy，那裡有聞名遐邇的溫泉水，對腸胃科、皮膚科及風濕科疾病有顯著療效，並能增強皮膚天然防禦功能。1931年，美容學家GUERIN先生和VICHY溫泉治療中心皮膚醫生HALLER博士共同創立了薇姿健康護膚產品，註冊為VICHY薇姿商標，將VI-CHY溫泉水融入護膚美容的高科技產品中，在世界範圍內大獲成功。其產品暢銷全球63個國家和地區，擁有5700個銷售點，每年營業總額超過2億法郎。VICHY（薇姿）是歐萊雅旗下活性化妝品系列之一。其中著名的產品有：

潤泉深度鎖水保濕霜——可以使皮膚深處蘊含水分，鎖住水分為皮膚保濕。質地清爽，不黏膩，迅速吸收，令皮膚迅速恢復光滑、柔軟，富有彈性。低過敏配方，不含酒精、香料，產品pH值中性，不含防腐劑，不生粉刺配方，含有VICHY溫泉水。

十八、法國AV　NE（雅漾）

AV　NE雅漾活泉護膚系列由法國知名製藥集團皮爾法伯公司專為敏感性皮膚而研製開發的專業護膚品牌。其中著名的產品有：

雅漾舒護活泉水——100％天然泉水，直接從泉源取水，無菌罐裝。含鹽量低、含所需的微量元素和二氧化矽，噴霧後可在肌膚表面形成舒緩、可透氣的保

護膜。自1875年起，其對敏感肌膚的護理作用已被法國政府認可。

區塊五 化妝用品簡介

美容化妝是透過化妝品、化妝用具和化妝技巧三者的完美結合來實現的，我們在學習化妝技巧前，先要瞭解化妝品、化妝用具應用方面的知識，為熟練的掌握化妝技巧打下基礎。

按美容化妝的專業需要區分，常用的美容化妝品可分為潔膚類、護膚類和粉飾類三大類。

‖ 一、潔膚類

（一）潔膚皂

洗臉皂是大家普遍使用的潔膚品，其特點是質地細膩、性質溫和、泡沫豐富、去汙力強、價格相對較低，是一種深受大家喜愛的傳統潔膚品。洗臉皂現在加入的保濕劑和軟化劑成分，使其克服了以往息後皮膚乾澀的缺點，加之其使用方便，因而成為家庭常用的潔膚品。

（二）洗臉霜

洗臉霜內所含油分和表面活性成分，去汙力強。洗臉霜常用於化妝皮膚和油脂較多的皮膚清潔。洗臉霜重的油分可以清除化妝品中的脂溶性成分是清除粉飾類化妝品的最佳用品。

（三）洗面乳

洗面乳是一種性質溫和的液體軟皂，其pH值多與皮膚表面的pH值相同，為弱酸性或中性。洗面乳主要是利用界面活性劑清潔皮膚，對皮膚無刺激，適合於卸妝後或沒有化妝的皮膚使用。

（四）卸妝液

卸妝液性質溫和、清潔效果好，對皮膚刺激小。卸妝液多用於眼部和唇部的卸妝。

（五）卸妝油

卸妝油是卸油彩妝及濃妝的第一道清潔劑。卸妝油對油彩妝的清潔效果好，但對皮膚有一定的刺激。

‖ 二、護膚類

（一）化妝水

化妝水又被稱為營養水、滋潤液等。化妝水的主要作用是補充皮膚的水分和營養，使皮膚滋潤舒展，平衡皮膚酸鹼度同時還具有收縮毛孔、防止脫妝的作用。化妝水的種類很多，要根據化妝的需要和皮膚的性質進行選擇。

（1）滋潤性化妝水：具有保濕作用，適用於乾性及中性皮膚。

（2）柔軟性化妝水：具有軟化表面皮膚的作用，用後可使妝面服帖自然，適合於較粗糙的皮膚使用。

（3）收縮性化妝水：具有收縮毛孔的作用，可防止脫妝；多用於夏季。收縮性化妝水一般有兩種，一種是酸性化妝水，適用於油性皮膚；另一種是鹼性化妝水，適用於乾性和中性皮膚。

（4）營養性化妝水：具有補充皮膚的水分和營養的作用，使皮膚滋潤有光澤，適用於乾性及衰老性皮膚。

（二）潤膚霜

潤膚霜可保持皮膚的水分平衡，提供皮膚所需營養，並會在皮膚表面形成一層保護膜，將化妝品與皮膚隔開。

‖ 三、粉飾類

（一）粉底

粉底具有遮蓋性，可掩蓋皮膚的瑕疵，調整膚色，改善皮膚的質地，使皮膚顯得光滑細膩。透過粉底的深淺變化還可以增強臉部的立體感。粉底的種類很多，有粉底液、粉底霜、粉條、粉餅和遮瑕膏等。

（1）粉底液：呈半流動狀，油脂含量少。粉底液易於塗擦，可使皮膚顯得透明、自然，但遮蓋力較弱。粉底液適合化淡妝時使用，也適合於油性皮膚使用，尤其適合於夏季使用。

（2）粉底霜：含脂量高，黏附性及舒展性較好，遮蓋性強於粉底液。適合於乾性和中性皮膚使用，也適合於秋冬季節使用。

（3）粉條：形狀多呈長條形，故稱粉條。粉條油脂含量高，遮蓋性強，適合於濃妝或欲調整膚色者使用。

（4）粉餅：呈固體狀的粉塊，並配有專用的化妝海綿。粉餅有多種使用方法，如塗粉底、定妝和補妝等。由於粉餅的含脂量低，適合於夏季使用。

（5）遮瑕膏：成分與粉條相似，其遮蓋力強於粉條。遮瑕膏根據顏色不同和深淺差異分成很多種，要按具體使用需要進行選擇。

以上各種粉底除粉餅外，在使用後都需要定妝。

（二）蜜粉

蜜粉也稱散粉，為顆粒細緻的粉末。蜜粉在塗抹粉底後使用，目的是使粉底與皮膚的黏合更為牢固。還可調和皮膚的光亮度，吸收皮膚表面的汗和油脂，使皮膚清爽光滑，減少粉底的油膩感。

（三）腮紅

腮紅有改善膚色和修正臉型的作用，它可使臉色顯得紅潤健康。腮紅有膏狀和粉狀兩種，我們通常用的是粉狀腮紅。

（四）眼影

眼影用於美化眼睛，具有增加臉部色彩，加強眼部的立體效果、修飾眼形的

作用。常見的眼影有粉狀眼影、膏狀眼影和筆狀眼影，我們通常用的是粉狀眼影。

（五）眼線液和眼線筆

眼線液和眼線筆都是用於調整和修飾眼部輪廓，增強眼睛的神采。眼線液為半流動狀液體，並配有細小的毛刷。用眼線液描畫眼線的特點是上色效果好，但操作難度較大。眼線筆外型如鉛筆，它的芯質柔軟，特點是易於描畫，效果自然。

（六）眉筆

眉筆呈鉛筆狀，芯質較眼線筆硬。眉筆用以加強眉色，增加眉毛的立體感和生動感。常用的眉筆顏色有黑色、灰色、棕色等。

（七）唇線筆

唇線筆外形如鉛筆，芯質較軟，用於描畫唇部的輪廓。唇線筆配合唇膏使用，可以增強唇部的色彩和立體感。選擇唇線筆的顏色時應注意與唇膏於同一色系，且略深於唇膏色，以便使唇線和唇色協調。

（八）唇膏

唇膏的黏稠度強，色素含量大。唇膏具有增添唇部色彩和光亮度的作用。近幾年在唇部化妝中唇彩的使用更為頻繁，特別是在日常化妝中，唇彩的透明感和亮度較強，但是易脫落。

（九）睫毛膏

睫毛膏透過增加睫毛的密度、長度和光亮度來美化眼睛。睫毛膏按顏色可分為無色睫毛膏、有色睫毛膏；按功能可分為加長睫毛膏、防水睫毛膏等多種。無色睫毛膏呈透明或半透明狀，可以增加睫毛的光澤；有色睫毛膏具有多種顏色，要根據自身睫毛的顏色和化妝色彩的需要進行選擇。我們化妝中最常用的是黑色睫毛膏。

區塊六 常用臉部化妝工具

　　成功的化妝，一方面靠的是對美的理解和嫻熟的技術，而另一方面是透過化妝品和化妝用具來實現的。在對化妝品有充分瞭解的基礎上，還要對化妝用具有全面地認識；正確地使用化妝用具，可以使化妝的技藝得到更好的發揮和表現。

　　常用的臉部化妝用具種類很多，其作用及所應用的部位也各有不同。常用塗粉底和定妝的用具有化妝海綿、粉撲、粉刷等；常用修飾眉毛的用具有眉刷、眉梳、眉掃、眉鉗、修眉刀、眉剪等；常用修飾眼睛的用具有眼影刷、眼影海綿、眼線刷、睫毛夾、假睫毛和雙眼皮貼等；常用於修飾臉色、臉型的用具有輪廓刷、腮紅刷等；常用畫唇的用具有唇刷等。為了使用方便，化妝用具中的刷類用具常配成一套，放在特製的用具套中，稱為化妝套刷。

‖ 一、粉底和定妝用具的選用

（一）化妝海綿

　　化妝海綿是塗粉底的用具，它可使粉底塗抹均勻，並使粉底與皮膚結合得更緊密。化妝海綿質地柔軟細膩，形狀多樣，可根據個人的習慣和喜好選擇。

（二）粉撲

　　粉撲用於塗拍定妝粉，一般呈圓形，專業的粉撲背後有一半圓形夾層或一根寬帶，其目的是可用手將粉撲鉤住。化妝時應準備兩個粉撲，相互配合。

（三）粉刷

　　粉刷多用於定妝時掃掉臉上的浮粉，是化妝套刷中最大的一種毛刷。其外形飽滿，毛質柔軟，不刺激皮膚。此外，還有一種刷頭呈扇形的粉刷，這種粉刷主要用於保持妝面的潔淨。

‖ 二、修飾眉毛用具的選用

（一）眉梳和眉刷

眉梳是梳理眉毛和睫毛的小梳子，梳齒細密。有時也被稱為睫毛梳。眉刷是整理眉毛的用具，形同牙刷，毛質粗硬。在化妝工具中眉梳和眉刷常常被製作為一體，成為一件用具的兩個部分。

（二）眉掃

眉掃是整理和描畫眉毛的工具，掃頭呈斜面狀，毛質比眼線刷硬一些。用眉掃畫眉比較自然柔和。

（三）眉鉗

眉鉗是修整眉型的用具。眉鉗可將眉毛連根拔掉，去除所修眉型以外的多餘眉毛。眉鉗有多種類型，常見眉鉗有圓頭和方頭，可根據個人愛好及使用習慣選擇。

（四）修眉刀

修眉刀用於修整眉型及髮際處多餘的毛髮。修眉刀的特點是去除毛髮的速度快，清理毛髮時邊緣處整齊。

（五）眉剪

用於修剪雜亂或下垂的眉毛，眉剪細小，頭尖並且微微上翹。

三、修飾眼睛和唇部用具的選用

（一）眼影刷

眼影刷是暈染眼影的工具，毛質柔軟，頂端輪廓柔和。眼影刷可使眼影的暈染效果柔和自然。

（二）眼影海綿

眼影海綿是塗抹眼影的工具，為橢圓形的鬆軟海綿頭，分單頭和雙頭兩種。化妝時，用眼影海綿塗眼影，可以使眼影粉與皮膚貼服，是眼部化妝的必備用

具。

（三）眼線刷

眼線刷是化妝套刷中較細小的毛刷，用於畫眼線。用眼線刷畫眼線比用眼線液和眼線筆畫得更柔和自然。

（四）睫毛夾、睫毛刷

睫毛夾可使睫毛捲曲上翹。睫毛夾的頭部呈弧形，夾口處有兩條橡皮墊，使夾口和緊密。

睫毛刷沾上睫毛膏塗刷睫毛後，可以使捲曲的睫毛定型，並增加色彩。使用時注意睫毛膏要適量，用睫毛刷刷均勻，同時注意睫毛膏的保濕，避免結成球，影響效果。

（五）唇刷

唇刷是塗抹唇膏的毛刷，刷毛有彈性。用唇刷塗唇膏比較均勻且唇紋明顯，顯得很自然。

四、修飾臉色、臉型用具的選用

（一）腮紅刷

腮紅刷是用來塗擦腮紅的毛刷，毛質柔軟。

（二）輪廓刷

輪廓刷用於修飾臉部的輪廓，它主要是用來配合陰影色或光影色使用，是調整臉型的化妝用具。

區塊七 選用化妝品應注意的問題

一、如何選擇化妝品

選擇化妝品，要從以下兩方面來考慮：

（一）化妝品的質量

首先，選擇化妝品最重要的是看質量是否有保證。一般來說選擇名廠、名牌的化妝品比較好。名廠的設備好，產品標準高，質量有保證；並且名牌產品一般也是信得過的產品，使用起來比較安全。不能買無生產廠商和無商品標誌的化妝品，同時要注意產品有無檢驗合格證和生產許可證，以防假冒。還要注意化妝品的生產日期，一般膏、霜、蜜類產品盡可能買出廠一年內的。

其次，學會識別化妝品的質量。

（1）從外觀上識別：好的化妝品應該顏色鮮明、清雅柔和。如果發現顏色灰暗汙濁、深淺不一，則說明質量有問題。如果液體外觀渾濁、油水分離或出現絮狀物，膏體乾縮有裂紋，則不能使用。

（2）從氣味上識別：化妝品的氣味有的淡雅，有的濃烈，但都很純正。如果聞起來有刺鼻的怪味，則說明是偽劣或變質產品。

（3）從感覺上識別：取少許化妝品輕輕地塗抹在皮膚上，如果能均勻緊致地附著於肌膚且有滑潤舒適的感覺，就是質地細膩的化妝品。如果塗抹後有粗糙、發黏感，甚至皮膚刺癢、乾澀，則是劣質化妝品。

【訓練1】 化妝品的質量鑑定

選取化妝品，進行質量鑑定。

（二）除化妝品的質量外，還要考慮到使用者個人和環境因素來選擇化妝品

（1）依據皮膚類型：油性皮膚的人，要用爽淨型的乳液類護膚品；乾性肌膚的人，應使用富有營養的潤澤性的護膚品；中性肌膚的人，應使用性質溫和的護膚品。

（2）依據年齡和性別：兒童皮膚幼嫩，皮脂分泌少，須用兒童專用的護膚品；老年人皮膚萎縮，又乾又薄，應選用含油分、保濕因子及維生素E等成分的護膚品；男性宜選用男士專用的護膚品。

（3）依據膚色：選用口紅、眼影、粉底、指甲油等化妝品時，須與自己的膚色深淺相協調。膚色較白的人，應選用具有防晒作用的化妝品。

（4）依據季節：季節不同，使用的化妝品也有所不同。在寒冷季節，宜選用滋潤、保濕性能強的化妝品，而在夏季，宜選用乳液或粉類化妝品。

二、選擇化妝品的技巧

（一）不同年齡的人如何選擇化妝品

化妝品在當代人類生活中已逐漸成為不可缺少的日用品，不僅能使自己的臉部更美一點，增加魅力，更重要的是具有清潔和保護皮膚的作用。不同年齡的人在選擇化妝品時也有差異。

（1）青年女性的皮膚細嫩，可選用蜜類及粉質霜類護膚品；如杏仁蜜、蛋白蜜、蛋白人參美容霜、蛋白嫩膚霜等。

（2）中老年皮膚較乾燥，宜使用脂類化妝品；使皮膚滋潤，並有抗寒、防裂作用。

（3）少年兒童皮膚細嫩、抗寒力強，宜選用無刺激性的、少油的營養性雪花膏與蜜類護膚品或兒童專用化妝品；如郁美淨兒童霜等。

（二）不同性質的皮膚如何選擇化妝品

根據自己的皮膚類型，選用化妝品，對臉部會造成良好分美容與保健作用。

乾性皮膚的人適用於面脂、雪花膏、乳液、珍珠霜等，切忌使用粉質化妝品，如果塗上粉質化妝品會使皮膚顯得更加乾燥，或出現斑駁的粉印，失去了化妝的效果。

油性皮膚的人可選用粉質或水質的化妝品，切不可用冷霜等容易弄髒臉部的油質化妝品。油質較大的化妝品，會使皮膚的新陳代謝受到嚴重阻礙，而引起粉刺等臉部疾患。

中性皮膚的人對各類型的化妝品均適宜。

過敏性皮膚的人，應選用含有維生素A、B1、B6等的營養型化妝品。

粉刺性皮膚的人則更應慎用化妝品，絕對不能採用油質化妝品，應選用粉刺霜等藥物化妝品。

【訓練2】 根據膚質選擇化妝品

根據自己的皮膚類型，選擇適合自己的化妝品。

（三）男性護膚化妝品如何選擇

護膚化妝品是用來滋潤和保養皮膚的美容品。男性在選用這些化妝品時，既要突出實用性，又要體現男性的自然美和陽剛美，同時還應根據自己皮膚的性質及年齡特點來考慮。

多數男性的皮膚油脂分泌物質都比較旺盛，所以白天可用爽膚水調節皮膚，晚間再用營養蜜潤澤皮膚。也有一部分男性的皮膚比較乾燥，容易起皺，應選用油性較大的油類護膚品。

男性護膚用品除了營養蜜、護膚脂、冷霜、雪花膏等蜜、脂、霜三大類外，還有水類，如花露香水、男性香水、古龍香水等等。夏季室外活動時間較長的男性，還應備有防晒霜，防止皮膚被紫外線灼傷。老年人皮膚易失水、起皺紋，如果早晚兩次用溫水洗臉後，使用營養霜或抗皺美容霜，則效果更好。

目前市售的男性系列護膚化妝品尚不能全部滿足人們的需要，因此男性在選用護膚化妝品時，有時也用婦女系列的，但應注意避開芳香飄逸。一旦認為哪個型號適合自己，就不要輕易更換，更不必追求時髦。

【問題處理】

問：我是個即將參加應聘面試的畢業生，面對琳瑯滿目的化妝品不知道如何選擇，可否告知如何判斷哪個牌子的化妝品比較適合我？如何辨別產品的好壞？

答：首先要針對自己的皮膚狀況選擇。

每個品牌都有比較出色的產品和普通的產品。以前沒有化妝習慣或者很少化妝的女孩可以先嘗試日韓的彩妝。韓系的護膚和彩妝大多採用天然的材料，與歐

美的產品相比，日韓的化妝品更適合東方人的膚質，對皮膚的傷害比較小也比較容易上手；價格也是可以接受的。最近幾年韓國產品CP值比較高，強烈推薦使用。

適合自己需要的產品就是好的。市面上的產品良莠不齊，在專櫃也可能買到假貨，防不勝防；和有誠信的商家交易，或者和有經驗的朋友一起購買，可以降低買到假貨或不適合自己產品的機率。

三、化妝品的保存

化妝品從購進到用完分為保管過程和使用過程，妥善保管化妝品是有效地使用化妝品的前提保證。如果化妝品保存不好，很容易變質，因此，要掌握正確的保管方法。化妝品的保管要注意防汙染、防晒、防熱、防凍、防潮及合理擺放。

（一）防汙染

化妝品中雖然都添加有防腐劑以防產品受汙染變質，但仍不能杜絕萬一，若其中有了細菌則會傷害皮膚。因此，化妝品使用後一定要及時旋緊瓶蓋，以免細菌侵入繁殖。使用時最好避免直接用手取用而應以壓力器或其他工具代替。另外，化妝品一旦取用，如面霜、乳液，就不能再放回瓶中以免汙染，可將過多的化妝品抹在身體其他部位。

（二）防晒

強烈的紫外線有一定的穿透力，陽光或燈光直射處不宜存放化妝品。因化妝品受陽光或燈光直射，會造成水分蒸發，某些成分會失去活力，以致老化變質；又因化妝品中含有大量藥品和化學物質，容易因陽光中的紫外線照射而發生化學變化，使其效果降低，所以不要把化妝品放在室外、陽台、化妝台燈旁邊等處。在購買化妝品時，還應注意不要取櫥櫃裡展示的樣品，因其長期受櫥櫃內燈光的照射，容易變質。

（三）防熱

溫度過高的地方不宜存放化妝品；高溫不僅容易使化妝品中的水分揮發，化

妝膏體變乾,而且容易使膏霜中的油和水分離而發生變質的現象。因此,炎熱的夏季不要在提袋中裝過多的化妝品,以短時間內能使用完好。最適宜的存放溫度應在35℃以下。

(四)防凍

溫度過低會使化妝品中的水分結冰,乳化體遭到破壞,發生凍裂現象;融化後質感變粗變散,失去化妝品的效用,對皮膚會產生刺激作用。

(五)防潮

化妝品應放在通風乾燥的地方保存。潮濕的環境是微生物繁殖的溫床,過於潮濕的環境會使含有蛋白質、脂質的化妝品中的細菌加快繁殖,發生變質。有的化妝品包裝瓶或盒蓋是鐵製的,受潮後容易生鏽,腐蝕瓶內膏霜,使之變質。

(六)合理擺放

化妝品應放在清潔衛生的地方,輕拿輕放,不用時要擰緊蓋子或將袋口封緊,防止被汙染及香味散失。擠壓型或按壓型包裝的化妝品,擺放要有條理,避免擠壓,防止因擠壓而造成包裝損傷,使化妝品氧化或被汙染。

(七)防失效

一般保存期為1年,最長不超過2年,化妝品在開封後,應儘量在有效期內用完,不宜長期存放,以免失效。不同的化妝品使用的安全期限及儲存方式也不相同。

(1)睫毛膏:打開使用3~6個月,或一旦開始變濃或結塊時就該扔掉。室溫下儲存即可。

(2)眼影:霜狀眼影的期限為1~2個月,或一旦開始變濃或結塊時就該扔掉。室溫下儲存即可。

(3)眼線筆:液狀眼線筆可存放3~6個月,一般眼線筆可存放10餘年。室溫下儲存即可。

(4)粉底:用過1~2年後硬化、變色或發出異味,表示其中的油脂成分腐

壞，不宜再用，儲存在室溫下或冰箱，要避免日光照射。

（5）乳液：可使用2～3年，一旦發生異味就表示變壞，可儲存於室溫下或冰箱中。

（6）香水：可存放1年左右，或當香味變淡、發出酸味，不應再用。儲存於室溫下即可。

（7）口紅：口紅主要是蠟製成，因而可使用數年，最好儲存在冰箱或避開陽光與高溫之處。由於口紅會從空氣中吸收水分，要小心有時候會長霉。

案例

1.化妝品保存經驗YES與NO

經驗（1）：把護膚品放在冰箱裡可以延長其使用壽命。

NO：把護膚品放進冰箱拿進拿出，反而會因為溫差的驟然改變和經常晃動而使護膚品變質。但是小容量的保養品，如敷眼的眼膜或是眼膠，因為量少，而且冰涼的效果可以幫助鎮靜眼睛周圍的肌膚，就可以考慮放在冰箱裡。

經驗（2）：使用手指點取瓶子裡的護膚品會減少其使用壽命。

YES：使用習慣會影響護膚品的「服務壽命」，所以你最好不要用手指去挖攪瓶內的護膚品，以免細菌感染到瓶裡尚未使用的部分，建議使用棉棒，或是選擇真空擠壓包裝的護膚品。

經驗（3）：化妝品容易因受潮或日晒而結塊，用水稀釋一下或是晒乾了就可以繼續使用。

NO：化妝品雖然比護膚品穩定些，但時間一久還是會有結塊的現象，比如蜜粉會成塊狀脫落、粉底會凝結、睫毛膏會凝固；和護膚品一樣，如化妝產品的顏色，質地與氣味發生了變化就不要再繼續使用了。

經驗（4）：浴室裡不會有陽光的照射，存放化妝品和護膚品再適合不過。

NO：濕度高且悶熱的浴室並不適合放化妝品。因為濕熱的地方容易讓細菌活躍，而使化妝品和護膚品提前變質。

經驗（5）：在換季或收藏化妝品時，不同種類、不同氣味的護膚品成員要分類擺放。

YES：不同的化妝品和護膚品要分類保存，有利於保證其氣味自然清新，同時又可避免相互汙染。

2.化妝品的換季保存

當季節交替時，化妝品也要換季。此時，過季的化妝品該如何保存呢？

（1）護膚品：護膚品有清潔肌膚類產品，如洗面乳、潔膚霜等；有養膚產品，如日霜、晚霜、面膜、精華液等。一般來説，只要放在陰涼避光處，就可以確保產品的質量。化妝水類的產品可裝回原包裝盒中，放在冰箱內冷藏。膏、霜類護膚品在存放之前，應用稀釋75％的酒精擦拭瓶口及瓶蓋，旋緊後，再放回原包裝盒，存於陰涼處，不需要放在冰箱裡。經過這樣的處理，不僅可以使護膚品不變質，同時還可殺死殘留在瓶蓋瓶口的部分細菌。

（2）彩妝品：彩妝品的保存同樣可以用75％酒精，將瓶口及瓶蓋擦拭乾淨後再收藏。海綿粉撲在收藏前應先清洗乾淨，待徹底乾透後再放入粉盒內或密封袋內保存。

（3）口紅：用刮棒刮去已使用過的層面，並旋入瓶內，蓋緊瓶口，置於陰涼避光處。避免陽光直接照射或溫度過高，以免溶解或變質。

（4）指甲油：先用洗甲水清洗乾淨瓶身和瓶口再蓋緊瓶口，避免指甲油變乾變硬。

（5）香水：香水的保存最為困難，因為無論如何存放，只要一開封，便有變味的可能。一般來説，噴嘴式香水較易保存，因為瓶上的設計為密封式。而沾取式香水的保存則較困難，建議在封口前先用75％酒精棉球清潔瓶口，蓋緊瓶口，再將瓶口用蠟封好，放於陰涼處，這樣可避免香水變味。

（6）化妝的工具必保持清潔，性質溫和的洗髮水可以用來清洗化妝刷，另上少量的護髮素就可以同時令刷毛柔軟；用溫水稀釋清潔劑，用來清洗舊眉刷，是使眉刷迅速回覆原貌的最好方法。

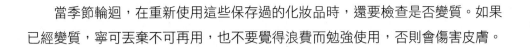

當季節輪迴，在重新使用這些保存過的化妝品時，還要檢查是否變質。如果已經變質，寧可丟棄不可再用，也不要覺得浪費而勉強使用，否則會傷害皮膚。

區塊八 香水的使用

一、使用香水的目的與意義

在古代，人們早已學會了運用香料的芬芳來美化自己。在現代化妝品領域裡，香水是人們常用的化妝品之一。人們使用香水的最大目的是它的芬芳給人帶來的心理滿足和內心對美的追求。它是一種理性消費品，高貴的香水成為人們炫耀身分的象徵，人們喜歡香水氣息帶來的豪華氣派的感覺，香水讓每個人所散發出不同的香氣成為她（他）的個人特徵和獨有魅力。女性喜歡帶來的舒適感覺和自信心，此外，每款香水的設計，都蘊藏著設計師特有的設計精神和藝術天賦，都含有各自不同的歷史和文化背景，能夠使每位使用者充分表現自己的精神風貌。有的人喜歡香水還是為那種別出心裁的瓶身設計，那些設計獨特的香水瓶便成為珍貴的收藏品。香水也是饋贈親朋好友的最佳禮品。

二、香型的分類

香水的香型有很多種分類法，大致可以分成：

（1）花香型：有單一花香，也有幾種花香調製在一起的，氣味香甜、清新。

（2）果香型：常為桃、橙花、檸檬等香源製成，有較濃郁的果香味。

（3）東方香型：屬於調配者根據想像而配製成的，香氣較濃烈刺激，具有一種東方神祕的色彩。

（4）淡香型：是一種較新的香水，隨著近年來人們崇尚回歸大自然，出現的此種香水氣味清新淡雅，讓人有如置身大自然的感覺。

▎三、香水的挑選及注意事項

　　華麗的外表、高昂的價格和美輪美奐的廣告宣傳為香水蒙上了神祕的色彩，但是每個女人都需要一種味道，一種能夠代表自己的味道。一半詩意，一半科學構成了香水。買香水前，大家很有必要搜尋一下各種香水的資訊，多瞭解一下香水的相關知識，這樣才能挑選到心儀的香水了。但是市場上香水品牌繁多，如何選出適合自己個性、氣質、並能使自己精神舒爽、增加魅力的香水呢？

　　（1）看外觀：觀察包裝是否潔淨、完整、嶄新，名稱、註冊商標、產地等是否一應俱全。在選購香水時，最好不要貪價錢低廉而購買劣質貨。劣質的香水，縱然用上半瓶，香味一會兒便消失了；好的香水只要少許，即使隔了一夜，也是香味猶存。

　　（2）看液體狀態和顏色：觀察香水液體是否透明清澈，有無沉澱、混濁、懸浮物等現象。而香水的顏色則以黃色、淺黃色及紫色較多。黃色表示高貴、溫

暖、熱烈、權力；紫色表示神祕、高雅、浪漫；其他顏色少見些，總之香水的顏色應該柔和，不應過於鮮豔而刺目。

（3）看香水的密封性：由於香水是易揮發性液體，加上液體易被空氣氧化，因而要求有較高的密封性。檢測方法十分簡單，從未開啟的香水瓶上靠近試聞一下，應無任何香氣。打開香水瓶，再蓋緊，稍停頓一下，再聞，也應無香氣，這表示瓶蓋緊密無泄漏。

（4）看香水的香氣：香水的香氣應該純正、濃郁、芳香、沁人心脾，而沒有刺鼻的氣味。香氣的選擇是選購香水中最重要的一步，不要直接湊到瓶口去聞，那樣你聞到的只是酒精刺激的氣味。應在手背上滴1～2滴，或噴1～2下，待酒精揮發後再去聞，手背上的香水被體溫加熱後所散發出的香氣與實際使用時效果相似；或者聞一下香水的瓶蓋，根據個人的喜好與不同用途，來確定所購香水的香型特徵。切記不要以為別人身上好聞的香味就一定適合你，香水在不同人身上是有細微差別的。

（5）挑選時間：選購香水時不要一下挑選很多種，如果連續試聞三種以上的香味，將會使人的嗅覺疲勞，發生混亂，很難分出香水的差異。最好選擇傍晚時間去選購香水，因為人的嗅覺在早晨和午後最遲鈍，傍晚時最為靈敏；這樣有助於選出最準確的香型。還應注意不要在劇烈運動後或吃完飯後去選購香水，體溫和食物的味道會影響香水的香氣。

（6）使用環境：選購香水要注意與自己的個性、年齡、職業等協調，還要配合自己的生活環境。生活幽靜，可以選購清淡的香型；生活環境比較熱鬧，可選擇較濃郁的香型。少女不宜使用香味過濃的香水，而對於中年女性，則可選擇香味濃郁的香水。

（7）試用：在選購香水前要先試用，左右手腕和手肘內側，每處可各試一種香水，並記住塗抹位置，以便過後選擇。試完香水後，至少等10分鐘，酒精揮發掉才知道香水在自己身上的真實的氣味；最好是離開香水櫃台一會兒（因為通常那裡混雜了其他香水味）給自己充足的時間（半個小時左右），也給自己一個較清淨單純的嗅覺環境，再一次對這種香水進行一番「考驗」。假若這種香味

仍能給你良好的感覺，就不妨去買一瓶。也可以在試過後大大方方地告別香水店，回家慢慢地去體驗前味、中味、後味。

‖ 四、香水的等級分類、使用及保存方法

一直以來，香水在世間男女中施展著浪漫魔法，它不僅是一種氣味，更代表著每個人不同的特質、品味。正確地使用香水，有時會讓你取得意想不到的成功；相反，使用不當，其負面影響也不容小視。

（一）香水的等級分類

香水的基本成分是由水、酒精、香精組成（有些是無酒精的，也是選用其他醇類代替的），一般香精的含量是最少的，水和酒精的含量不同使香水的味道有所不同。香水可以因酒精和香精的濃度不同而分成幾個等級。一般來説，香水有香精、香水、淡香水、古龍水、清淡香水五種等級。不同等級的香水其持久性和價錢亦有別。

香精 PARFUM

- 價格等級：1〔最貴〕
- 持續時間：5～7小時
- 香精濃度：15%～30%
- 酒精濃度：70%～85%

香水 EAU DE PARFUM

- 價格等級：2
- 持續時間：5小時以內
- 香精濃度：10%～15%
- 酒精濃度：80%以上

淡香水 EAU DE TOILETTE

- 價格等級：3
- 持續時間：3小時
- 香精濃度：5%～10%
- 酒精濃度：80%

古龍水 EAU DE COLOGNE

- 價格等級：4
- 持續時間：1～2小時
- 香精濃度：2%～5%
- 酒精濃度：80%

清淡香水 EAU DE FRAICHEUR

- 價格等級：5〔最便宜〕
- 持續時間：1小時以內
- 香精濃度：2%以下
- 酒精濃度：80%以下

（二）不同香水的使用方法

　　不同的香水有不同的用法：香精以「點」、香水以「線」、古龍水以「面」的方式使用。香水擦得越廣，味道越淡，是使用香水的祕訣。香精可以點擦式或小範圍噴灑於脈搏跳動處、耳後、手腕內側和膝後。淡香精以點擦式或噴灑於脈搏跳動處，避免用於胸前、肩胛的脈搏跳動處。香水、古龍水或淡香水因為香精油含量不是很高，不會破壞衣服纖維，所以可以很自由地噴灑及使用於脈搏跳動處、衣服內裡、頭髮上或空氣中。具體的使用方法如下：

　　（1）噴霧法：在穿衣服前，讓噴霧器距身體約10～20公分，噴出霧狀香

水。噴灑範圍越廣越好，隨後立於香霧中約5分鐘；或者將香水向空中大範圍噴灑，然後慢慢走過香霧；這樣都可以讓香水均勻落在身體上，留下淡淡的清香。東方系與激情派的濃烈香水，最好選擇用噴式。

（2）七點法：首先將香水分別噴於左右手腕靜脈處，雙手中指及無名指輕觸對應手腕靜脈處，隨後輕觸雙耳後側、後頸部；輕攏頭髮，並於髮尾處停留稍久；雙手手腕輕觸相對應的手肘內側；使用噴霧器將香水噴於腰部左右兩側，左右手指分別輕觸腰部噴香處，然後用沾有香水的手指輕觸大腿內側、左右腿膝蓋內側、腳踝內側，讓香水均勻在身體各處。

注意擦香過程中所有輕觸動作都不應有摩擦，否則香料中的有機成分發生化學反應，可能破壞香水的原味。

（3）頭髮式：有人説效果令人驚奇的就是在頭髮上抹香水。香水可以噴在乾淨、剛洗完的頭髮上。但記住不要把香水直接噴於頭髮上，這樣的香氣太直接不夠婉約。而應該遠遠地噴在手上，再像抹髮油似的抓一抓就行了。

如果頭髮上有塵垢或者油脂會令香水變質，同時也不能夠噴灑在乾枯和脆弱的頭髮上，避免造成對髮質的傷害。

（4）衣物式：大多噴在內衣或衣領後、裙襬等較為隱蔽處。這樣香水的顏色就不會顯露，同時香味也因震盪而擴散的更徹底。這類方法可使香水的香味維持得最長，而且不易汙染衣物，特別適合敏感性肌膚的女性。

（5）依時而變：香水的用量要與時令配合。晴日裡，香水會比溫度低的日子濃烈；雨天或濕氣重的日子香水較收斂持久。

不同的季節需要的香味感覺也不同。春季：溫度偏低，但氣候已開始轉向潮濕，香氛揮發性較低，適宜選用幽雅襲人的香型，如清新花香或水果花香的香水。夏季：氣候炎熱潮濕，動輒汗流浹背，最好用清淡兼提神的香型。夏季：具有花果味道的香水是火辣夏季裡的最佳選擇，尤其是葡萄柚和茉莉，前者有緩和情緒的作用，並可適當提高興奮度；後者的幽香可以增強機體應付複雜環境的能力，消除引起精神和軀體方面缺陷的綜合症。秋季：氣候乾燥，秋風送爽，可試

用香氣較濃，稍帶辛辣味的植物香型，帶甜調的果香的香水。冬季：香氣較其他季節可稍濃郁些，可選用溫馨、濃厚的香水，如東方香型就很適宜於冬天，擁有清新的前味、濃郁花香的中味以及富有東方氣息木香的後味，更具冬季熱門的女性香水的特點。

（6）切合環境：香水如同時裝一樣能造成烘雲托月的效果，因而不同的環境需要不同的香水。上班時用的香水宜清淡優雅，晚宴或聚會時可選用濃烈的香水。在一天的不同時段，可以變換使用香水，如白天用較清淡的香水，晚上可用較濃郁的香水。切不可同時使用兩種以上的香水，這樣味道會變得很奇怪。

案例

香水如同服飾，必須依照時間、場合、目的而有不同的「穿」法；除了符合流行趨勢外，還要有一套「穿」的哲學。每個人都可以利用香水來預約好心情，但香水的個性不僅僅從它散發的香味、瓶身的設計得到體現，還在於香水使用時的天氣、溫度及濕度密切相關。懂得適時、適地使用香水，可以讓你在不同的心情、時間、場合透過香水暗示內心的微妙變化，並營造個人特有的優雅氣質。

1月：在辭舊迎新的舞會中，你的一顰一笑會成為全場目光的焦點，而翩然起舞時散發出的柑苔花香、甜花香及東方調的魅惑香氛，更令人魂牽夢繞，難以忘懷。

2月：大地冰封，萬物沉睡的嚴寒即將告別，乙醛花香及清新花香調的香水能讓你吐露內心衷曲，喚醒蟄伏已久的慵懶心靈，以嶄新的心情迎接春天的到來。

3月：身著活潑俏麗春裝的你再噴幾滴清新花香或花之花香調的淡雅香水，猶如美麗的春神飄然降落人間。

4月：天氣時陰時晴，面對天空的變化，與各種花香或果香調性的香氛經歷一場美麗的邂逅，讓旁人真切感受到你的品味。

5月：五月給人帶來澄淨的空氣、微灑的春雨及輕拂的春風，愉悅的心情由此而生，而綠花香及柑苔綠香調性的香水最適合本月使用。

6月：正值梅雨季節，濕氣較重，因而適合噴灑前、中味清新宜人，後味不濃郁但持續長久的香水，如清新花香、水果花香及柑苔清香，甚至中性香水都是最佳的選擇。

7月：豔陽高照，熱氣逼人，令人不禁嚮往輕鬆酣暢的海濱渡假。清淡的草味或者回歸原始純真的嬰兒香水可伴隨你心靈的解放，恣意享受這次悠閒舒適的假期。

8月：夏季持續的高溫讓人頭昏腦脹，更加渴望回歸清新的大自然。水果花香、清新花香及柑苔花香等清淡香水最適宜本月使用。

9月：秋意悄然襲上心頭，正是一個戀愛的好季節。不妨用綠花香或柑苔動物花香暗示你內心的情意，看看身邊哪一位男人能夠讀懂你的戀愛物語。

10月：面對秋高氣爽、楓葉飄紅的美景，你卻因煩惱於一成不變的工作而無心欣賞。適合10月使用的乙醛花香及東方甜香調香水均可為平淡枯燥的生活增添一抹新意，讓你重拾好心情。

11月：落葉點點的初冬，呈現出一片蕭瑟的靜謐，心情亦容易為之黯然神傷。甘醇的甜花香及溫暖的東方調香水可助你一掃低落情緒，重展歡顏。

12月：12月的溫度、濕度都很低，而且全身包裹在厚重的冬衣下，唯有濃烈香郁的東方甜香及東方辛辣調香水才能細膩地傳達你不可捉摸的神祕誘惑。

（三）香水的保存

香水是一種非常敏感的「生物」，接觸空氣或陽光會變質，必須細心使用和保存。使用沾式香水時，直接用手指沾取，會造成汙染，建議加上噴頭後再使用。香水若放久了，不會對身體有害，但香氣會揮發掉，開封後，請盡快使用。如果只剩下少量香水時，顏色變濃、變濁，可以加上一點乙醇沖淡，恢復原有色澤。雖然香水越陳越香，但因含有較易分解的芳香成分，保存時要特別注意：

（1）避光，暗處保存。光線易使香水的色調發生變化，尤其是太陽直射光，會造成褪色、變色、甚至混濁。

（2）常溫下、陰涼處保存。溫度過高時，香水內部的芳香成分會加速氧化、分解；溫度過低時，則會析出結晶性香料，因而要保存於溫度變動少的地方。不建議放置冰箱中保存，冰箱溫度容易過低，香水的芳香成分散發到冰箱中會產生怪味。

（3）防止氧化。香水可能因氧化而聚合成樹脂狀，所以要儘量避免接觸空氣。容器要選小型的並使之常充滿香水，瓶口要嚴密不鬆動，使用後立即封緊，瓶口不要留下殘液，以防下次使用時氧化物進入瓶中。

單元小結

本單元的第一區塊對美容化妝的概念、意義以及基本原則都作了詳細的介紹，為接下來的實際操作訓練提供理論依據。在第二、第三和第六區塊中詳細介紹了化妝品的分類、各類化妝品的特點和使用方法以及化妝用具使用方面等知識，這使我們在學習的過程中能更好地熟練掌握這些化妝技術。在其他幾個區塊中介紹了一下化妝品的選購、保存以及使用方法等知識，化妝品和化妝用具的正確選擇能幫助我們更好地掌握化妝技術。

思考與練習

知識測試：

1.美容化妝應掌握哪些基本原則？有何意義？

2.化妝品的品牌有哪些？成份如何？

3.常用的潔膚類化妝品有哪些？有什麼作用？

4.化妝套刷主要包括哪些化妝刷？各有什麼作用？

能力訓練

1.選擇一套適合自己的化妝品及化妝用具。

2.辨別給出化妝品的質量優劣，並能說明如何保存各類化妝品。

3.在指定的工作環境中選擇正確的香水。

第七單元 空服員的基礎化妝

本章導讀

在很多美容化妝的書籍或文章中，我們常常能看見「正妝」、「生活妝」、「舞台妝」、「影視妝」等不同的化妝方式。無論是哪一種化妝，其基本原理是一致的，化妝的基本程序也有很多的相通之處，只是根據不同的需要在有些環節上來作相應的調整。

本單元著重介紹空服員的基礎化妝手法與步驟，包括瞭解皮膚、臉型的知識，化妝技巧以及各步驟的注意事項和訓練環節等。

作為空服員來說，在學習化妝的基礎階段，應當首先瞭解並掌握基礎化妝的程序及特點。在學習掌握基本的化妝步驟之後，我們才能根據自己的個性特點和具體情況，增減化妝的內容，調節妝容的濃淡，為自己設計出既具有特色與個性，又能符合自己形象的妝容。

重點提示

1.瞭解皮膚、臉型等相關知識，理解臉部結構、臉型等對於化妝所起的重要影響和作用。

2.掌握清潔皮膚和化妝手法等基本內容。

3.明確各步驟的注意事項。

4.加強化妝手法的基礎實踐訓練。

區塊一 清潔皮膚

在化妝之前徹底清潔臉部是非常重要的，但是這一點常常被人們所忽視。由於新陳代謝的原因，我們皮膚的表面會堆積很多角質化細胞，空氣中的灰塵、細菌也會附著在我們的皮膚上，所以正確地清潔臉部是畫好妝的第一步。

┃ 一、瞭解皮膚

皮膚像一張不透水的韌膜，富有彈性和活力，它完整地覆蓋在人體的表面，對人體造成良好的屏障作用，當身體受到外界侵害和襲擾時，皮膚是人體的「第一道屏障」。它還具備調節體溫、呼吸等功能，又有良好的吸收營養和新陳代謝、排毒作用；由於皮膚裡散布著大量神經末梢，可接受熱覺、冷覺、痛覺、癢覺、觸覺和壓覺。

（一）皮膚的基本結構

人的皮膚由表皮、真皮和皮下組織三部分組成，皮膚內還有許多毛孔、毛髮、皮脂腺、汗腺、血管、神經等。

人們能看見並能觸摸到的是表皮，它在皮膚的最外層直接接觸環境和空氣，主要對皮膚起保護作用。化妝主要是針對表皮層，因此首先要瞭解表皮的結構與特點。

表皮的最外側是角質層，最裡面的一層是基底層。基底層的基底細胞具有較強的分裂能力，一般每12天分裂一次，並逐漸向表層推移和分化，遞變為表皮的各層細胞，隨後變成角質層，最後角質層的細胞老化脫落，這便是皮膚新陳代謝的整個過程，總計需要28天左右時間。

（二）皮膚的類型

（1）油性皮膚：皮膚表面脂肪分泌較為旺盛呈現出油亮的光澤，皮膚紋路粗、毛孔較大；不易產生皺紋，但由於油脂多容易髒，易堵塞毛孔而引起粉刺、痤瘡等皮膚問題。一般男性皮膚比女性偏於油性的機率要大些。

（2）乾性皮膚：皮膚表面脂肪分泌較少，乾燥而缺乏光澤，毛孔細而不明顯，易起細小的皺紋，對外部刺激的抵抗力較低。

（３）中性皮膚：皮膚油脂分泌適中，表面滋潤光滑有彈性，是比較理想的皮膚類型。

（４）混合型皮膚：臉部額頭、T形部位、下巴屬油性，而其餘部位為乾性的皮膚。

（５）過敏性皮膚：通常較為乾燥，表皮薄，皮下微血管易見並容易破裂，常有斑疹或發癢現象，尤其對空氣中的花粉或化學品等產生明顯的不適反應。

不同的皮膚在不同的季節也會有相應的變化。

二、洗臉

要徹底清潔皮膚，僅依靠水是遠遠不夠的，還必須借助潔膚用品。空氣中漂浮著許多肉眼看不到的灰塵、廢氣、細菌等，如果皮膚表面殘留了汙質的話，即使再好的護膚品也不會收到很好的效果。因此，選擇適合自身皮膚特質的洗臉產品，才能打造光潔亮麗的臉部肌膚，以便為化妝打下良好的基礎。

（一）洗臉產品的選擇

清潔臉部需要的物品有：洗臉產品（洗臉皂或洗面乳、洗臉霜）、紙巾、化妝棉、毛巾等。

如何選擇適合自己的洗臉產品呢？

首先，要瞭解自己的肌膚是屬於哪種類型：油性、乾性、中性、混合型等。

其次，判斷洗臉產品是否適合自己。根據自己的皮膚類型來選擇洗臉產品，尤其乾性和過敏性皮膚必須做到慎重選擇，以免造成皮膚的損害。

購買時一般參考洗臉產品的說明，並結合自己洗臉後的皮膚感覺來判斷。使用後感覺清爽並略帶緊繃感的產品就是較為適合的；皮膚經過了徹底的清潔後，不僅汙垢被洗掉了，同時油脂也會被清除，這時的皮膚會有稍許緊繃的感覺。如果徹底洗臉後，臉部肌膚沒有略微的緊繃感，說明此洗臉產品的清潔力度是不足的。如果使用後皮膚過於緊繃，觸摸時有過於乾澀之感，或有火辣辣的感覺，則

說明此產品的鹼性過強。

再次，就是要注意避免洗臉產品的過度清潔對皮膚的刺激。為了徹底地清潔臉部肌膚而用手在臉部大力地揉搓等過度清潔的做法是非常不合適的，也是對皮膚傷害最大的，所以建議少用帶有去除角質功能的磨砂產品等。

（二）正確的洗臉方法

洗臉時，不能使用刺激性較強的刷子或者表面粗糙的海綿，建議大家用手清潔臉部。為了能夠有效地清潔臉部的各個部位，先將頭髮整齊地梳理至腦後，並清潔雙手，手上殘留的汙垢容易影響洗臉的效果。

如果臉上有殘妝，必須先卸妝再進行洗臉工作。

使用手部正確洗臉

1.卸妝

（1）依次卸除重點部位的殘妝。

對臉部整體進行卸妝前，首先可按眼部、眉部、唇部的順序，用棉籤或棉花

片沾取卸妝液，依次洗掉睫毛膏、眼線、眼影、眉色、口紅等。

（2）對臉部整體進行按摩卸妝去除粉底。

在整體卸妝的時候，請使用美容指——無名指和中指進行按摩。首先用手取適量的卸妝產品，塗抹在額頭、雙頰、鼻尖、下顎；然後，逆著毛孔生長的方向按摩臉部。須注意：臉部肌膚毛孔生長的方式是向下的，為了清除汙垢，必須逆著毛孔生長的方向清潔。

2.預洗臉

在真正開始清潔之前，要進行預洗臉。預洗臉應該使用溫水，應避免使用溫度過高的熱水或溫度過低的冷水。因為熱水雖能使毛孔張開，徹底清除臉部，但是容易使皮膚鬆弛，而且水溫過高時，會傷害皮膚；而冷水的清潔力度又不夠，尤其是冬天要避免用冷水，因為冷水會使毛細血管收縮而使皮膚表面變得乾燥；因此預洗臉時選擇略高於體溫1～2度的溫水為宜，一般不宜超過40度。用溫水將臉部整體濕潤，目的是先將臉部表面的汙垢清潔乾淨，同時濕潤臉部皮膚，使後面的清潔步驟取得更好的效果。

3.輕揉泡沫細緻洗臉法

（1）首先，將洗臉產品揉搓出豐富的泡沫。

在掌心用美容紙將洗臉皂或洗面乳加少許溫水揉搓出豐富的泡沫，泡沫以質地細膩、彈性好為最佳。如果水太多而洗臉產品量較少的話，只會揉搓出沒有清潔效果的大泡泡，這一點要特別地注意。

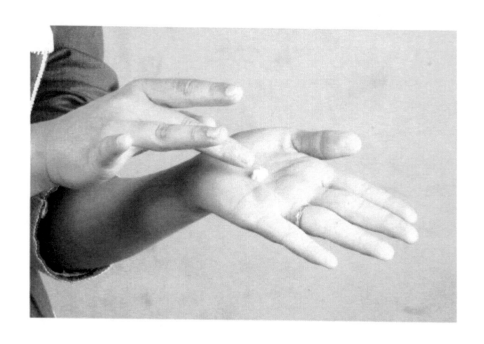

取洗臉產品適量於掌心

（2）其次，讓泡沫包裹整個臉部進行清潔。

在這一步驟中，請如下圖所示進行清潔。具體的按摩次數可以根據臉部油脂的分布情況作相應的調整。

①清洗按摩兩頰。用兩手手指（一般以中指和無名指為佳）從嘴角向上在臉頰上柔和地滑動，直到顴骨。運用美容按摩手法採取遞進式畫圈的方式，按摩雙頰。然後手指在顴骨和上顎之間移動。

②眼睛部位請用無名指由外眼角向內輕揉畫圈做4周圓圈運動。

③前額部位用雙手的美容指按照圖內所示，以畫波浪線的方式做8周圓圈運動。

④用食指和無名指沿著鼻部兩側撫摩式地上下按摩。

⑤用無名指圍繞嘴部的周圍向上打圈按摩。

⑥用兩手無名指從下顎開始按由內往外、由下往上的方向畫圈按摩直至耳朵根部。

（3）然後，使用溫水進行沖洗。

最好使用流動的水進行沖洗，沖洗時用手輕拍臉部將泡沫沖洗乾淨，注意髮際、眉梢還有鼻翼周圍部分都要仔細地衝洗乾淨。

（4）用手輕拍臉部肌膚直至水分吸收。

洗臉後，用手或紙巾輕拍臉部肌膚直至水分吸收，也可以使用乾淨、質地輕柔的棉質毛巾，注意不能使用粗糙的毛巾直接揉搓臉部。

（5）用爽膚水滋潤皮膚。

用化妝棉沾取爽膚水輕拍臉部肌膚，給肌膚提供滋潤和營養，減輕緊繃感，造成調節皮膚pH值（酸鹼度）的作用。

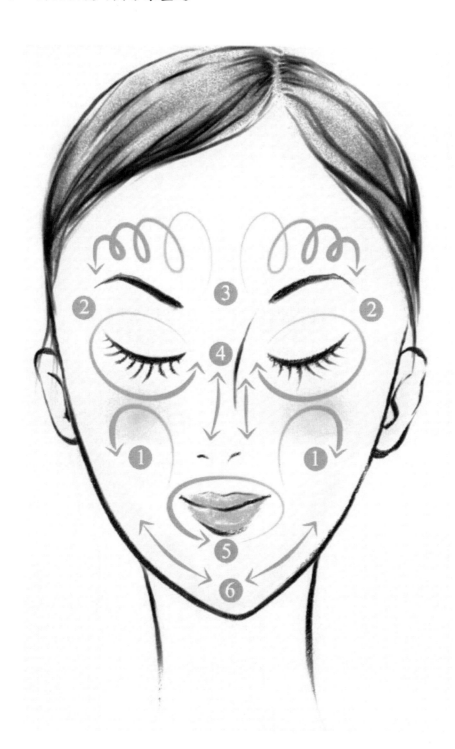

區塊二 瞭解臉型

　　世界上人種的頭顱分為兩種類型：長頭顱和圓頭顱。白種人屬於長頭顱型，而大多數亞洲人都屬於圓頭顱型。長頭顱型的人種，使人感覺臉部比較立體；而圓頭顱型的人種臉部使人感覺比較圓潤、扁平。巧妙的設計技巧可以揚長避短，發揮優勢彌補劣勢。

瞭解自己的臉型

║ 一、臉部的內外輪廓

　　我們從整體觀察頭部，是一個六個面的長方體。在臉部平面則有內外輪廓的轉折。瞭解東方人種臉部結構的知識，可以利用色彩的差異性，將圓潤而偏平的

臉部塑造成圓潤與立體相結合的臉部結構。

內輪廓

外輪廓

臉部輪廓

▌二、臉部的結構

　　臉部結構就是指臉部的構造，即臉部是由哪幾個部分組成的，臉部的結構主要取決於骨骼，如下圖所示，臉部主要有五大骨骼：額骨、顴骨、鼻骨、上顎骨和下顎骨。在骨骼的表面還覆蓋著連接臉部的肌肉，如額肌、眼輪匝肌等。骨骼和肌肉形成了人臉部的外觀，也形成了不同位置與形狀的高低點。在本書其他章節中會經常提到的高點是指臉部凸出的位置，低點是指臉部凹進的位置。每個人

的臉部結構有共性也有個性，我們從共性的基礎上瞭解自己的個性，從而更好地利用形象塑造藝術來揚長避短，塑造散發個性魅力的形象。

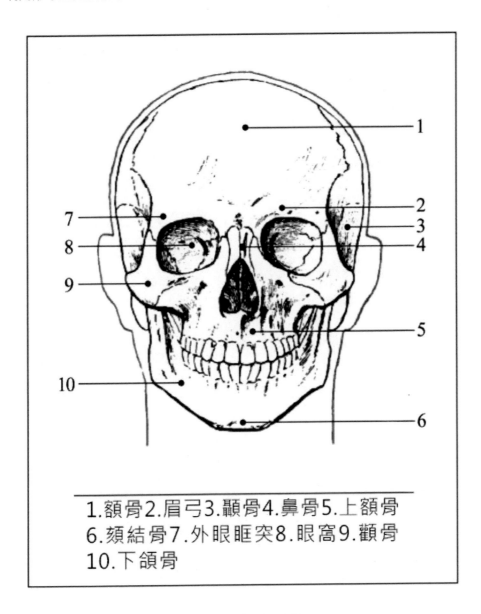

1.額骨2.眉弓3.顳骨4.鼻骨5.上額骨
6.頦結骨7.外眼眶突8.眼窩9.顴骨
10.下頜骨

臉部骨骼分布示意圖

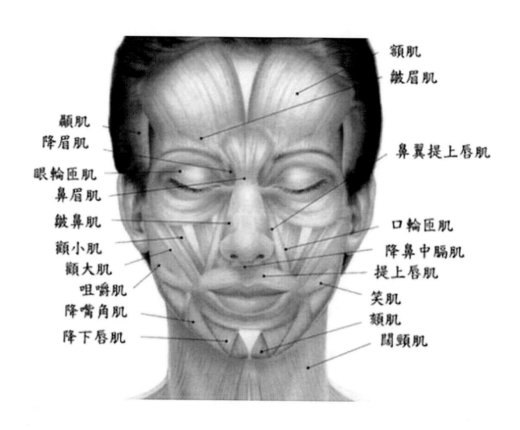

額肌
皺眉肌
顳肌
降眉肌
鼻翼提上唇肌
眼輪匝肌
鼻眉肌
皺鼻肌
口輪匝肌
顴小肌
降鼻中膈肌
顴大肌
提上唇肌
咀嚼肌
笑肌
降嘴角肌
頦肌
降下唇肌
闊頸肌

臉部肌肉分部示意圖

三、臉部各部位的名稱

1.眉毛

眉毛主要由眉頭、眉腰、眉峰和眉梢四部分組成。如下圖所示。

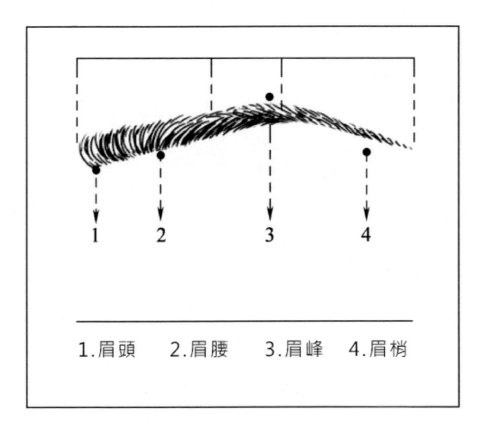

1.眉頭　　2.眉腰　　3.眉峰　　4.眉梢

眉毛示意圖

2.眼睛

眼睛主要由瞳孔、上下睫毛線、內外眼角、雙眼瞼及上下瞼溝八部分組成。
如下圖所示。

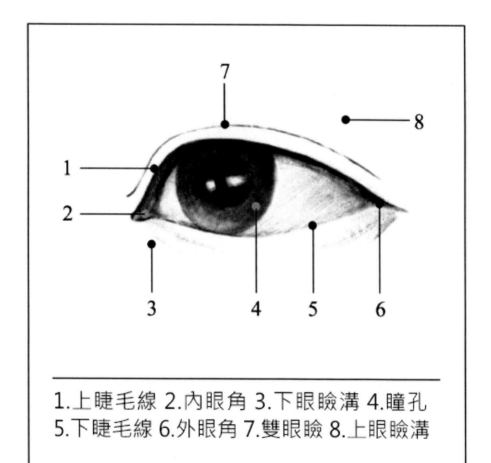

眼睛部位構成示意圖

3.鼻子

鼻子的主要部位包括：鼻根、鼻樑、鼻頭、鼻孔、鼻翼和鼻中隔。如下圖所示。

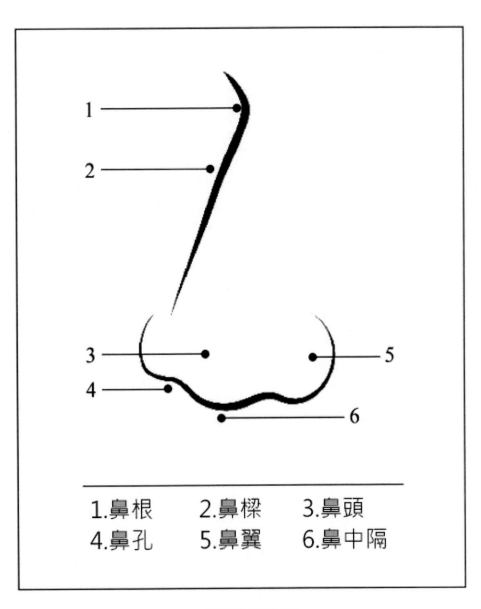

1.鼻根　2.鼻樑　3.鼻頭
4.鼻孔　5.鼻翼　6.鼻中隔

鼻子部位構成示意圖

4.唇部

唇部主要由上下唇、唇峰、口縫、嘴角五部分構成。如下圖所示。

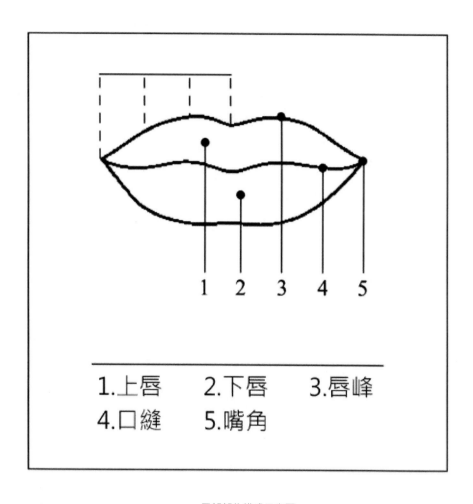

1.上唇　　2.下唇　　3.唇峰
4.口縫　　5.嘴角

唇部部位構成示意圖

在以後的學習過程當中，應當瞭解並熟悉各部位的位置。

‖ 四、臉部的標準比例

臉部標準比例等於給了我們大家一把衡量的尺，我們可以用這把尺判斷自己臉部比例是否符合標準，鍛鍊大家的觀察能力。自我形象設計能力的先決條件取決於對自身形象正確的判斷，再透過一些化妝知識和造型手段，將自己的形象塑造得更完美、和諧。

古代判斷人臉的具體標準是「三庭五眼」。當今用國際通用的概念來解釋就是臉部的「黃金分割」，也就是用1：0.618的黃金分割來表示臉部的最佳比例。只有瞭解自己的優勢，才能更好地塑造我們的個性形象，才能避免千篇一律的造型，塑造豐富內涵。

（一）三庭

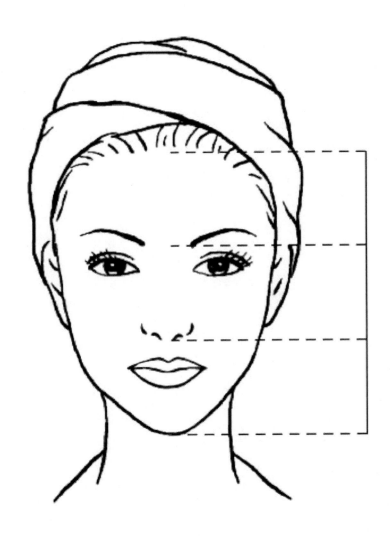

三庭示意圖

三庭，指的是將臉部縱向地分為三個部分：上庭、中庭、下庭。上庭指從髮際線到眉線，中庭指從眉線到鼻底線，下庭指從鼻底線到顎底線。

我們在化妝的時候強調要三庭相等分，也就是均衡的概念，如果三庭比例失調的話，就需要透過化妝技巧來修飾。

（二）五眼

五眼，指的是以自己一隻眼睛的寬度作為衡量的標準，在臉部橫向分成五等分。在整形美容的紋眉、墊鼻樑等項目，整形醫師主要的依據就是取決於對五眼比例的觀察。

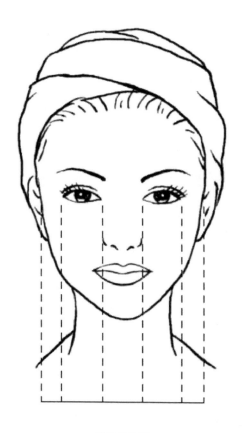

五眼示意圖

（三）三點一線

三點一線示意圖

通常我們在修飾眉型的時候會強調「三點一線」的概念。即眉頭、內眼角、鼻翼三點構成一垂直線。但我們在化妝的時候常常忽視這重要的一點。

如何正確地修飾自己呢？首先從三點一線中找到自己內眼角的位置，再用向上延伸線直至眉頭，直線向下延伸線直至鼻翼的寬窄距離，用這種方法就能找到恰當的修飾方式。

（四）嘴唇的度

標準的唇形存在著從上唇中部至嘴角長度1/3的轉折，也就是說唇峰應在靠近唇中部的1/3處，嘴角處於瞳孔平視時瞳孔內側的垂直線上。

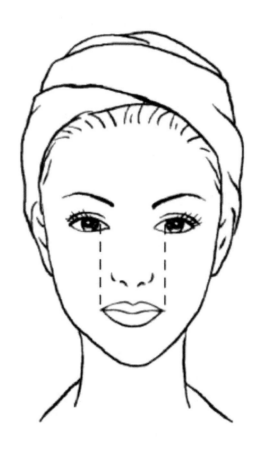

標準唇形示意圖

‖ 五、臉型的分類

　　臉型，顧名思義，就是指臉部輪廓的形狀。臉的上半部是由上顎骨、顴骨、顳骨、額骨和頂骨構成的圓弧形結構，下半部則取決於下顎骨的形態。這些都是影響臉型的重要因素，而顎骨在整個臉型中起著尤其重要的作用，是決定臉型的基礎結構。

　　臉型的分類方法很多。在中國古代的繪畫理論和面相書中就有各種各樣的分類法，並對臉型賦予了人格的內容。下面介紹兩種常見的臉型分類法：

（一）形態觀察法

波契（Boych）透過對臉型的觀察將人類的臉型分為十種類型：（1）橢圓形臉型（2）卵圓形臉型（3）倒卵圓形臉型（4）圓形臉型（5）方形臉型（6）長方形臉型（7）菱形臉型（8）梯形臉型（9）倒梯形臉型（10）五角形臉型。

（二）字形分類法

這是中國人根據臉型和漢字的相似之處對臉型的一種分類方法，通常分為八種：（1）田字形臉型（2）國字形臉型（3）由字形臉型（4）用字形臉型（5）目字形臉型（6）甲字形臉型（7）風字形臉型（8）申字形臉型。

瞭解自己的臉型是我們進行成功形象塑造的一個很重要的方面。當然，在實際生活中，我們在定義某種臉型時往往並不是完全依據某一個特定的標準，因而相似的臉型的叫法也可能不同。下圖是六種常見臉型的示意圖。

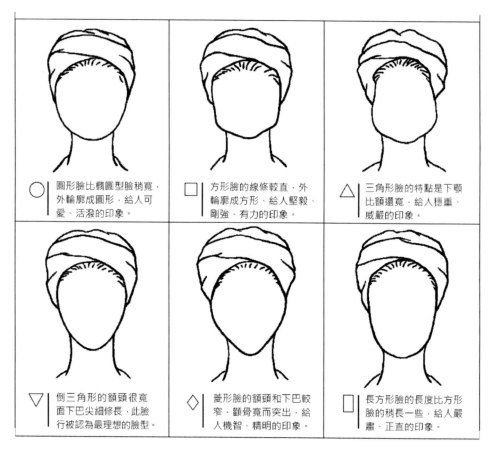

○ 圓形臉比橢圓型臉稍寬，外輪廓成圓形，給人可愛、活潑的印象。	□ 方形臉的線條較直，外輪廓成方形、給人堅毅、剛強、有力的印象。
△ 三角形臉的特點是下顎比額還寬，給人穩重、威嚴的印象。	▽ 倒三角形的額頭很寬面下巴尖細修長，此臉行被認為最理想的臉型。
◇ 菱形臉的額頭和下巴較窄，顴骨寬而突出，給人機智、精明的印象。	□ 長方形臉的長度比方形臉的稍長一些，給人嚴肅、正直的印象。

常見臉型分類示意圖

區塊三 基礎化妝手法

不同的臉型應該有不同的化妝方法，才能修飾、彌補臉型的不足。下面介紹標準臉型的基礎化妝手法。

‖ 化妝的程序和步驟

（一）洗臉後及時補水

洗臉後的皮膚處於角質層水分容易蒸發的狀態，要在皮膚還沒有完全乾燥的

狀態下立即進行水分的補給。

（1）化妝水的補水

化妝水的主要成分是水，除此之外還添加了防止水分蒸發的保濕劑。化妝水的作用主要是提供養分，收縮毛孔，使皮膚處於舒適清爽的狀態。化妝水整體上可以分為滋潤型和清爽型，其主要區別就在於保濕劑的含量，滋潤型化妝水中添加了較多的保濕劑。最好不要使用含有酒精成分的化妝水，這類產品雖然使用後會有清爽感，但是會過度清除皮膚表面的皮脂，導致皮膚乾燥，造成對皮膚的傷害。應根據不同的皮膚類型在不同的季節選用適合皮膚的化妝水。

用浸滿化妝水的化妝棉輕拍臉部使皮膚充分吸收水分，在降低皮膚溫度的同時能夠達到補水的目的。直接用手塗抹時先清潔雙手，輕拍時要稍稍用力，增加摩擦，使皮膚溫度升高，促進皮脂分泌，毛孔張開；然後用手輕輕按壓，輕輕拍打皮膚，直至皮膚將化妝水完全吸收。

（2）美容液的補充

即使用化妝水對皮膚進行了補水，由於空調等的影響，皮膚裡的水分也會逐漸蒸發。為防止皮膚缺水乾燥，使用美容液進行保濕護理是十分必要的。由於美容液比化妝水含有更多的保濕成分，對於保持皮膚水潤、預防乾燥性細紋的出現是必不可少的，因此可以幫助鎖住皮膚水分，打造皮膚透明感。

美容液的延展性較好，一般每次使用2～3滴（冬季使用3～4滴）即可塗滿整個臉部。塗抹美容液的同時用美容指進行約30秒的按摩可以刺激臉部重點部位的血液循環，促進水分代謝，增強皮膚彈性，增加皮膚光澤。

（二）塗抹乳液或潤膚霜

乳液或潤膚霜的作用是對皮膚造成滋潤的作用，同時對皮膚產生保護作用，減少化妝品對皮膚的刺激。使用適合皮膚的乳液或潤膚霜，採用五點法將乳液點在額、鼻、雙頰、下巴處，或將乳液在雙手手心揉開，然後由上往下，由內向外將全臉拍勻至皮膚吸收。

（三）塗粉底

基礎底色起統一皮膚色調的作用，能改善膚色，增加光澤度，使皮膚外觀具有透明感及光潔感，一般運用在臉部的內輪廓部位。色調的選擇非常重要，接近自己膚色的基礎底色最能表現皮膚的天然質感。選擇接近膚色的粉底為基礎底色，用化妝棉沾取少量粉底由內向外，在全臉均勻地拍搽，不要來回塗抹。膚色不好的可搽兩遍以上粉底，每遍宜薄不宜厚，尤其注意臉部與脖子的銜接，由臉部向脖子逐漸延伸，避免出現明顯的邊緣線。痣、雀斑、暗瘡印等瑕疵處可用遮瑕膏遮蓋。

　　需要化妝物品：粉底霜（濕粉）、棒狀粉條（遮瑕膏）、乾粉餅、乾濕兩用粉餅、粉底液、海綿。

　　粉底使用方法：

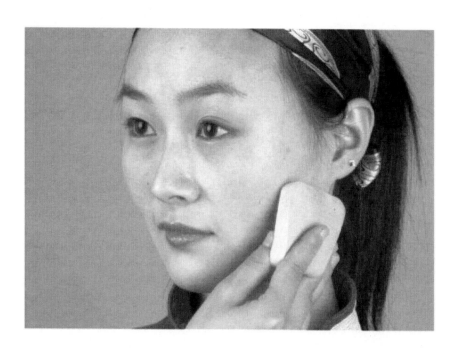

　　最好用海綿順著臉部肌肉生長的方向塗抹，可以做到均勻、自然、快速。在接近臉部的前髮際線和下顎底線時，要逐漸減弱，防止出現邊緣線。

　　使用注意事項：

（1）粉底液在乳液後使用，造成調節皮膚顏色的作用，在臉部形成一層薄膜。

（2）粉底霜（濕粉）適用於氣候偏熱的地區，或是臉部瑕疵較少者。粉底霜透氣性強，能統一皮膚色調，屬於乳液型基礎底色。

（3）棒狀粉條（遮瑕膏）屬於油質型底色，有較強的遮蓋力，臉部瑕疵較多者適用，多用於氣候適中或較寒冷地區。

（4）乾濕兩用粉對油性皮膚適用，效果是將基礎底色與定妝合二為一。

（5）海綿在每次用完後，最好清洗乾淨再使用，以免帶油質成分的基礎底色吸附灰塵或細菌，對皮膚造成傷害。

（四）選擇高光色

高光色，歐美國家稱為逆陰影，日本稱為勻明色，使用它的目的是造成感覺開闊、鼓突的作用。使用方法與基礎底色大致相同，區別僅僅在於色度的不同。

選擇比基礎底色明亮2～3度的粉底作為高光色，用於眉骨、鼻樑、下眼瞼、顴骨、顎臉部其他突出部位的提亮，以增強臉部的立體感。注意宜薄不宜厚，尤其注意不要出現明顯的邊緣線。

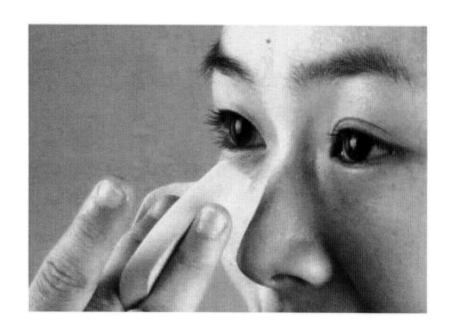

（五）選擇陰影色

　　陰影色，稱為渲影色，造成修飾臉型、提高鼻樑、增強立體感的作用。一般使用在外輪廓，從外向內、由深至淺均勻地塗抹，根據不同的臉型和造型要求，和基礎底色自然地揉合在一起，不能留有明顯的邊緣線，以免失去真實感。

　　陰影色也可以作為鼻側影使用，顏色從鼻翼兩側向內，由深至淺，由下向上延伸。陰影色的色度比基礎底色暗3～4度，要根據不同的膚色基調和臉部造型需要來確定陰影色度的深淺，準確的陰影色一般參照個人脖子下面的顏色來選定。塗抹時注意與旁邊部位的過渡要均勻，銜接要自然，尤其不能有明顯的邊緣線。

（六）選擇定妝粉

　　定妝粉造成柔和妝面和固定基礎底色的作用，也是保證妝面乾淨持久的關鍵。化妝中有一個「粉碰粉，油碰油」的規律：定妝前使用乳液、基礎底色、高

光色以及陰影色可以很方便地與皮膚自然揉和，而在後面化妝中要使用的眼影、腮紅等，都屬於帶色彩的粉質化妝品，它們不能在油質的妝面上附著，必須經過定妝後在粉質的妝面上畫彩妝，才會達到如期效果。

需要化妝物品：定妝粉（密粉）、粉餅、粉撲、大粉刷。

注意：定妝粉的選購最好和基礎底色為同一色系，偏紅或偏白的色系都不適合東方人種的皮膚。根據不同的膚色外觀，以略帶小麥色或象牙色的色調為宜。

定妝的一般順序及方法：

首先固定外輪廓，然後是上額部分、下顎部分及內輪廓。將粉撲均勻地沾上散粉，輕輕按壓全臉，然後用大粉刷刷去多餘散粉，使臉上的效果自然貼切。防止脫妝的關鍵在於鼻部、嘴部及眼部周圍，應小心地定上粉，如果這些細節不注意的話，脫妝就會首先從這些地方開始。

（七）眼影

眼影的作用是增加眼部的立體感與明亮感。使用眼影的目的是為了表現眼部的結構，同時也能體現整體化妝風格的韻味。每個人的眼部結構不一樣，要進行因人而異的修飾。準確地選擇顏色是關鍵，眼影的顏色要考慮與服飾、膚色等的顏色相呼應，使用相同色系的顏色為宜。

眼影使用方法：

用眼影刷沾取眼影粉，做到「意在筆先」，由外眼角向內眼角均勻地渲染出眼部的結構。濃淡要相宜，從外眼角到內眼角、由眼瞼部位徐徐向上由濃到淡。在表現深色、重色的位置，用眼影刷的一面加重力度沾顏色；在表現淺的位置，用眼影刷的另一面輕沾顏色。這樣就會較容易地表現出深淺適宜的眼影結構。

與此同時，眼影刷不能豎著使用，要平貼皮膚表面輕輕暈染，這樣才能表現出柔和的效果。

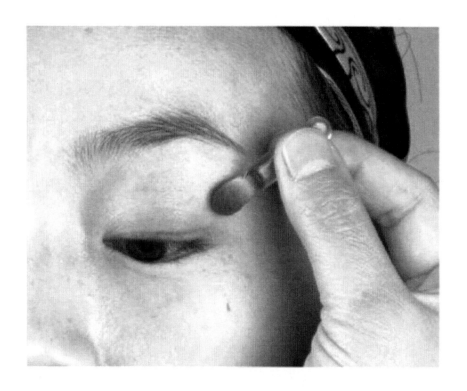

（八）睫毛線

　　生活中，人們常把「睫毛線」稱為「眼線」。而事實上，生理上並不存在「眼線」，在化妝專業學術用語中，叫「睫毛線」或「睫毛陰影」。可用眼線筆、眼線液、水溶性眼線粉等畫睫毛線。畫睫毛線的目的是為了增加眼睛的神采。透過修飾睫毛線來增加眼睛的神采與魅力，則成為整個化妝過程中最關鍵的一步。

　　我們若將眼睛的長度分成十等分，上眼線較長，即上睫毛線從外眼角向內眼角描畫七分長，上眼線要緊貼在睫毛根部，畫至外眼線時應略為加寬、色重且略向上挑起；下眼線較短平，即外眼角向內眼角描畫三分長度即可，應畫在睫毛根部內側，外眼角處色深且略寬，可用深色眼影粉在眼線外側稍作勻染，增加眼部的立體感。

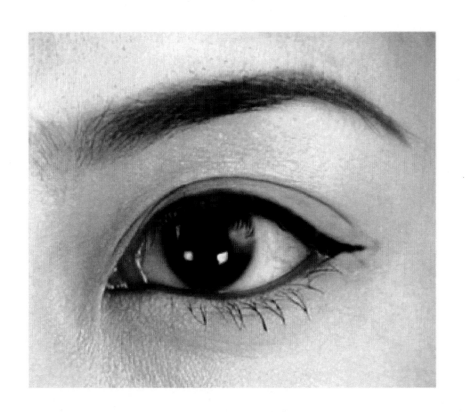

（九）眉毛

　　眉毛是眼睛最好的襯托，標準的眉型是一種微微帶轉折的、濃淡相宜的外觀。眉毛存在著2/3的轉折，從眉頭至眉峰為2/3，從眉峰至眉梢為1/3。眉型好的人只需用眉刷刷上與眼影同色系的眉粉即可。

（十）睫毛

睫毛膏可以更好地表現眼睛的神採生動及立體效果。國際化妝業上很重視睫毛的修飾，這是表現女性魅力及眼睛神祕感的重要步驟。

睫毛夾及睫毛膏的使用方法：

（1）選擇和眼周大小相同的睫毛夾，夾住睫毛根部，向上翹起，鬆開後再夾緊翹起。根據各人睫毛條件的不同反覆數次讓睫毛形成微微上翹的漂亮的曲線。

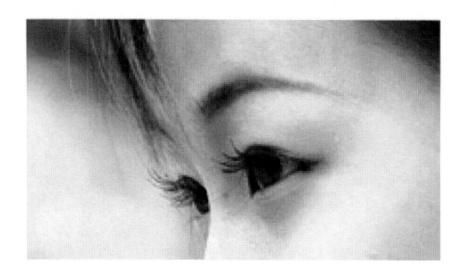

（2）刷睫毛膏時，先將外眼角微微拉開，使睫毛如扇形分開，再用睫毛刷由根部隨「Z」字形路線儘量向上刷起。刷下睫毛時可以將睫毛刷豎起慢慢輕刷。

準備好棉棒以便隨時修復不小心弄髒的妝面。最好等碰在妝面上的睫毛膏乾凝後，用棉棒輕輕清除，然後用基礎底色彌補。

（十一）腮紅

　　腮紅的使用第一可以表現皮膚的健康外觀。使用時，用量及色彩的選擇很重要。色系應和膚色是同色系，最好同眼影、口紅的色系相似。第二可以幫助矯正臉型。審美品味高的女性往往會利用使用腮紅的不同位置和方向來改變臉型。一般臉型使用顏色的重點應放在顴骨和顴弓下陷的結合處，長臉型運用腮紅的方嚮應是橫向暈染，方臉型、圓臉型、短臉型應斜長形暈染。

　　腮紅使用方法：

　　用腮紅刷輕沾適量腮紅，從顴骨和顴弓下陷結合處向內輪廓方向輕掃，進入內輪廓後逐漸消失。注意不要與膚色之間有明顯的邊緣線，用量要做到心中有數，不能一次沾色太多，如果沾色過多可以在乾淨的紙巾上輕輕塗抹幾下後再在臉部使用。

（十二）口紅

　　使用口紅色是為了修飾嘴部輪廓，使其表現出鮮嫩的色澤及生動有魅力的外觀。口紅色彩的選擇要與服裝色、膚色相吻合，同眼影及腮紅色是同一色系。同時應根據年齡、個性、場合選擇口紅顏色。

　　口紅使用方法：

　　（1）用唇線筆勾畫出嘴唇輪廓，既可以糾正唇形，又可以防止口紅外溢。標準的唇形存在著從上唇中部至嘴角長度1/3的轉折，也就是説唇峰應在靠近唇中部的1/3處。畫嘴唇輪廓時可以先用唇線筆將上唇的兩個唇峰處畫出三角形，再將下唇底線用唇線筆描出，然後用線條和嘴角相連接，這就是使嘴唇可以描畫得對稱的好方法。

　　（2）在嘴唇輪廓內塗沫無色唇油，作用是保護嘴唇的健康。在日常生活中提倡使用雙色塗抹法。雙色塗抹的方法會使嘴唇看起來更具有立體感。我們可以選擇略深的口紅色塗抹嘴唇外緣，再選擇略淺的口紅色塗抹嘴唇內緣。因上唇基本上是背光面，可以將上唇的深色運用得多一些，因下唇是受光面，可以將下唇的淺色處理得多一些。

　　（十三）臉部色彩和身體色彩的銜接

　　這一項步驟常常被人忽視，經常造成整體形象的不和諧與失真。如果只考慮到髮型、臉型、化妝風格及服飾的協調，而在人們視線範圍內的脖頸部分卻是原有的皮膚色彩和經過修飾後的臉部顏色不統一。所以在整個化妝步驟的最後一項

是應在脖頸部分作最後的修飾。

銜接方法：

用海綿沾比基礎底色略深一度的顏色，輕輕塗抹在衣領以上的部位，再用粉撲沾定妝粉定妝。

以上步驟是一個標準的全面的化妝程序。當我們進行實際操作時，可以根據各人的情況進行化妝程序的增減，在步驟的先後次序上也可根據情況作相應的調整。

單元小結

本單元系統闡述了皮膚、臉型等知識的基本含義，以及基本化妝手法各各步驟的基本內容。重點闡述了各個程序和步驟的特點、注意事項，透過訓練環節，切實使學生掌握基本的化妝要領。

思考與練習

1.皮膚分為哪幾種類型？自己屬於哪一種類型？

2.臉部的結構和臉型的分類是怎樣的？自己的臉型適合於哪一種類型？

3.簡述清潔皮膚（含卸妝）的基本步驟。

4.簡述化妝的基本手法和步驟。

5.根據自己的特點化一次完整的妝。

第八單元 空服員的客艙化妝

本章導讀

　　飛機的客艙服務是民航運輸服務的重要組成部分，它直接反映了航空公司的服務質量。在激烈的航空市場競爭中，直接為旅客服務的空服員的形象和工作態度，對航空公司能否占領市場贏得更多的客源起著至關重要的作用。空服員以其美麗、端莊、大方的外表給人們留下了他們固定的形象特徵，要具備這種專業化形象首先是要提高自身的內在修養，其次就是要透過學習空服員的客艙化妝技術來進一步提高空服員的形象氣質，樹立起空服員的專業形象。

重點提示

1.準確把握客艙化妝的基本原則。

2.掌握男空服員在工作妝上的基本要求。

3.熟練掌握客艙化妝的基本程序。

4.針對不同要求能正確把握妝面。

區塊一 客艙化妝的基本原則

▎職業特點對化妝的要求

　　（1）空服員在執行航班任務時應避免濃妝豔抹。化妝與化淡妝，其實是並不完全重疊的兩個概念。

　　通常化妝有晨妝、晚妝、上班妝、社交妝、舞會妝、少女妝、主婦妝、結婚妝等多種形式，它們在濃淡的程度和化妝品的選擇及使用方面，都存在一定的差

異。一般要求空服員在客艙服務時應當化淡妝,簡約、清麗、素雅,具有鮮明的立體感為宜,給人以深刻的印象。總的來說,就是要清淡而又傳神,恰到好處地充分展現女性光彩與魅力的臉頰、眉眼與唇部,不能過分地突出性別特性,不過分地引人注目。

(2)空服員在執行航班任務時應當避免過量地使用芳香型化妝品。在客艙執行任務時,使用任何化妝品都不能過量。要含蓄才有魅力,才有味道,空服員要銘記這一點。

以香水為例:飛機的客艙是屬於一個相對密閉的空間環境,如果空服員在客艙執行任務時過量地使用香水,很可能會引起乘客的反感或不快,還有可能會「摧殘」他人的嗅覺。一般在這種環境下,自己身上的香味在一米以內能被對方聞到為宜。如果在三米開外,自己身上的香味依舊能被對方聞到,則肯定是使用香水過量了。

要讓自己在客艙這個環境中使用的香水恰到好處,應注意兩個問題:一方面,應選擇適當類型的香水,如淡香型、花香型的香水,都比較適合。另一方面,使用香水的劑量不宜過大而且要避免同時使用幾種香水。

(3)空服員在執行航班任務時應當避免出現殘妝。在客艙工作時,一般都要求空服員適當地化一些淡妝,那麼維護其妝面的完整性就是一個很必要的工作。在用餐之後、飲水之後、工作之後,一定要及時地為自己補妝。妝面的深淺不一、殘缺不堪必然會給乘客留下十分不好的印象。這不僅僅是有損於自身的形象,更重要的是,它還會破壞所有空服員在乘客心目中的專業形象。

(4)空服員在執行航班任務時應當避免當眾化妝或補妝。空服員對自己的妝容應當認真、一絲不苟,但這不等於說,可以隨時隨地都為自己化妝或補妝。

在平常的生活中,常常可以見到一些女性朋友,不管置身於何處,只要稍有閒暇,便會掏出化妝盒來,替自己補一點香粉,塗唇膏,描眉。她們重視自我形象這一點固然正確,但若當眾表演化妝技術,尤其是在客艙這樣一個特殊的環境下當眾這樣做,則是很不莊重的,並且還會使人覺得她們對待工作用心不專,損壞空服員的專業形象。一般在各大機場裡都會為空服員配有專門的化妝間,方便

空服員在上機執行任務前化妝或補妝。

區塊二 客艙化妝的一般程序

一、護膚三部曲

化妝一般包括定妝、眼妝、面妝、唇妝等幾大部分。其中化妝之前的潔膚、爽膚、潤膚又是我們每日早晚對臉部進行護膚的三部曲。如能持之以恆，便能長保肌膚柔滑幼嫩。各種類型的皮膚均適合護膚三部曲。

（一）潔膚

清潔皮膚是化妝的第一步。潔膚可使皮膚處於潔淨清爽的狀態，令妝面服帖自然、不易脫狀。潔膚一般包括兩部分，即卸妝和清潔。對於化過妝的臉部要先卸妝再清潔，對於沒有妝的臉部可直接進行清潔。化妝前的潔膚工作一定要細緻認真，一時的疏忽，不僅影響化妝效果，而且影響皮膚的健康。

（二）爽膚

第二步就是爽膚，即用化妝水為皮膚補充水分，目的在於滋潤皮膚，調理肌膚酸鹼度，平衡油脂分泌，防止脫妝。化妝水的選擇要根據皮膚的性質而定。如油性膚質或毛孔粗大的皮膚，應選擇使用收斂性的化妝水，造成收縮毛孔、減少油脂分泌，使皮膚顯得細膩光滑。

（三）潤膚

潤膚是護膚的第三步，它是指透過使用潤膚霜來滋潤和保護皮膚。潤膚霜要根據自身的膚質和季節的變化來選擇。化妝前的潤膚主要有兩個目的，一是潤膚後的皮膚容易上妝並且不易脫妝；二是潤膚霜可在皮膚表層形成保護膜，將皮膚與化妝品隔離開，從而達到保護皮膚的目的。

二、上妝程序九步驟

（一）塗抹粉底

塗抹粉底是化妝的基礎，也是化妝中很關鍵的一個步驟。它不僅對整體臉色進行修飾，而且還包含對臉部結構和鼻子的修飾。塗抹粉底要在潔膚和潤膚之後進行，只有這樣才能使粉底與皮膚貼合緊密，不易脫妝。塗抹粉底要在化妝的其他步驟之前進行，因為化妝時的各種描畫和暈染都要在塗過粉底的皮膚上進行才能避免脫妝。

（二）定妝

定妝是將蜜粉撲在塗過粉底的皮膚上，可以增強粉底在皮膚上的附著力，使妝面保持長久。定妝還可以吸收汗液和皮脂，減少粉底的油光感，使皮膚顯得細膩爽滑。操作時用沾有蜜粉的粉撲在皮膚上拍按，使蜜粉在皮膚上與粉底充分融合，最後用粉刷將多餘的浮粉掃掉。

（三）畫眼影

眼睛是心靈的窗戶。眼影的使用是為了透過色彩來修飾和美化眼睛，表現眼部立體結構，同時表現整體的化妝風格及韻味。眼影所用的色彩要與服裝的顏色、膚色、季節以及眼部的特點等因素協調統一。眼影要和眉毛、鼻側影柔和地連接，使整個眼部有立體感。

（四）畫眼線

畫眼線和畫眼影同樣是美化眼睛的重要手法。畫眼線是用眼線筆在上下睫毛根部勾畫出兩條強調眼形作用的黑線，透過眼線的修飾可增強眼睛的魅力。畫眼線要在畫眼影之後，這樣可以保持眼線的清晰和乾淨。

（五）畫眉

如果把眼睛比作一幅美麗動人的圖畫，那麼眉毛則是這幅圖畫的畫框。眉毛的化妝最重要是與眼睛協調一致，對整個臉部的神態表情及眼睛的烘托作用也是顯而易見的。眉毛的設計要根據個人的臉型、眼形、性格以及工作環境的不同加以修飾。在眼影和眼線畫完之後再畫眉，可使眉的位置和描畫更容易把握，更好地發揮眉毛對眼睛的映襯作用。

（六）塗睫毛膏

塗睫毛膏是修飾眼部的一種手段，可增加眼睛的生動性和立體感。在塗睫毛膏之前要先用睫毛夾將睫毛夾住並向上翹起，讓睫毛形成自然的上翹曲線，但切忌用力過猛，造成睫毛折斷。由於睫毛膏在沒乾時容易蹭在皮膚上而弄髒妝面，因此把這一部最好放在整個眼部化妝的最後，以便最後修整妝面。

（七）塗腮紅

腮紅的使用可增加臉部的紅潤感，給人以生機勃勃和精神煥發的印象。透過腮紅的修飾還可以幫助修正臉型。腮紅的顏色應選擇與唇膏、眼影相似的顏色。一般腮紅掃在顴骨和顴弓下凹陷的結合處，整個臉部外輪廓亦可利用粉刷上餘下的腮紅輕掃，從而達到和諧柔美的整體效果。

（八）塗唇膏

使用唇膏不僅能增強臉部色彩，還有較強的調整膚色的作用。其色彩應與膚色、服裝的顏色以及整個妝面的色調相統一。

（九）妝面檢查

化妝完成後，要全面、仔細地查看妝面的整體效果，可進行近距離及遠距離觀察，以達到最符合空服員專業形象的效果。

（1）妝面有無缺漏和碰壞的地方，是否整齊乾淨。

（2）妝面整個部分的暈染是否有明顯的界線。

（3）眉毛、眼線、唇線及鼻影的描畫是否左右對稱，濃淡平衡，粗細一致。

（4）眼影色的搭配是否協調，過渡色是否自然柔和。

（5）唇膏的塗抹是否規整，有無外溢和殘缺。

（6）腮紅的外形和深淺是否一致。

對於在客艙執行工作任務時間較長的空服員，由於帶妝時間較長，可在檢查

完妝面之後再用蜜粉固定一次，以保證妝面的持久。另外還應特別注意在工作間隙要及時補妝，以免影響整體形象與工作質量。

【訓練1】 護膚三部曲訓練

簡述護膚三部曲應注意的問題，並選擇一套適合自己膚質的護膚品。

【訓練2】 空服員工作妝基本程序訓練

簡述空服員工作妝的化妝步驟。

區塊三 空服員的化妝與自身特點

空服員中的女性比例很大，女性展示美麗的自身氣質多種多樣，每一種都體現出女性的性格特點。空服員如果掌握好客艙化妝的技巧，便能美得不俗，富於個性和氣質。下面介紹幾種化妝方法。

‖ 一、文雅秀氣型

清瘦的面龐，勻稱苗條的身材，會給人優美、高雅的感覺。為了體現這一氣質的妝面，最好選用冷色系，在化妝時應該把臉型畫得稍瘦一點，配色要用同系色彩，保持顏色和諧。可用玫瑰紅系的腮紅、唇膏等，眼睛可用藍、灰、綠等冷色系，表現智慧和沉靜感。選用冷色系具有理智、冷靜的感情色彩，容易體現出文雅、秀氣的特點，會更加符合自身的氣質和特點，表現出超凡脫俗的氣質和風度。

‖ 二、理智慧敏型

具有聰慧、機智的個性氣質的女性，用來裝點整個臉部的色彩絕不能給人飄浮輕薄的感覺。化妝時，線條要簡練，顏色要選用中間色，強調臉部的對稱、平衡。化妝的重點在眉、頰上，線條都要乾淨俐落，弧度適中，切不可任意加粗。眉毛以棕色打底，加強黑色眉線，使眉毛顯得挺拔有力；畫黑褐色眼線，塗上棕

色眼影；臉部用稍淺於膚色的淡駝色粉底；髮際應整潔，將多餘的頭髮梳在一起，顯出俐落、智慧的氣質。

┃ 三、天真活潑型

化妝色調應以暖色為主膚色呈現白嫩，塗淺色的粉底霜，再撲上淡淡的蜜粉，透過透亮、自然、柔和的膚色體現其活潑可愛的性格特點。眼妝用些淡綠，切記不要塗得太濃，還可在雙眼瞼中間薄施金色珍珠系明亮眼彩。臉頰塗些淡粉色的腮紅，使臉部變得水靈嬌美。嘴角要描得上翹一些，顯得活潑有朝氣，應將嘴角描高，嘴唇看上去就顯得有笑意，唇線也應畫成圓圓的曲線。這樣化出的妝，就顯得天真活潑了。

┃ 四、古樸典雅型

這類文雅嫻靜的女性，運用古典型化妝法可達到理想的效果。要避免日晒，保持皮膚紅膩潔白，粉底和其他化妝用品均須採用白色系列。頭髮烏黑是強調古典美的重要因素，要防止頭髮乾燥、分叉，髮型要求整齊、規則、容易控制。眉毛要呈平穩、流利的線條，不加眉峰，顏色以黑色或灰色為主，眉毛應細，切忌粗濃。眼部的顏色不宜太亮，臉頰及唇部用粉色、肉色為宜。總之，妝色既要古典化，又不能是淨妝，既要表現古典美，又不能打扮成「林黛玉」。

┃ 五、清純甜美型

圓圓的臉龐，再配有一對甜美可愛的酒窩的女性，可以說是青春活力的象徵。在此型妝中，圓形臉龐是表現甜美可愛的主要因素，臉頰太瘦的人不宜採用這一化妝法。化妝時，顏色須用帶白的粉紅、帶白的黃色等柔和的色彩，或參照兒童的臉色，以暖色系列為中心，以表現出豐潤鮮嫩、熱烈活潑的容顏。粉底用淺色調，再撲上白化妝粉。腮紅用淡粉紅色，稍加暈染。眼、唇等部位要描得圓潤，唇用要向上畫以表現出笑容可掬的效果。

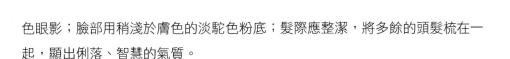

【訓練1】 空服工作妝訓練

根據所學化妝知識,化一個文雅秀氣的空服員妝。

區塊四 女空服員工作妝

‖ 化妝與季節搭配

(一)春季妝

由於春季陰冷、多風、乾燥並且氣候多變,皮膚在這時候容易出現失調的現象,如皮膚緊繃、粉刺加重、皮膚過敏等症狀,因此春季是皮膚最敏感脆弱的季節。春妝在色調上要柔美明快,突出甜美粉嫩的妝面效果。

1.保持臉部滋潤

　　在春季應特別注意保持皮膚滋潤，因為冷風很容易就能帶走皮膚上的水分，讓皮膚變得乾燥、枯黃。要選用一些有特殊效果的保濕化妝品改善皮膚的現狀，保持皮膚的水嫩感。其基本原則就是在選擇洗臉品、潤膚霜時多選用性質溫和兼具保濕成分的產品。並在化妝前使用補水效果較好的保濕化妝水。

2.修正臉色

　　由於春季皮膚易缺水、過敏，膚色的基調仍與冬季有些類似如皮膚發黃、長痘等現象，為保護肌膚和妝面的效果，應學會在粉底之前用有修飾臉色作用的隔

離霜。

在做完潔膚、潤膚的步驟後,就該使用隔離霜了。按照色彩互補的原則,隔離霜的顏色通常是選用淡綠色的,當然,除淡綠色隔離霜外,還可根據具體情況選擇其他顏色的隔離霜來進行修飾。如臉色晦暗泛黃,可以用紫色隔離霜;如膚色不勻或有小雀斑,可以選用掩飾效果較好的黃色隔離霜。把隔離霜塗抹在臉上,可以將不健康的膚色進行適當的修正。之後,再打上一層薄薄的粉底,最好選用透氣性較好的蜜粉進行定妝,這樣整個妝面就會讓人感覺皮膚很透、很自然。

3.確保妝面有光澤

光澤感是春季妝面的重點,其借助於各式彩妝對臉頰本身自然的光澤造成烘托的作用。

(1)妝面的光澤感在每個細節都不可放過,雙眼、嘴唇甚至是頸部都是化妝的重點。

(2)要選擇有亮光成分的妝品,如使用液體唇膏或水潤的果凍唇彩,有華麗金粉片與光澤珍珠元素的眼影和粉底,總之,要儘量透過妝品的特殊亮光成分提亮肌膚的色澤。

4.妝色鮮亮明快

蕭瑟的春季容易給人造成壓抑感,要想提升心情指數,就要使整個妝面的色調鮮亮明快,選擇使用暖色調適是最好的辦法。

對於眼影,淡紫、淺湖藍、淺草綠、棕色、粉紅都是很適合的顏色。唇色則從鮮亮飽滿的辣椒紅、中國紅、酒紅到深櫻桃紅、咖啡紅。但腮紅最好塗淡一點。

【訓練1】 女空服員工作妝訓練

根據自身的個性氣質,化一個適合自己的春季妝。

(二)夏季妝訓練

夏季氣候潮濕、炎熱，體內血液循環加快，皮膚分泌的汗液與脂肪增加，臉上經常出汗或出油，妝面很難保持，而且夏天還是皮膚發炎症狀高發的季節，所以夏天化妝，更應該注意細節。

夏季一般應少用油質太強的化妝品如冷霜等，防止因阻塞毛孔，引起粉刺、痤瘡。初夏可選用含粉質的或霜類化妝品；盛夏適宜選用含水量多，含油脂少的乳液或蜜。所以一般女空服員在夏季適宜選用蜜類產品。

夏季化妝應以淡妝為宜，給人清爽的感覺，在整個臉部稍加一點色彩，使輪廓看起來健康、明快、有神。

1.皮膚的護理

夏季時血液流通比較快，新陳代謝較為旺盛，油脂分泌也會增加，所以在夏

季更應注意肌膚的護理。首先應選用具有深層清潔效果的洗臉產品對皮膚進行清潔，然後選用收斂性的化妝水保持皮膚的平衡。

由於工作的需要，皮膚要長時間處在帶妝的情況下，除了很好的潔膚外，要能及時給皮膚補充營養，食物營養和做面膜都是很必要的。在夏季選用新鮮瓜果進行護膚的效果很好，其中黃瓜有抑制晒傷和消炎的作用，西瓜則能使肌膚柔軟光滑。經常進行瓜果護膚，不管是食用還是用來做面膜的效果都不錯。

2.皮膚的防晒

雖然空服員的工作環境是在飛機的客艙裡，但是對皮膚進行防晒保護是絕不能省略的。由於夏季紫外線照射強烈，要儘量避免長時間的太陽照射，因為皮膚被強烈的陽光晒過後會受傷害，造成皮膚乾燥起斑、出皺紋。當皮膚暴露在太陽照射下，對皮膚應採取一些保護性的措施，如臉上擦防晒霜（粉），手、腿擦防晒油，外出時要戴上太陽帽或是打一把防紫外線太陽傘以擋住陽光的直射，減少紫外線對皮膚的傷害。

3.臉部的化妝

（1）粉底：皮膚進行完基礎護理後，開始對臉部進行化妝。粉底可選用水質無油的粉底液或珍珠色的水粉餅。因為粉餅狀粉底有抗水性，不易因出汗而脫落；要用濕海綿把粉底擦在臉上，由於含油脂極少，有清爽感。也可以選用乾粉餅，用粉撲直接把乾粉撲在臉上即可；但是只擦乾粉餅，由於出汗較多維持時間較短，還可用防晒乳打底，這樣可以造成雙重功效。在塗抹粉底時，只需均勻地薄薄塗上一層即可，這樣有利於皮膚的呼吸。

（2）眉毛：眉毛是很重要的部分，所以畫的時候一定要注意，可以淡淡的畫二次。第一次畫好後，要撲上少許化妝粉，接著再畫第二次，這樣畫出來的眉毛，不會因出汗多而輕易的花掉。因為要兩次畫眉，切忌不要太濃，否則會破壞整個妝面效果。

（3）眼睛：夏季在眼部的化妝不宜過濃，用眼線筆畫眼線時，為了不容易脫妝要在線上撲上一些透明粉餅。眼影要儘量淺淡，可選用有清爽感的淺藍色或

淺綠色。夏季最好選用具有防水效果的睫毛膏，以免睫毛膏遇汗暈開變成「熊貓眼」。

（4）腮紅：夏季炎熱汗多，不宜多塗腮紅，可在頭髮邊或眼下搽一點淺紅色粉質腮紅。

（5）唇膏：要想夏天塗的口紅能維持的時間久，一定要把口紅擦得又薄又勻，最好用唇筆沾上唇膏，均勻地多掃幾次，然後用紙巾吸去多餘的油脂，再撲一點粉，然後再薄薄搽一層唇膏。特別要注意嘴唇的輪廓及嘴角，線條要勾得整齊，注意嘴角不要遺漏，這樣塗的口紅就能維持比較長的時間了。

（6）化好妝後一定要用透明粉餅定妝，然後用化妝紙輕輕按壓若干次，這樣可以使化妝保留時間長一些。白天要經常補些粉，吸走臉上多餘的油光。太熱的天氣，可以只用透明粉餅，不用粉底。

【訓練2】 女空服員工作妝訓練

根據所學化妝知識，化一個清純甜美的夏季空服員妝。

（三）秋冬季妝訓練

秋冬來臨之際氣溫驟降致使室內外的溫度有明顯的差異，臉龐呈現紅白或是烏青得不均勻膚色。由於氣候的寒冷乾燥，皮膚血管收縮，皮脂腺分泌減少，人體皮膚中的水分容易揮發，皮膚顯得粗糙，容易出現脫皮、皺紋，甚至出現小裂口。

因此，必須特別注重秋冬季膚色的保護，在化妝之前應對皮膚進行簡單的養護。化妝前，選用滋潤性的洗臉產品清理皮膚，之後可選用冷霜、營養霜保養皮膚，並配合適當的按摩，以確保肌膚細嫩、健康。冬季少用或不用粉類化妝品，以免導致皮膚更乾燥而產生皺紋。

秋冬季節化妝要表現沉靜莊重的風格，與秋冬季節環境協調。

1.底色要均衡

在秋冬季，化妝前使用的潤膚產品應根據膚質的不同來選擇。中乾性皮膚應使用含美白粉底基底的潤膚露，它細膩而且潤滑的感覺可讓肌膚光滑白皙。油性皮膚或是毛孔粗大的皮膚，應在塗上保濕潤膚霜後，輕塗一層淡粉，它的作用在於吸附力強，可有效彌補肌膚粗糙的缺憾。這樣可以使臉色無論處於怎樣的溫差環境中都可以突出臉部的輪廓。由於秋冬季的皮膚比較乾，在打完底色後不必抹

太多的粉，選擇白一些的蜜粉薄薄的撲一層即可。

2.頰紅營造健康美

秋冬季雨雪天較多、少陽光、天色灰暗。在顴骨處刷上腮紅會恰到好處地表現健康活潑的氣質，選擇腮紅時應與眼部、唇膏的顏色協調統一，如用淺色的唇彩和眼影色，則可配淡粉紅色的腮紅，達到完美的效果。

3.亮麗的唇色

秋冬季素白的臉部配以粉紅或橙色系的唇膏會顯得生機勃勃，有青春的朝氣。上唇膏之前先抹上一層潤唇膏，以保護嘴唇，防止乾裂。唇膏可選用光澤型朱紅唇膏，唇輪廓線用直線描繪。

4.手部的護理

由於氣候寒冷乾燥，血色不均的問題也會表現在手上，並且更加明顯。在秋冬季到來之前，手部的保養也是不可忽視的問題。清潔手部後就應及時擦上油脂較多的護手霜，還可在指甲上塗上油保護功效的指甲油，既可以增加指甲的光澤度，亦可以在指甲表層形成保護膜，防止指甲面缺水乾裂。

【訓練3】　女空服員工作妝訓練

根據所學化妝知識，化一個古樸典雅的秋冬空服員妝。

區塊五 男空服員工作妝

‖一、男性化妝基本原則及要領

1.男空服員化妝的原則

在飛機上執行工作任務的男空服員也需要進行必要的臉部修飾，應著重表現其陽剛之氣，男空服員的化妝主要強調膚色的內向性和統一性，表現出皮膚的質感，化妝的重點是強調挺立的鼻樑、濃密的眉毛、豐厚的嘴唇。男空服員化妝的重點在於乾淨、自然地體現自身的特點為宜。

2.男空服員需掌握的化妝要領

男空服員的化妝相對於女空服員的化妝來說簡單，「妝成似無」的修正妝容是他們應掌握的化妝要領。

首先需要修飾的就是臉上的皮膚，多數男性的皮膚比較粗糙，並且常常膚色發暗，有色斑和較多的皺紋。選用一種比膚色暗兩度的粉底塗在臉部，這樣既可以改善膚色，使皮膚看起來乾淨、細膩，也可以突出臉部的立體感。如果需要特別遮蓋的部位如瑕斑或眼袋，則需塗一點遮蓋霜。

一副好眉毛可以大大提高男性的神采，但是男性絕不要拔眉，而要在原有的眉毛上進行修飾，畫眉時最好用眉刷沾上黑色眉粉刷出眉型，再反覆用乾淨的眉刷刷掉過多的顏色，直到眉毛看起來非常的自然。

對眼部不要做過多的修飾，用眼線適當修飾即可，要自然、協調，體現自身的五官特點與氣質。太複雜的修飾只會弄巧成拙，有損職業形象。

挺直的鼻樑可以使男空服員更具男子氣概，在鼻樑的兩側塗以暗色，並把鼻樑用淺色提亮使人看起來更為挺拔剛毅。

許多男性的嘴唇沒有血色或顏色比較暗，可以適當塗些唇膏。但對於唇膏在顏色的選擇上要特別慎重，一定要選擇和自己唇色及膚色相配的顏色，不要勾畫唇線，薄薄的塗一層唇膏後，要用化妝紙按去唇上多餘的顏色，使其自然柔和。

在使用腮紅方面，男空服員一定要慎重、仔細。一般情況下，不要使用腮紅，可以用修容餅來修飾，因為一旦使用不當會直接影響空服員的職業形象。如果在化妝後仍覺臉色很蒼白，可以試著現將雙手搓熱，再用掌心輕拍臉頰，這樣自然泛出的紅色比較自然。

‖ 二、男性化妝的基本步驟

1.洗臉

用洗臉產品清潔整個臉部，應順著毛孔生長的方向由上往下進行清洗。

2.化妝水

男性的皮膚多偏油性，應選用收縮性的化妝水，既可以收縮毛孔還能控油，以防止脫妝，影響整個妝面。

3.乳液

可在臉部薄施一層乳液，「T」字部位油脂分泌較多的人，則可在油脂過多的地方不用乳液，其他部位稍塗一些即可。

4.基礎底色

男空服員由於膚質的關係，最好選用濕粉，用量要少，先打外輪廓，包括耳朵、脖子等其他部位。濕粉應根據自身的膚色的深淺來選擇顏色，皮膚較白、膚質較乾淨的只需用打完外輪廓的海綿暈染一下內輪廓即可；臉盤較大、膚色稍暗者，應用偏深的濕粉暈染，用深點的濕粉局部遮蓋瑕疵較多處。

5.修飾鼻樑

對於鼻樑的修飾，可以在鼻樑兩側使用深色的粉底達到收縮鼻翼的效果，在鼻樑的正臉部位使用些提亮色來增強鼻子的立體感，使鼻樑看起來更挺立。

6.定妝

在定妝時，可選用粉質細膩的蜜粉，這樣看起來比較自然服帖。用少量的蜜粉輕按整個臉部，再用粉刷將多餘的蜜粉掃去。

7.修飾眼部

畫眉時，用眉刷沾少許眉粉輕刷眉毛，顏色不要太深，看起來要自然。在眼睛的修飾上一般都不塗眼影，眼線描畫一定要淺，儘量靠近睫毛根部，主要是強調眼形及眼的神韻。

8.修飾臉頰

黃中帶紅的臉頰不需要進行修飾，臉頰帶白或太暗可適當用修容餅進行修飾，使膚色健康自然，還能造成收縮臉龐的作用。

9.唇膏

男空服員一般不需要畫唇膏和唇線，只需使用一點無色的唇油和潤唇膏。

在進行實際化妝時，以上的化妝步驟要因人而異，從第4～第9可以選擇進行。

【訓練1】 男空服員工作妝訓練

根據所學化妝知識，化一個青春健康的男空服員妝。

單元小結

透過對空乘職業特點的瞭解和學習，準確把握客艙化妝的一些基本要求。在掌握了一定的化妝知識和化妝技術後，運用這些化妝技巧把空乘工作妝與自身的氣質特點、不同的季節環境等完美地結合在一起，更好地體現空服員的職業形象。隨著時代的發展，男空服員的加入也成為客艙服務的一道亮點，瞭解並掌握男空服員工作妝的基本要求和步驟，能更好地展現男空服員的風采。

思考與練習

1.根據空服員的職業特點，簡述空乘工作妝的基本要求。

2.根據所學的客艙化妝程序，並結合自己的個性氣質，為自己化一個夏季空服員妝。

3.試述女空服員工作妝與男空服員工作妝的異同。

第九單元 其他化妝技巧

本章導讀

　　本章著重介紹化妝中除工作妝以外的兩種化妝類型，生活妝和舞台影視妝兩種。化妝技巧的運用在許多方面還是有很多共同性的。生活妝按春夏秋冬四季分明的色彩來指導學生化妝；而舞台影視妝則側重於光線的照射對化妝效果的影響。現代妝型分類比較細緻，以其不同的用途及環境等條件，可劃分為多種妝型，光線照射在其中也產生重要作用。

重點提示

（一）知識目標

1.透過本章學習瞭解生活妝與舞台影視妝的特性。

2.透過本章學習能夠區分生活妝與舞台影視妝的異同點。

（二）技能目標

1.掌握初步的化妝技法，能夠按色彩來界定。

2.掌握按不同類型人的臉部特點來修正妝型。

區塊一 生活妝

　　生活妝是生活中常用的妝面，又叫淡妝或者日妝。清淡的生活妝，能給人以友好、熱情、開朗、健康、美麗的好印象。生活妝與工作妝最大的差別就在於，生活妝以清馨、舒適為宜，而工作妝是職業場合所用，所以工作妝要求典雅、正式、精緻。

║一、生活妝之塑造個性

（一）「小眼迷人」化妝要點

　　圖中模特擁有較理想的臉型，五官造型一般，但眼睛小而圓。化妝要點如下：

（1）上眼瞼整體塗高光色，外眼角上方暈染淡紫色，內眼角上方暈染淡黃色。

（2）上眼線勾勒得很細，下眼線只採用陰影色暈染一下。

（3）用淺桃紅色刷腮紅，切記不可一次刷得太濃，可以一層一層地補刷，使肌膚產生健康潤澤的效果。

（4）選擇與腮紅同類的淺桃紅色唇膏塗沫，上面再塗一點唇彩油，效果更理想。

（二）流動的色彩

圖中模特面容較平，淺膚色，眼形一般，薄唇型，缺少生動的氣息，靈動感少。所以在化妝中要增強陰影色的立體效果、突出個性感，選擇偏明快的色彩、淡雅的色調，形成秀麗活潑的化妝效果。化妝要點如下：

（1）眉型分得較開，外眉梢略延長一些，上眼瞼部位塗敷淡黃色眼影色，

外眼角上面和眼窩處暈染陰影色。

（2）只勾勒上眼線，下眼線用陰影色暈染，淡化鼻型。

（3）顴骨下方凹陷部位塗陰影色，顴骨上方刷桃紅色，唇形修飾略豐滿，色調可選擇桃紅色或粉紅色。

（三）雅緻

圖中模特為比較典型的東方女性的面容，長圓臉，眼睛位置偏上，厚唇型。在化妝設計時，有意識將其五官的效果柔和化。化妝要點如下：

（1）寬眉型修飾為平眉，眼睛呈微笑型，淡化鼻型。

（2）在上眼瞼的內側及外側暈染粉棕色，中間部位暈染高光色。採用深棕色畫眼窩，畫眼線時將眼睛塑造成彎月形。

（3）將唇修飾得更加飽滿圓潤。色調採用含蓄、穩重的深桃紅色或褐紅色。

（四）活力無限

　　佩戴眼鏡的女士在化妝時，要考慮到眼睛的造型與色調。圖中模特為長眼形，眼睛雖然較大，但由於長期佩戴眼鏡有些變形。在化妝設計上應注意眼部的修飾和唇形的展示。

化妝要點如下：

　　（1）強調眉型的修飾。提高眉型位置，使其高於眼睛框，修細、拉長，用眉筆或化妝筆一根根細緻地描畫。眉型選擇平緩走向，表現臉部的柔和感。

　　（2）眼影色可以略微加深一點，眼窩陰影色橫向暈染，眼線不要拉長。

　　（3）唇形修飾圓潤。上唇線平緩，用粉底霜修飾掉唇峰，下唇線呈船底形。選擇明快色調色彩，如粉紅色或桃紅色。

║二、四季生活妝

（一）春季妝

鮮花盛開、色彩濃郁的春天帶領你的心靈起舞，花朵獨有的色彩，撒落在妝容的眉眼之間；動人心魄的玫瑰色，霧一般的粉棕色，在描繪與暈染之中，造就了純淨花朵一樣的妝容，充滿遐想與期盼。

春季妝多為羅曼蒂克風格的妝型，表現為理想化的、夢幻般的浪漫情節。如圖：

塗粉底霜之後，在顴骨下方凹陷部位、下顎骨兩側塗粉棕色陰影粉。採用淡粉色眼影塗於上眼瞼處，眼窩陰影處以嬌豔的玫瑰花色眼影暈染，並且向兩側外上方勻開，下眼瞼邊緣也適用這種色調暈染，上眼瞼中部邊緣提亮，深棕色勾畫上眼線，靠外眼角處加寬，略長一些。唇膏色為淡粉色，清澈而透明，略深於唇膏色的唇線筆勾勒唇形輪廓，使唇部的效果嬌豔可愛。腮紅也同樣採用同色系的淡色刷於顴骨下方凹陷部位及顴骨上部，整體色調為粉棕色。

生動的妝型依戀在春天的懷抱之中，姑娘就像花一樣的神采飛揚，風情萬種，這是大自然賦予的靈動與夢幻。

（二）夏季妝

　　夏季沙灘蔚藍的天空白雲朵朵，那一望無際的碧水襯托著青春靚麗、陽光般的少女；她們沒有繁瑣和浮華的修飾，將活力盡情地融入這大自然之中。這是一幅令人浮想聯翩的童話。

　　夏季妝多為活潑、隨意風格。妝容簡潔大方、自然，著重表現人物本色的青

春活力，採用偏暖色調的色彩，展示個性。如圖：

採用色調適宜的水溶性粉底霜，用化妝水將粉底霜溶解後，薄薄地塗抹在臉部，然後用紙巾在臉部輕輕拍一拍，吸去多餘的水分，使效果更加自然。採用淡紫色調的眼影色。上、下眼線採用棕色眼線筆強調輪廓，注意下眼線要畫得淡些，從外至內2/3處逐漸消失。腮紅刷於臉頰中間部位，呈倒三角形，表現出青春、健康的潤澤感，選擇柔和的桃紅色或褐紅色腮紅。

（三）秋季妝

秋風從白樺林間穿過，灑下一片金色的歌聲。隨意捲曲的長髮，簡潔的妝容，帶著秋天的舒暢與安詳的田園風格，悄然走進人們的心坎。

　　秋季妝表現為民俗、民間風格。柔和的化妝效果自然，減少修飾感，妝色為偏暖色調。如圖：選用偏暖色調的粉底霜，用棕色陰影色塗抹於下顎角，使臉型顯得秀麗，整體以透明散粉定妝。眼窩處淡淡地塗一點棕色陰影。用棕色、棕紅色、淺棕紅色從上眼瞼向外、向上分別逐漸暈染，注意過渡要均勻。眉型修飾為長型，以棕色眉筆畫眉，向上微微翹起，顯出活力。眼線同樣用棕色，上眼線細而精緻，不要長於眼形，下眼線暈染得淡一些。選擇淺淡的桃紅色刷腮紅，刷於顴骨下方凹陷處及顴骨上面。唇形基本不變。整體形象效果舒暢、質樸、自然，賦予秋天的色彩。

　　（四）冬季妝

　　冬日的陽光溫暖而舒暢，鮮豔的暖色修飾，柔和的暖色化妝，令人融入這冬日和煦的陽光中。

冬季妝多為柔和的羅曼蒂克妝型日妝。如圖：

　　粉底霜塗抹均勻之後，在顴骨凹陷部位及下顎兩側塗少許陰影色，在下眼瞼處打上些高光色，以消除疲勞暗色。以棕色、棕紅色眼影從上眼瞼邊緣分別向上、向外暈染，過渡均勻，在上眼瞼中部邊緣處用高光色提亮。用棕色畫眼窩並且與眼影色融合，上眼線以深棕色描畫，線條清晰精緻，下眼線以棕色暈染，從外至內2/3處逐漸消失。以棕褐色在外眼角上部再著重暈染，增加眼睛的傳神效果。眉型採用細眉型，向上弧起。以褐紅色腮紅刷腮紅，塗於顴骨下方凹陷部位及顴骨上部。唇形修飾略微內斂，勾唇線，唇膏色為暗紅色。整體妝型效果溫暖、自然，具有成熟女性的親和力。

　　【能力訓練】

小張是一位即將參加航空公司面試的學生。她在考慮怎樣的妝容能給考官留下較好的印象。請同學們根據這個案例為小張同學設計一個妝容參加航空公司的面試。

區塊二　晚妝

晚妝與生活妝適用的場合不同。晚妝大多數指的是參加晚上比較正式活動所需的化妝，包括晚會妝、晚宴妝等。由於光線及室溫的因素，晚妝所要表現的妝容特點及色彩的運用比生活妝需表現出更加濃豔、華麗、典雅、端莊等不同風格，裝飾性較強。

晚妝與燈光效果關係密切。不同的光色會使化妝色調產生不同的感覺效果，利用光的特性，將會使化妝色調表現得更為出色。

‖ 一、宴會妝

此妝容選擇遮蓋力較強的粉底霜。宴會上較強的燈光會使化妝色調變淺，因此，要使用偏深色調的粉底霜。散粉定妝後塗抹陰影色和高光色，加強結構感，修飾好粉底霜後站在鏡子遠處檢查一下整體效果。將眉型修飾成細長型，略向上挑起，選擇淡藍色眼影塗於上眼瞼，在眼窩處暈染陰影色，使眼睛的結構更立體，輪廓更加分明，將陰影色與淡藍色眼影銜接均勻，不可顯出明顯的邊緣線。在上眼瞼中部邊緣塗抹一點珠光色用於提亮。

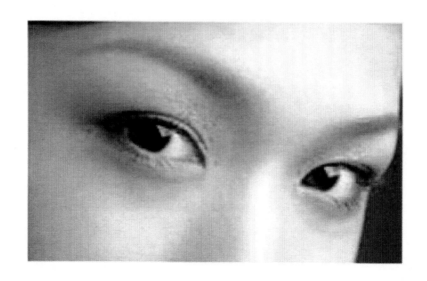

　　畫上眼線時，內眼角一側要漸細漸淡，外眼角一側略寬，長於外眼角；畫下眼線同樣是從外至內逐漸細、淡，然後採用藍色眼影暈染一下；最後刷睫毛膏。刷腮紅從耳前顴骨凹陷部分開始，使用粉刷將玫瑰色腮紅刷於整個顴骨部位，追求裝飾性效果。

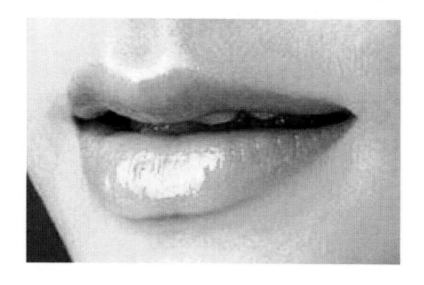

在這一妝型中唇形是非常富有表現力的。上唇形邊緣略弧一些，唇形不能畫得太低，下唇形豐滿，唇角略微內斂，畫出唇峰。唇膏選用淺玫瑰紅色，不能選擇偏藍或棕的唇膏，再塗上少許唇彩油。妝容冷豔、迷人，富有個性，令人難忘。

二、舞會妝

舞會妝多為活潑、俏麗風格的妝型。如右圖：

選擇適宜自己的粉底霜。眉型修飾略微細長，採用黑色畫上、下眼線，將藍灰色眼影沿著眼線塗於上眼瞼，然後，用海綿或眼影刷將眼線與眼影融合在一起，再將藍綠色暈染上眼瞼外眼角部位及下眼瞼邊緣，以珠光淺綠色眼影提高上眼瞼邊緣中部，眼妝效果充滿了迷幻感。腮紅刷於從顴骨至耳際之處。唇形修飾出圓潤飽滿，勾畫出雙唇的性感輪廓。選擇具有滴水般質感的櫻桃色唇膏，妝容

效果更為突出。再在唇膏上塗上一層唇蜜，顯得更具果汁般的誘惑力。

區塊三 矯正化妝

生活中我們仔細觀察朋友或接觸到的一些人，發現他（她）們的眼睛、鼻子、嘴、眉毛等等單獨分開來看都很漂亮，但從整體上這個人的形象卻稱不上漂亮；相反有些人的五官單獨觀察並不美麗，整體看上去這個人的形象很和諧、舒服。這是因為人的臉部同樣存在比例關係等許多問題。

我們每個人都有自己的個性情況，都希望得到具體的指導來進一步提高自我特徵的觀察能力和設計能力，利用不同的化妝手段、色彩度及臉部線條形狀與位置的不同，修飾自己。我們稱這種方法為矯正化妝。

一、不同臉型的矯正化妝方法

臉型的不同，有時也表現個性情況的不同，根據每個人不一樣的特色，我們可以透過整體的設計構思，發揮最佳的個性特點。

（一）長形臉

特點：容易給人產生立體、結構明顯的印象，但往往也會讓人感覺稜角過於突出、生硬。透過化妝的修正可以產生親切、圓潤、溫柔的效果。

修正方法：

（1）在臉部修正時，可以用陰影色或修容液在前髮際線邊緣及下顎底部使其收縮，使過長的臉型略微短一些。修飾時要注意陰影色與基礎底色的自然過渡。

（2）眼睛和眉型的修飾適當拉長，使人產生臉部橫向發展的感覺。

（3）腮紅也應橫向暈染。

（4）嘴唇不宜描畫得過小，應豐滿、圓潤。

（二）圓形臉

特點：給人產生的印象是較甜美、年輕，但有時也會讓人感覺臉型有些過於圓潤，缺乏立體感。修飾重點是體現臉部結構及骨骼構造，增加立體感。

修正方法：

用陰影色或修容餅在外輪廓作收縮或轉折的修飾，越靠近外輪廓線色深色重，靠近內輪廓方向色淺色淡，注意陰影色與基礎底色的自然過渡。

（1）眼部強調結構的力度，選擇可信的、較深的結構色加強眼瞼溝的構造，且面積不宜過大。

（2）眉型設計要有力度，轉折明顯，虛實結合得當。

（3）鼻樑的提亮色可以表現得比較明顯，提高鼻子的高度，這個是使臉部產生立體效果的有效方法。

（4）腮紅縱向暈染，產生拉長臉型的效果。

（5）嘴型要描畫得有稜角，下唇可適當增厚。

（6）下巴底部加提亮色，使臉型產生延長的感覺。

（三）菱形臉

特點：額角偏窄、顴骨凸出、下顎角偏窄，不加修飾容易給人產生單薄而不豐滿的感覺。

修正方法：

（1）用提亮色豐隆額角及下顎角，用高光色表現。

（2）用陰影色從側髮際線向內收縮顴骨，減弱顴骨過於突出的外觀感。

（3）眉型可參照長臉型的修飾方法，適當拉長，用眼影、眉型來表現柔和的感覺。

（4）腮紅修飾是菱形臉個性化妝上的一個困難點。腮紅應作環狀暈染，將腮紅用在突出的顴骨上，靠近髮際線是重點，向內經過顴骨的高點，再以環狀向

下漸淡漸消作暈染。

（四）方形臉

特點：兩上額角和下顎角比較寬，具有稜角感。短寬的造型，缺少女性的柔美，輕盈效果。

修正方法：

（1）採用陰影色塗額兩個額角、下顎角及顴骨下凹陷部位。

（2）以高光色提亮額中部、顴骨、下顎中部、鼻樑處。

（3）選擇棕紅色或深桃紅色等偏深色調的腮紅刷腮紅，腮紅的面積要窄，向斜上方暈染。同時臉部下方適當地加塗輪廓紅，增加女性柔美之感。

（4）眉型採用上挑形弧線，以淺色眼影色塗於上眼瞼，外側上眼瞼部位暈染陰影色，上沿線略加寬，在眼尾向上微翹，下眼線以陰影色暈染。

（5）唇形設計飽滿、圓潤，適當誇張，下唇呈船底形，選擇淺桃紅色、粉紅色等。

（五）倒三角形臉

特點：額部寬大，下顎角內收，下顎較長，缺少柔和之美感，神態效果比較生硬。

修正方法：

（1）在兩個額角及下顎處塗陰影色，使臉型顯圓潤些。

（2）腮紅暈染面積較寬，在顴骨上部和下部凹陷部位暈染均勻，選擇明快色調的腮紅。

（3）在整個上眼瞼上塗紫色眼影色，外眼角上方暈染陰影色，眉型與上眼線均適度上揚，眼角上翹。

（4）唇形圓潤，下唇誇張，造型呈船底形，選擇豔麗的色調，魅力迷人。

（六）三角形臉

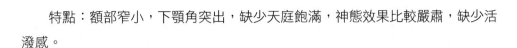

　　特點：額部窄小，下顎角突出，缺少天庭飽滿，神態效果比較嚴肅，缺少活潑感。

　　修正方法：

　　（1）採用陰影色塗下顎角處。

　　（2）以高光色提亮額兩側、顴骨外側，鼻側陰影不需要較重刻畫。

　　（3）腮紅修飾很重要，在顴骨下凹陷部位和顴骨上部同時向外側暈染。

　　（4）唇形修飾圓潤，增強臉部整體的效果。

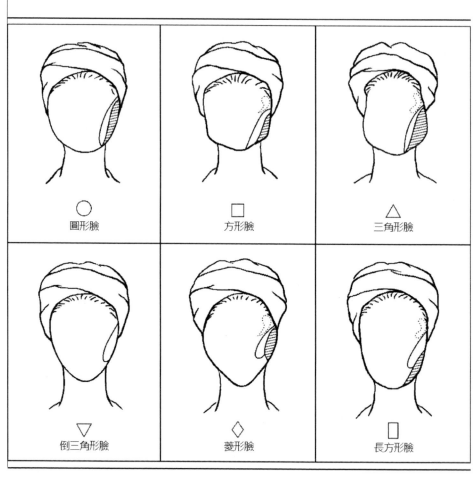

○ 圓形臉	□ 方形臉	△ 三角形臉
▽ 倒三角形臉	◇ 菱形臉	▭ 長方形臉

高光色　　腮紅　　陰影色

不同臉型的矯正化妝示意圖

二、眉型的矯正化妝方法

眉毛是眼睛的畫框，同時也能極好地表現每個人的個性特色。在自我形象設計過程中，不少人往往對符合自己個性的眉型不是很瞭解，在設計個人的眉型

時，一定要結合臉型、眼形，考慮性格、氣質等綜合因素，使之更自然、貼切、和諧。

（一）散亂眉型的修飾

有些人的眉毛沒有明顯的眉型外觀，眉毛生長得比較散亂，我們可以先設計合適的眉型，再用棕色或黑色的眉筆進行輪廓修飾。

方法：拔去多餘散亂的雜眉。

（1）用熱毛巾熱敷眉部，使毛孔張開，避免拔眉時的疼痛。

（2）用棕色眉筆畫出眉型框。

（3）選擇專業的拔眉鑷子將眉型輪廓外的散眉快速拔去，注意要順著眉毛的生長方向拔除。

（4）用乾淨的冰毛巾或冷毛巾冷敷眉部，使毛孔收縮。

（二）下掛眉型的修飾

（1）在原有眉型眉頭的下端，向下漸漸畫出與眉毛顏色相同的線條。

（2）在眉峰和眉梢的上端加出適當的線條或色彩，也可用眉粉刷出眉型。

（3）再用透明無色的睫毛膏將眉毛刷成略微上揚的趨向。

（三）上斜眉型的修飾

過於上斜的眉型易讓人產生厲害、刁鑽的印象，進行修飾後，可減弱過於上斜的趨向。

（1）在原眉型眉頭的上端漸漸向上畫。

（2）在原眉型的後半部分的下端向下畫。

（四）過淡眉型的修飾

眉型過淡很影響個性的表現，但同時也有優勢，可以在需要出席的不同場合配合服飾或整體形象作各種眉型的設計也可以根據自己的個性情況及臉型條件表

現出各種不同的氣質。

（五）斷眉或空缺眉型的修飾

（1）選擇灰色或駝灰色的眉筆，在修飾前，先設想出一條完整的眉毛形狀。

（2）用眉筆將空缺部分描畫出來，最好畫成一根根疏密有致的線條。

（3）注意畫眉時眉毛的邊緣部位較淡的，眉腰部分則較深。

下圖為各種眉型的矯正方法，幫助大家在化妝過程中參閱。

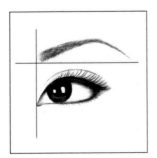

標準眉

端莊、大方。
特點: 眉與內眼角在同一
垂直線上,兩眉距為一只
眼寬度。

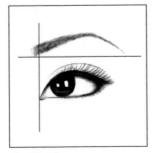

向心眉

嚴肅、兇相。
特點:二眉頭靠近,
超過內眼垂直線。

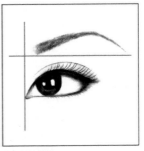

遠心眉

開朗、寬厚。
特點:二眉頭距遠,
遠離內眼角垂直線

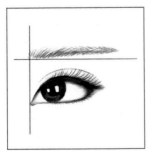

水平眉

嫻淑、純情。
特點:眉頭與眉尾近似水
平線,眉峰處沒有變化。

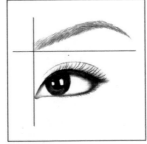

上升眉

活潑、俏麗。
特點:眉尾傾斜向上,
高出眉頭水平線。

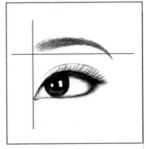

下垂眉

憂鬱、愁相。
特點:眉尾傾斜向下,
超過眉頭水平線。

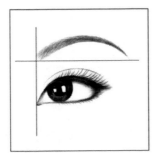

½眉峰

華麗、嫵媚。
特點:眉峰在眉頭與眉尾
1/2處提升,可增長臉部。

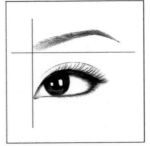

3/4眉峰

莊重、明朗。
特點:眉峰在眉頭與眉尾
3/4處提升,可增寬臉部。

▋三、嘴型的矯正化妝方法

嘴巴也是人們在臉部關注的焦點，被稱為女性最有誘惑力的器官。它和眼睛一樣傳情，會說話，表情也無比豐富，所以常常被人稱為面容的魅力點。

整個面容形象的和諧，嘴唇也是其中至關重要的一個部位，也是女性最喜歡表現和容易表現的，但不少人往往忽視對嘴唇形狀的修飾，沒有注意容顏整體美的效果。

（一）厚嘴唇的修飾

（1）在原唇線的內側，用淺棕紅的唇線筆畫出略縮小嘴唇形狀的新唇線。

（2）選擇略深的唇色與唇線銜接，不要選擇光亮及帶螢光成分的唇膏。

（3）最好使用粉質的唇膏，用比較含蓄的色彩修飾，產生縮小唇部體積的效果。

（二）薄嘴唇的修飾

（1）用比唇膏色略深的唇線筆，在原唇線外畫出適宜臉型的嘴唇形狀。

（2）再選擇略深的唇色與唇線相銜接，向嘴唇內側暈染，選擇略淺或帶光亮的唇色修飾，以顯示嘴唇的豐潤效果。

（3）注意，修飾時唇線筆所畫的形狀與原有唇線不能太明顯地截然分開，可在二者之間的空隙處用唇線筆輕輕地向內暈染，防止失真。

（三）鼓突嘴的修飾

這類嘴型的修飾要點是要準確選擇唇膏的色彩。因為過於鮮豔、過亮、過淺的唇膏色都會使嘴型顯得更加突出，應選擇中性色彩，同時不能描畫清晰的唇線。另外在整體修飾時，可將眼睛的魅力表現得十分充分，轉移對嘴唇部位的注意力。

下圖為各種唇型的矯正方法，幫助大家在化妝過程中參閱。

常見唇型	矯正方法	矯正圖示	矯正後
唇角下垂	用唇線筆修飾唇形，盡量提升下垂角度，然後塗唇彩。		
唇形彎度過大	用唇線筆修飾唇形，減少彎度，然後塗唇彩。		
唇過小	用唇線筆將唇放大，塗亮色，鮮豔唇彩		
唇形不對稱	用唇線筆矯正不對稱出，然後塗唇彩。		
下唇薄	用唇線筆加厚下唇形，然後塗滿唇形。		
上唇薄	用唇線筆加厚上唇形，然後塗滿唇彩。		
上下唇過薄	用唇線筆加厚上下唇形，然後塗滿唇彩。		
上下唇過厚	用唇線筆將唇形縮小，宜使用不顯眼的唇彩。		

各種唇形矯正化妝方法示意圖

單元小結

　　每一個人都具有自身的個性特點，當我們具備正確的觀察力掌握並能熟練運用化妝技巧進行修飾之後，一個嶄新的自我形象也就脫穎而出。本章節透過講述生活妝、舞台妝及矯正化妝的特點，讓空服員能夠掌握並熟練運用化妝技巧，為個性化的儀表增添色彩。

第十單元 日常護理與形象塑造

日常護理對人體美化、形象塑造起著重要的作用。民航空服員作為現代生活的職業女性，工作緊張、生活忙碌，必須加強日常護理。民航空服員要透過科學合理的飲食、四季護膚、保持健康的心理、長期的健身健美、自我美容按摩來達到美體與美容的目的，從生活的點滴做起，塑造良好的個人形象。

區塊一 飲食與美容

本章導讀

食物為人體活動提供能源和動力。飲食中營養成份的攝取不僅與身體健康密切相關，而且與身體美容有著一定的聯繫。許多食物具有獨特的養顏、美髮、減肥之效，人體的胖與瘦，皮膚的粗糙與細嫩，毛髮的亮麗與枯黃，均與科學合理的飲食密切相關。民航乘務服務工作十分辛苦，空服員需要瞭解飲食與美容的關係，透過平衡膳食使自己皮膚紅潤、容光煥發，充滿活力，達到美體與美容的目的。本區塊將介紹飲食對美容的影響。

重點提示

1.瞭解飲食營養與美容護膚的內在的聯繫。

2.掌握飲食對美容的影響，學會如何利用利用飲食進行美膚、減肥、美目和美髮。

一、飲食與美容的關係

個人的容貌美不美，除了先天基因之外，後天的精心調理和保養是非常重要

的。美容專家認為，美的關鍵應當來自人體內部，許多有益於人體健美的食品對一個人的健美將會造成重要的作用，飲食營養與美容護膚有著內在的聯繫。

（一）合理的飲食能夠促進美容

營養是食物中對人體有用的成份，用來促進人體及人體細胞的生長、修補、再生與新陳代謝。其中，蛋白質是一切細胞和組織結構必不可少的成份。在人體內的主要功能是調節機體正常生理功能，保證機體的生長、發育及修補損傷的身體組織。碳水化合物是人體主要的能量來源，脂肪能產生熱量，礦物質擔任人體中各種化學反應催化劑，維生素是人體維持正常新陳代謝的營養素。因此，為了健康美麗，除了要平衡膳食還要遵循一定的飲食原則。

飲食與保健美容有著密切的關係。首先，許多食物具有保養肌膚的作用，這些美容養顏食物除了能保持皮膚的光澤性之外，同時也可增強皮膚的緊致和柔韌。其次，合理飲食有美髮作用，均衡的營養才是美髮的根本之道。頭髮的外觀雖然是沒有生命的角質化蛋白質，但它之所以會不斷地生長，是因為頭髮上的毛囊頭吸收血液中的營養，供給髮根之故。人體飲食一旦出了問題（如偏食、營養不良、節食等），頭髮將難以呈現健康的色澤。再次，合理的飲食有利於明目，例如用植物油燒製的胡蘿蔔、帶麩皮的麵粉做的麵包、柑橘類水果都有助於眼睛防護。最後，合理的飲食有利於固齒，例如每天吃150克優格，一個檸檬，含有固齒的磷元素魚和家禽都有益於保護牙齒。合理飲食對人體保健美容作用還很多，在此，就不一一列舉了。

（二）不合理的飲食加速人的早衰

人與人從外表上看可以相差十歲甚至更多，未老先衰的現象是由多種原因造成的，其中常吃某些易催人早衰的物質是一個重要原因。含鉛食品、醃製食品、霉變食物、水垢、高溫油煙、煙霧、酒精飲料等食物會損害人體健康，易促使臉部生成皺紋。另外長期存放的餅乾、糕點、油脂、食用油等會生成促使人體早衰的過氧脂質。

‖ 二、飲食對美容的影響

飲食對人體保健美容的影響很多，本節重點介紹一下飲食對美膚、減肥、美目和美髮的影響。

　　（一）飲食對肌膚的影響

　　美容與飲食有十分密切的聯繫。日常生活中的許多食物除供給人體所需的營養素外，還具有養顏、護膚、美容的作用。合理的飲食，可以充分發揮人體遺傳上的優點，從而減緩自然的衰老進程，達到美容駐顏的效果。為了達到美膚的作用，應該做到以下幾點：

　　1.科學地適量飲水

　　水分與皮膚的關係極大，人體組織液裡含水量達72％。當人體水分減少時，會出現皮膚乾燥，皮脂腺分泌減少，從而使皮膚失去彈性，甚至出現皺紋，水對於美容至關重要。喝水時要注意以下幾點：為了保證水分的攝入，每天至少應喝3升水（6杯水左右）；飲水最好以白開水為主，以牛奶、菜汁適量代水也有助於健康美容；清晨空腹喝一大杯水，然後右側臥10分鐘，對肝和膽有益；少喝冰水，因冰水會使消化分泌受阻，使消化器官疲勞，導致消化不良；臨睡前不宜多喝水，晚上水喝多了會引起眼皮水腫而影響美容；飯後不要大量飲水，此時水喝多了會沖淡胃酸，就會減弱殺菌力，又不利於消化；喝水應喝一次性燒開的沸騰不超過5分鐘的開水為最適宜，反覆燒煮的開水容易致癌。

　　2.合理補充營養素

　　不少食品中的營養素本身就具有很好的美容健體作用，從食品中獲取營養素方法簡單、易於掌握，是自我美化形體、美容的最簡便易行的方法。

　　增加富含膠原蛋白和彈性蛋白食物的攝入量可以使細胞變得豐滿，從而使肌膚皮膚光滑而富有彈性。富含膠原蛋白和彈性蛋白多的食物有豬蹄、動物筋腱和豬皮等。

　　補充優質蛋白質可以促進人體細胞的生成、加速皮膚生理功能，瘦豬肉、兔肉、雞蛋、鴨蛋、羊乳酪、牛奶、海參、烏骨雞、銀魚、黑豆等富含優質蛋白的食品，都有護膚、美容功能。

皮下適當儲存脂肪可增加皮膚的彈性，推遲皮膚衰老。動物脂肪不易被人體消化，會加速皮膚老化，而植物脂肪中含有的多種不飽和脂肪酸、亞麻酸則有極好的美豔滋潤皮膚的作用，建議多食用葵花子油、大豆油、玉米油、胡桃仁、松子仁、杏仁等。要注意脂肪量的合理攝取，脂肪攝入過少，皮膚可因缺少脂肪而顯得乾澀無光澤。但脂肪攝入過多，易使皮下脂肪堆積，引起肥胖，還可造成皮膚脫屑、脂溢性皮炎、痤瘡等皮膚病。

適當補充糖類能幫助蛋白質在體內的合成，維持正常脂肪代謝，保護肝臟，間接起潤膚美容的作用。人體無法消耗的糖分會轉換成皮下脂肪儲存，所以減肥期間盡可能避免食用糖分多的碳水化合物，尤其是精純的白砂糖、精白米、精白麵粉；儘量少吃或不吃含澱粉過多和極甜的食物，如甜薯、馬鈴薯、藕粉、果醬、蜂蜜、糖果、蜜餞、麥乳精、果汁甜食等。

3.合理搭配微量元素

微量元素參與生命物質的代謝過程，並且是護膚美容所不能缺少的重要物質。

鐵是人體所必需的一種微量元素。人體缺鐵時，則顏面蒼白、皮膚無光澤，應該多吃烏魚、海蝦、海帶、豬肝、牛肝、牛腎、淡菜、海參、黑豆、黃豆、菠菜、黑木耳等含鐵較多的食品。

鋅是人體內多種酶的重要成分之一。人體缺鋅會皮膚粗糙、顏面蒼白、頭髮乾枯，應該多吃海參、海魚、海帶等海產品及雞蛋、羊肉、核桃仁、松子仁、葵花子、蔥等含鋅較多的食品。

銅參與人的造血過程。人體皮膚的彈性、潤澤與銅的作用有關，如果人體缺銅，則可引起皮膚乾燥、粗糙，毛髮乾枯。

碘維護人體皮膚及頭髮的光澤。如果碘缺乏，皮膚多皺並失去光澤，應該多吃含碘量較豐富的食品，如海帶、紫菜、海參、海蜇、海蝦、蛤、蚶等海產品及胡蘿蔔、番茄、蘑菇、馬鈴薯、豌豆、萵苣、香蕉、白菜等蔬菜水果。

4.常吃富含維生素的食物

維生素對於防止皮膚衰老，保持皮膚細膩滋潤起著重要作用。

維生素E對於皮膚抗衰有重要作用，被公認有抗衰老功效。維生素E能促進皮膚血液循環和肉芽組織生長，使毛髮皮膚光潤，並使皺紋展平。含維生素E多的食物有穀類、小麥胚芽油、棉子油、綠葉蔬菜、蛋黃、堅果類、肉類、乳製品、豆油、花生油和香蕉等。

維生素A也稱美容維生素，可以使人的皮膚柔潤、眼睛明亮，並減少皮脂溢出而使皮膚有彈性。當人體缺乏維生素A時，皮膚會變得乾燥、粗糙有鱗屑，會加速皮膚老化。富含維生素A的食物有動物肝臟、魚肝油、牛奶、奶油、蛋黃、胡蘿蔔、番茄、橘子、菠菜、芹菜、大蒜、檸檬、馬鈴薯、麥胚、植物油等。維生素A為脂溶性維生素，因此為提高其利用率，應採用煎、炸、油炒的烹調方法。

維生素B類是皮膚光滑細潤不可缺少的物質。如果膳食中缺少維生素B1，除人體易感疲勞、抵抗力降低外，皮膚也易乾燥並產生皺紋。人體若缺乏維生素B2時，會出現口角炎和脂溢性皮炎、粉刺及色斑等。維生素B6與氨基酸代謝關係甚密，皮脂分泌緊密相關，因而，頭皮脂溢、多屑時常用它。富含維生素B1的食物有各種粗糧、花生、黃豆、豌豆、瘦豬肉、蛋黃、動物心、肝、腎等；富含維生素B2的食物有肝、腎、牛奶、綠葉菜、蘑菇、紅薯等；富含　B6的食物有酵母、米、糠等。

維生素C能清除毒素，促進膠原合成，具有較強的抗氧化作用，可以降低黑色素生成與代謝，因而具有保持皮膚潔白細嫩、防止衰老的功效。當人體缺乏維生素C時會影響結締組織中膠原纖維的形成，皮膚的毛孔會變得肥大，並可使粉刺更加嚴重，有傷口時難以癒合。新鮮水果和蔬菜中含有豐富的維生素C，如葡萄、沙棘、刺梨、奇異果、柑橘、酸棗、鮮棗、山楂、油菜、小白菜、香菜、番茄、茼蒿、菠菜、圓白菜、芹菜、番茄、生菜等有益皮膚健美。

5.酸、鹼性食物的平衡

食物有「酸性」與「鹼性」之分。日常生活中所吃的魚、肉、禽、蛋、糧穀等均為生理酸性，葡萄、橘子、菠菜、胡蘿蔔、番茄、青瓜、香蕉、梨、牛奶、

芹菜、蘑菇、馬鈴薯等均為生理鹼性。如果過量食用酸性食物會使體液和血液中乳酸、尿酸含量增高。當有機酸不能及時排出體外時，就會侵蝕敏感的表皮細胞，使皮膚失去細膩和彈性。經常食用鹼性食物，皮膚不易受細菌或藥物的侵蝕，但如果過量食用，也會引起營養不良幣導致皮膚病。想保持健康美麗的肌膚，人體飲食也必須做到酸鹼平衡，正常的酸、鹼性食物的攝入比例應為1：4。

6.根據膚質搭配飲食

女子面龐以白皙細嫩為美。但生活中有些人的皮膚長得黑紅、暗黃、蒼白，適當改變一下飲食結構會對改善皮膚有一定的幫助。

皮膚油脂分泌過多一般是由於過量食用動物油和植物油所致。油性皮膚者在飲食上宜選用具有涼性、平性食物，如冬瓜、絲瓜、白蘿蔔、胡蘿蔔、竹筍、大白菜、小白菜、捲心菜、蓮藕、黃花菜、荸薺、西瓜、柚子、椰子、銀魚、雞肉、兔肉等。控制食用那些會增加皮脂分泌的油脂高的食物，如脂肪多的牛、豬、羊肉和奶油等食品。不宜食用易於使皮膚凝固的食物，如辣椒、辣醬等。吃飯前喝一杯菜汁，效果更好。

食鹽過多易使人肌膚粗糙發黑，經陽光照晒後更厲害。因此，為了保持皮膚白皙，應控制食鹽攝入量，多飲水，勤洗澡，多食含維生素C高的食物。不宜過量飲用咖啡或飲用太濃的咖啡，否則皮膚也容易變黑。

皮膚乾燥者可以多食用一些含維生素A的食物，因為維生素A可以促進皮膚的分泌，使皮膚保持滋潤。應多食黑豆、黃豆、赤小豆、蔬菜、水果、海藻類等鹼性食品。多食用具有活血化瘀及補陰類中藥，如桃花、桃仁、當歸、蓮花、紅花、枸杞子、百合、桑椹等。

【訓練1】 食補美膚訓練

根據所學知識制定一份美膚的食譜。

（二）飲食對減肥的影響

有句話叫「胖從口中來」，飲食對減肥的成功與否起著決定性的作用，為了

減肥，飲食方面應該注意以下幾點：

1.科學安排三餐

想要擁有健康身體與苗條身材，要從健康飲食開始。長時間的挨餓，雖可以暫時減輕了體重（其實這樣減的大多是肌肉，不是脂肪），但同時會造成多種營養物質的供給不足，導致營養不良。這種減肥方法的結果是體重減輕，身體體質下降，免疫功能降低，同時會併發多種疾病，影響健康；因此必須合理用餐。首先要堅持吃早餐。許多肥胖人為了減肥往往不吃早飯，這樣不僅遠遠不能滿足營養需要，長期下去容易引起急性胃炎、胃擴張、急性胰腺炎、冠心病、心肌梗塞等。中餐在饑不擇食的情況下，吃得又快又多，攝入量往往超過早、中兩餐的總和反而使熱量過剩導致身體發胖。其次，穀類、水果、蔬菜等類，都要充份均勻地分配於三餐之中食用。最後，睡前三小時以內不要吃任何東西。如果吃宵夜就會產生超額能量，剩餘的能量轉為脂肪蓄積起來就容易發胖。所以在睡前三小時以內不要吃任何東西是最理想的減肥方法，特別注意不要吃酒類、肉類食物。

2.適量飲水或喝湯

飲水是人們日常生活中必不可少的需要。過分限制水，能使胖人汗腺分泌紊亂，不宜調節脂類代謝，因此減肥要大量飲水。夏季可食用西瓜汁、冬瓜湯等，既能利尿，又能減肥。湯是一種良好的食慾抑制劑。在就餐時多喝些湯，以減少主食的攝入量，從而達到減肥目的。

3.講究烹調方法

同一種原料用不同方法烹調，做出的食品熱量高低也不同。同樣是馬鈴薯，水煮馬鈴薯比薯片和炸薯條的熱量要低得多。研究證明採用清蒸、滑溜、爆炒、汆、煮、滷、拌、燴等烹調方法的食物熱量較低；一些口味濃重的菜，如糖醋味型、魚香味型、家常味型或加明油的菜含熱量高，油燜、煎炸、乾燒、乾烤等烹調方法使食物所含熱量較高。肥胖者宜選用使菜餚熱量低的烹調方法，並採用植物油烹調菜餚。烹飪時，儘量保持食物的生鮮有助於體內卡路里的消耗，調味過濃容易誘人多食，所以要儘量味淡而宜，減少鹽分攝入，一般每日5克左右為宜。維生素B1、維生素B2、維生素C都是水溶性維生素，極易被破壞，烹調上應

注意方法，一般蔬菜應先洗後切，糧食也不宜淘洗次數過多。

4.粗、細糧食合理搭配

粗雜糧中含有更豐富的維生素B群、膳食纖維和礦物質，有利於生理功能的調節和新陳代謝。一些雜糧，如燕麥、玉米、蕎麥都具有降脂降壓、清熱通便、防治代謝性疾病等食養、食療作用。膳食安排中經常食用粗雜糧，對減肥有宜。

5.多吃蔬菜和水果

蔬菜含有大量礦物質和維生素，體積大且熱量低，有明顯的降脂、助消化、通便功能，能有效減肥。果蔬中還含有豐富的膳食纖維，多吃含纖維的食品，能減少人體對有毒物質的吸收，清除人體內的垃圾。建議每日應吃500克以上的蔬菜，其中250克應選時令綠色葉菜。肥胖者一般「飯量」大，減肥過程中要把「飯量」逐漸減少至正常量，開始減肥時會老覺得胃腸空空，多吃蔬菜如黃瓜、番茄、菜瓜、蘿蔔等，可以緩解減肥產生的「飢餓感」，有利於減肥。

6.食用可減肥的食物

自然界中有多種食物是具有減肥降脂功效，如黃瓜、生菜、白菜、蘿蔔、冬瓜、韭菜、蔥頭、菠菜、綠豆芽菜、香菇、茼蒿、黑木耳、海帶、山楂、海蜇、兔肉、燕麥、玉米、紅薯等。肥胖者應該注重這類食物的應用，例如椰菜含豐富高纖維成分，配合番茄、洋蔥、青椒等材料可煲成瘦身湯，肚子餓的時候很管用，低熱量又飽肚。蘆筍含豐富維生素A、C，生吃或者煲熟做一杯蘆筍湯，可當零食或飲料充飢，健康又不會長肉。茄子在一頓正餐中可以發揮阻止吸收脂肪作用。扁豆若配合綠葉菜食用，可以加快身體的新陳代謝，有利於減肥。

7.慎用高熱量食物

少吃或不吃高熱量的食物是肥胖者配膳的原則，日常生活中忌食糖果、巧克力、甜飲料、甜點、冰淇淋、酒等，儘量少吃蜂蜜、肥肉、黃油、內臟、魚子、動物腦、動物脂等。同種類食物，減肥者應選擇熱量低的食用。例如同是肉類，水產品的熱量低於其他肉類；同樣是蔬菜，綠葉菜比塊根類菜熱量低；同樣是麵包，全麥麵包是麵包中熱量最低的；同樣是雞肉，雞肉去皮食用的熱量比帶皮的

更低。

8.減慢就餐速度

平時就餐時減慢進食速度，可以達到減肥目的。日本研究者中村經過觀察指出，食物進入人體，血糖就要升高；當血糖升高至一定水平，大腦食慾中樞發出停止進食信號時，往往已經吃了過多的食物，所以快食會引起肥胖。在吃飯時要細嚼慢嚥，減慢進食的速度，則可有效地控制食量，造成減肥作用。

【訓練2】 食物減肥訓練

根據所學知識制定一份減肥的食譜。

（三）飲食對美目的影響

眼睛是人類觀察世界的重要器官，是人類與外部世界溝通的管道。保護眼睛不僅僅是滴點高級眼藥水，從飲食習慣做起更為重要。為了保護眼睛，應該注意以下營養的汲取：

1.鈣

鈣與眼球的形成有關，缺鈣，眼球鞏膜的彈性就會降低，眼球伸長，有可能發展為軸性近視。平時應注意多攝入含鈣較多的食品，如蝦米皮、海帶、黃豆、芝麻醬、牛奶等。由於人體對鈣的吸收離不開維生素D，所以補充鈣的同時，還要適當吃一些含維生素D較多的食物，如魚肝油、奶油等。

2.鉻

人體鉻的含量下降時，血漿滲透壓上升，導致晶體和房水滲透壓的改變，使晶體變凸，屈光度增加而造成近視。應注意多攝入含鉻較多的食品，例如粗麵粉、植物油、葡萄等。

3.維生素

眼睛視物的過程需要維生素A的參與。在缺乏維生素A時，眼睛往往感到發乾、發澀，容易疲勞，嚴重時眼白表面乾燥、皺縮，甚至導致角膜潰瘍。

維生素B2能維持視網膜和角膜的正常代謝，缺乏維生素B2也會使眼睛密布

空服人員化妝技巧與形象塑造

血絲、怕光、易流淚。

維生素E具有抗氧化作用，對治療某些眼病有一定輔助作用，如用於各種白內障、糖尿病視網膜病變、各種脈絡膜視網膜病變、視神經萎縮等。

膳食中維生素C的攝入是否充足，也可影響晶體的透明度，如果維生素C不足，就可降低可溶性蛋白的活性，引起透明度下降，這也是老年白內障的主要致病原因之一。

4.蛋白質

蛋白質是構成眼球的重要成分。眼睛的正常功能和細胞的更新都離不開蛋白質。如果蛋白質長期供應不足，則會使眼組織衰老，功能減退，甚至失明。

綜上可知，偏食對視力發育有非常明顯的影響，因此要養成合理的飲食習慣，預防近視的同時還要少吃糖。

【訓練3】 食補美目訓練

根據所學知識制定一份美目的食譜。

（四）飲食對美髮的影響

頭髮與身體其他部位一樣，每天也在進行新陳代謝，要使頭髮保持健康美麗，除了要做好梳、洗、理之外，還要注意供給頭髮充足的營養。從中醫理論上講，腎氣盛則頭髮烏黑有光澤，腎氣虛則頭髮乾澀而枯黃，所以美髮應從補腎入手，多吃些含有維生素、微量元素以及蛋白質豐富的食物。下面我們從飲食角度談一談美髮。

1.攝入有益於頭髮的食物

有益於頭髮的食物是含豐富維生素和礦物質而飽和脂肪酸含量較低，如綠色蔬菜、水果、魚、家禽、瘦豬肉和牛羊肉等。國外科學家透過對頭髮健康的研究認為，要使額頭頭髮稠密，就應多吃新鮮的水果和蔬菜，如胡蘿蔔、洋蔥、草莓、桑葚、蘋果、梨、杏、奇異果、西瓜、甜瓜等。要使頭頂端頭髮稠密，宜少吃脂肪類食物，烹調油宜用葵花子油和芝麻油。要使腦後部頭髮稠密，多吃胡蘿

葡、菠菜、紅色水果、深顏色蔬菜。核桃仁和黑芝麻不僅營養豐富，還是養髮護髮的佳品。核桃仁能補氣血、潤肌膚、黑鬚髮，可每天空腹吃4～5顆。黑芝麻有養血、潤燥、補肝腎、烏鬚髮之功，可將黑芝麻洗淨晒乾，微火炒熟，碾成粉，配入等量白糖，每天早晚食用兩湯匙即可。總之，能使頭髮健美的食物很多，在日常生活中注意安排好一日三餐，飲食多樣，葷素搭配，營養平衡，就能吃出一頭秀髮來。

2.攝入足量的蛋白質

蛋白質是維持一頭秀髮的主要元素。新鮮的魚類、肉類、蛋類、大豆、豆腐、牛奶等，這些富含蛋白質的食物，經胃腸的消化吸收，可形成各種氨基酸，進入血液後，由頭髮根部的毛囊頭吸收並且合成角蛋白，再經角質化後，就是我們的頭髮。飲食中蛋白質攝入不足，會使人營養不良。頭髮營養不良則毛根萎縮，頭髮變細，失去光澤，並容易脫髮。因此，保證充足的蛋白質攝入，正常成人每天不少於70克，可以使頭髮生長良好。

3.多食用含有膠質的食物

含有膠質的食物可以增加頭髮的韌度，使頭髮看起來更濃密。富含膠質的食物包括洋菜粉、骨膠粉、果凍粉、排骨、魚湯、豬腳等。

4.食用含有維生素的食物

維生素能維持人體皮膚和頭髮的健康。維生素A在保證皮膚和頭皮正常分泌油脂方面起著重要的作用，缺乏維生素A會使皮膚下層細胞變性壞死，皮脂腺不能正常分泌，皮膚變得乾燥、粗糙和角化，毛髮生長不良甚至脫落；維生素B群在維持頭髮的健康方面都起著重要的作用，如缺乏維生素B1，會影響末梢神經的營養代謝，從而影響頭皮的正常代謝，影響頭髮的生長，缺乏B6會由於皮脂腺過度分泌油脂所引起的慢性炎症；維生素C可以活化微血管壁，使髮根能夠順利地吸收血液中的營養，攝入不足會導致頭髮易折和分叉。

5.攝取足量的微量元素

微量元素也影響頭髮的健康。鐵是構成血紅蛋白的主要成分，血液是養髮之

根本，為使頭髮健美，從飲食中補充鐵質是非常必要的。碘是合成甲狀腺激素的重要原料，甲狀腺素可使頭髮烏黑秀美，如果分泌不足則頭髮容易枯黃無光，因此飲食中要適當吃一些海帶、紫菜、海魚、海蝦等含碘較多的食品，能使頭髮滋潤健康。缺鋅是引起脫髮和白髮的重要原因，應多吃黑豆、蛋、奶、黑芝麻、松仁、海產品、牛奶、牛肉、蛋類等食物。銅的缺乏會導致頭髮顏色的改變或變淡，會引起頭髮過早變白，應多吃動物肝臟、蛋黃、黑芝麻、核桃、黃豆及葵花子等。頭皮屑過多可多吃含碘豐富的食物，如海帶、紫菜、海魚等。

6.注重食物的酸鹼平衡

血液是頭髮的營養的主要來源，當血液中的酸鹼度保持平衡狀態時，頭髮自然會健康潤澤。過多吃甜食、脂肪，會促使體內血液偏於酸性而導致頭髮乾燥、阻礙髮質的健康，並易生頭屑。平日應多攝取一些新鮮的水果來平衡血液的酸鹼度，血液的狀況良好，健康的髮質也就會擁有了。

【訓練4】 食補美髮訓練

根據所學知識制定一份美髮的食譜。

【問題處理】

由於客艙環境比較乾燥，容易產生皺紋，如何透過合理的飲食來避免皺紋的產生？

隨著歲月的流逝，令人討厭的皺紋會悄悄地爬上眼角、額頭、兩腮，可以透過飲食療法達到防皺、去皺的目的：（1）真皮是由彈性纖維構成的，而組成彈性纖維的最主要物質是硫痠軟骨素。人體內如若缺乏這種軟骨素，皮膚即失去了彈性，出現皺紋。所以，多吃些富含硫痠軟骨素豐富的食物，就可以延緩皮膚皺紋的發生，使皮膚保持彈性和細膩。如豬骨湯、牛骨湯、雞皮、雞骨湯等。（2）補充核酸類食物，既能延緩衰老，又能阻止皮膚皺紋的產生。如魚、蝦、牡蠣、蘑菇、銀耳、蜂蜜等。（3）過量的食用酸性食物則使血液呈酸性，使血液裡的乳酸、尿酸含量相應增加。這些物質隨汗液來到皮膚表面，就會使皮膚變得沒有活力，失去彈性，尤其會使臉部的皮膚鬆弛無力，遇到冷風或日光暴晒，

容易裂開。多吃些鹼性食物，可使血液呈現弱鹼性，減少乳酸、尿素的含量，減輕對皮膚的侵蝕、損害。（4）膠原蛋白具有增加皮膚貯水的功能，滋潤皮膚，保持皮膚組織細胞內外水分的平衡。應該多吃富含膠原蛋白的食物，如豬皮、豬蹄、甲魚等。

區塊小結

日常生活中的許多食物除供給人體所需的營養素外，還具有養顏、護膚、美容的作用。合理的飲食能夠促進美容，不合理的飲食加速人的衰老，飲食營養與美容護膚有著內在的聯繫。不少食品本身就具有很好的美容健體作用，合理、科學的飲食可以達到美膚、減肥、美目、美髮和美齒的目的，利用飲食來美容是一種操作簡單、易於掌握、沒有任何副作用的好方法，要加強科學飲食，吃出美麗。

思考與練習

1.簡述美容與飲食的關係，根據所學知識制定一份美膚的食譜。

2.論述飲食對美膚、減肥、美目和美髮的影響。

區塊二 季節與美膚

本章導讀

一年四季，大自然的萬物都隨著四季的變化而變更，人的皮膚同樣也隨著四季的週而復始而發生微妙的變化。如果人體的調節功能不能適應四季之變化，人體內相對平衡即遭到破壞而產生疾病，美也就受到影響。季節更替時，民航空服員應該注重四季自然環境的變化來保養肌膚，不要讓美麗隨著季節的變換悄悄地流逝。本區塊全面介紹不同季節的皮膚保養方法。

重點提示

1.掌握春季皮膚保養法。

2.掌握夏季皮膚保養法。

3.掌握秋季皮膚保養法。

4.掌握冬季皮膚保養法。

‖ 一、春季皮膚保養法

春天氣候轉暖，大地復甦，人體皮膚的新陳代謝也變得十分活躍，對皮膚起滋潤作用的皮脂開始逐漸分泌旺盛。春天是皮膚最易過敏的季節，皮膚適應不了初春時的冷暖空氣交流，容易失去平衡而出現痘痘、紅腫、發癢甚至脫皮等現象。春天也是細菌和病毒容易大量繁殖和傳播的季節，容易誘發傳染性疾病及皮膚疾患。春暖花開、百花齊放之時，鮮花中的花粉容易致使一些皮膚敏感的人產生過敏反應。根據上述皮膚特點，春季美容應採用以下方法：

（一）皮膚清潔

春季應該注重皮膚的清潔。春季潔膚應選擇性質溫和的潔膚產品，如清潔蜜、蛋白洗面乳和柔性珍珠磨砂膏等。洗臉時，先用手掌揉搓洗面乳，使其充分起泡後，再輕拍臉部，然後以清水洗淨，最後再取少許冷水輕拍臉部，能收縮毛孔，保持肌膚的彈性，隨後進行爽膚和潤膚。

常沐浴對皮膚的保養也十分有利，可在溫熱洗澡水中加入適量蘋果醋（溫水：蘋果醋＝200公升：0.5公升）有助血液循環，使皮膚甦醒。將醋與甘油以5：1的比例混合後，經常地擦用，能使粗糙的皮膚變細嫩。

定期到美容院做深層清潔皮膚護理是十分有必要的。如果沒有時間去美容院，在家裡也可進行皮膚深層清潔工作：將滾燙的水倒在盆內，臉靠近蒸氣上升處燻蒸，接著再用毛巾將臉包起覆蓋約10～15分鐘，即可清除汙垢、順暢毛孔。這種方法可以清潔肌膚，放鬆肌肉，有效刺激並改善淋巴和血液的循環。

（二）補充水分

春季多風，皮膚會出現乾燥情況。但是春季是人體機能活躍的季節，皮脂腺分泌旺盛，這時的皮膚其實並不缺油，感覺發乾是因為皮膚缺水、水油不均衡而造成的。在春季應選用低油脂含量且具保濕作用的保濕類、果酸類產品或含有膠

原質的產品，而應避免油性成分很大的面霜。建議在清晨起床後、洗澡前後喝一小杯水，可以促進新陳代謝，補充水分。

（三）飲食調整

冬季飲食多高熱量，因此需要利用春季淨化腸胃。在飲食方面的調理，春季應避免過量食用高脂肪類、澱粉類、糖類食物以及辣椒等刺激性調味品，多攝取富含維生素B、維生素C、維生素E類的食物，維生素可促進皮膚血管的血液循環，調節激素正常分泌，潤滑皮膚。此外還可食用菊花粥、大棗粥、燕窩冰糖粥、銀耳鴿蛋湯等美容食品。

（四）防晒美白

春季氣候乍暖還冷，涼爽的春風會減弱人對於紫外線的戒心，忽略防晒的問題。春天雖無夏日的炎炎烈日卻乾燥多風，而且紫外線非常強烈，因此外出防晒是必要的。

（五）防塵除菌

春季風大，塵埃尤其多，塵埃阻塞了皮膚毛孔，皮膚就不能自由呼吸和正常工作，影響皮膚的新陳代謝，產生皮膚病症。外出前應擦上護膚霜來阻止塵埃進入皮膚毛孔，外出回來後應及時清潔皮膚來保證皮膚的正常呼吸。要注意打掃居住房間的衛生，還要注意經常用吸塵器吸附地毯、沙發或衣物上的塵埃。定期使用含果酸的產品清除最表層堵在毛孔中的死皮，可以疏通毛孔。

（六）防止過敏

春天是氣候轉換的季節，由於空氣中散布的細菌孢子和花粉等致敏物質，一些有過敏性皮膚的人在接觸了花粉、某些食品、被汙染的空氣等物質時皮膚會出現紅腫、發癢、脫皮及出現過敏性皮炎等異常現象。

減少過敏首先要離開過敏源，皮膚敏感的人戶外活動時要比一般人更小心，免得暴露在外面的臉部皮膚沾到花粉等物質，同時要避免過度的日晒。保證睡眠，堅持運動，生活規律。儘量不化濃妝，免得造成皮膚負擔過重。儘量選用為敏感皮膚準備的護膚品，建議不要使用含香精或者是多種成分混雜在一起的高機

能護膚品，用不含香精的產品會大大減少皮膚受刺激的可能性，含蘆薈的產品對鎮靜敏感的肌膚也大有幫助。皮膚出現過敏後，要立即停止使用任何化妝品。

用酸奶做面膜，安全、方便、實惠，不會過敏。不會刺激皮膚，會使肌膚柔嫩、細膩。方法如下：將純牛奶塗抹全臉，最好頸部也塗上，按摩一分鐘用熱毛巾拭淨；將純酸奶厚厚地（厚度相當於一分錢硬幣）塗滿臉部、頸部，臥床靜待20至30分鐘後，以溫水洗淨；拍打弱酸性的化妝水，塗上保濕液即可。

（七）滋養皮膚

春天人的皮膚紋理由緊縮而逐漸開始舒展，皮膚的末梢血管血液供給增加，皮脂腺和汗腺分泌增多，這時正是護膚的好季節。以下是幾則既經濟又實用的營養面膜，不用到美容院就能自行製作完成。

適用於油性皮膚的面膜：在攪勻的蛋黃裡加一點蘇打粉，再滴入1～2滴檸檬汁，拌勻後塗在臉上，保留約15分鐘後用溫水洗掉。用牛奶沖麥片粥，調勻成糊狀，塗在臉上，保留10～15分鐘後用溫水洗淨，再往臉部輕拍些涼水。

適用於中性皮膚的面膜：1匙蜂蜜加約1／3匙檸檬汁，調勻後塗在臉上，保持約20分鐘後洗去。1匙蜂蜜加1匙酸奶或酸乳酪混合後攪勻，塗在洗淨略濕的臉上，保留約15分鐘後洗淨。將精白麵粉加橄欖油調成糊狀敷面。

適用於乾性皮膚的面膜：1匙蜂蜜、半匙藕粉和1個蛋黃混合攪勻，取適量敷在臉上，待其乾後再洗淨。用鮮奶或奶粉調成汁，在臉上塗一層，保留約15分鐘後洗去。

‖ 二、夏季皮膚保養法

從季節氣候特點來說，夏季是臉部皮膚保養的重要時段。夏季氣候炎熱，皮膚的毛細血管呈擴張狀態，新陳代謝加強，汗液分泌多；加之日光中紫外線照射，氣候變化迅速等原因可傷害皮膚，令膚色變深，角質層增厚、鬆弛，毛孔張大，皮膚表面變得粗糙，造成早衰，重者還能引起黃褐斑和日光性皮炎的發生。根據上述皮膚特點，夏季美容應採用以下方法：

（一）注意防晒

夏季日光強烈，肌膚過度暴晒於紫外線中，致使皮膚中的自由基增加，皮膚角質層變得肥厚、老化、容易出現皺紋。在夏季裡，長時間的紫外線照射使皮膚本能的防禦功能增強，大量的色素顆粒集中於表皮的基底細胞層以抵抗紫外線的照射，這導致皮膚變得較黑。過強的紫外線可以破壞皮膚的細胞，引起皮膚淺表面的血管擴張、細胞水腫，臉部皮膚容易出現色素斑、雀斑和黃褐斑，甚至出現紅、腫、熱、痛的過敏現象。

夏日裡外出一定要保護皮膚，可戴上遮陽帽，裸露的部位塗上防晒露。應儘量避免烈日下的戶外活動，不要在午前及午後3個小時之內進行日光浴。

選用防晒品時，需要注意它的成份、品質，以免引起皮膚的不良反應，特別是敏感性肌膚，更應謹慎選購。使用防晒品時，要注意防晒係數（SPF），它同皮膚在陽光下所暴晒的時間長短有關。乾性皮膚適合用防晒油和防晒蜜，油性皮膚適合用防晒水和霜。塗防晒品時。塗抹時一定要塗得均勻，注意不要遺忘了脖子、下巴、耳朵這些小地方。防晒品應該每隔一段時間再塗一遍。

日晒出汗後要徹底洗淨身上鹽分，再用沾有涼水的棉花，在肩部、臉部或背部等發燙的部位，輕拍並冷敷，幫助收縮和保養皮膚，緩解日晒後的肌膚。還可以使用含有蘆薈、薄荷等含有植物成份的保養品，這樣可消除日晒後皮膚產生的紅腫、發燙等不適感覺。因日光的過度照晒而皮膚出現的紅斑、小皰等症狀，可以撲些滑石粉。

（二）補充水分

由於夏天日照時間增加，氣溫升高，皮膚分泌汗液功能增強，將大量水分排出並蒸發，所以真皮下尤其容易「缺水」，特別是在有空調的房間工作，更應注意補充皮膚的水分，否則也會感覺皮膚乾燥而出現皺紋。早晚應該用些潤濕露，它能在皮膚上建立一層與皮脂膜相近的潤濕層，防止皮膚水分蒸發。最好攜帶噴霧式的礦泉水，在離臉部15公分處均勻噴灑於臉部。也可自製一些水果、蜂蜜、牛奶面膜，每週使用1～2次，以保持皮膚的白皙潤澤。

（三）清潔皮膚

炎熱的夏季促使皮膚細胞的更替加快，腺體分泌旺盛，汗液大量分泌，使皮脂腺酸度減低，皮膚趨向鹼性，同時皮膚抗病能力下降，細菌易於侵入。汗液中所含的鹽分和廢物對皮膚也有一定的危害，最易導致各種皮膚表面的感染，最常出現的是痱子和皮炎。在夏季保護皮膚最重要的一點是保持皮膚的清潔。要經常洗浴，避免過多的汗液和分泌物刺激皮膚。建議每週到美容院做一次深層護理，因為夏季天氣炎熱，人體出汗較多，即使1日洗兩次臉，皮膚深層也得不到徹底清潔，油脂堵塞在毛孔內，極易引起毛囊炎，所以宜做皮膚的深層清潔。

（四）化淡妝

夏天出汗多，臉部毛孔開放，過濃的化妝會把毛孔堵塞，使皮膚變粗。

選擇合適的化妝品。夏天氣溫高，皮膚大量分泌汗液和油脂，若還使用粉底霜和香粉，毛孔就會被阻塞，皮膚會出現發炎症狀，因此最好選用水質粉底。其次要做好控油工作。夏日炎熱，臉部很容易出油，為了使皮膚充分「呼吸」，卸妝時，先用吸油紙吸去T字部位油光，再用卸妝水徹底卸妝，最後敷一個去油面膜。用「點妝」法進行化妝。所謂「點妝」是相對「面妝」而言的，面妝是用粉底霜對人的臉部進行陰影造型的化法。「點妝」是透過五官的局部化妝來表現美。先擦一層潤膚乳液或營養霜，用水質粉底，重點畫眼睛、畫眉毛、畫嘴唇三個部位。

（五）注意飲食

要適量喝冷飲，不然會影響腸胃消化和吸收功能，也會有礙於皮膚對營養的攝取，容易引起皮膚乾燥、鬆弛、粉刺及皺紋等。啤酒亦要適量，雖然啤酒中所含的乙醇成分不多，但也足以提高皮脂和汗液的分泌，故應適可而止。夏季宜多吃些新鮮蔬菜和水果，葷素搭配適宜，注意適當吃些粗糧，乾鹹、辛辣等刺激食品宜少食。最後，要多吃些能夠美容的食物，竹筍具有高蛋白、低脂肪、低糖、多纖維等特點，並含有多種氨基酸，是美容食物中的理想菜餚，對於維持皮膚、肌肉的營養，保持臉部皮膚的細嫩十分有益。苦瓜中含有味道很苦的奎寧精，十分有利於人體皮膚新生和傷口癒合，所以，常吃苦瓜，可增強皮膚活力，使面容

更加細嫩紅潤。

‖ 三、秋季皮膚保養法

秋天對於皮膚來說是最好的季節，可以趁機選擇適合自身膚質的保養品來彌補夏日紫外線帶給皮膚的損傷。秋天溫差大，忽冷忽熱的天氣使皮膚抵抗力下降，易遭細菌感染，因而修護是這個季節的重點工作。根據上述皮膚特點，秋季美容應採用以下方法：

（一）加強皮膚護理

秋季，風大灰塵多，空氣十分乾燥。由於皮膚水分蒸發加快，皮膚角質層水分缺少，人們暴露在外的臉部皮膚有一種緊繃繃的感覺。首先，要選擇合適的護膚品，在秋季要選用不含酒精成分的化妝水、滋潤而不油膩的日霜及晚霜、有漂白效果的軟性面膜等。其次，還要注意日常的皮膚護理。堅持每天做兩次臉部清潔，還要使用護膚霜補充適當的油分和水分，讓皮膚潔淨與滋潤。外出時的陽光強烈就要用有防晒作用的日霜。每天晚上潔膚一定要徹底，先用溫水和洗面乳徹底清潔臉部，再用不含酒精的化妝水進一步潔膚及補充水分，在臉部均勻地塗抹滲透性強的晚霜，並適當地熱敷，讓其營養滲透到皮膚深層中去。最後，堅持每週做一次全套的皮膚護理。包括洗臉、蒸氣美容、臉部按摩及用軟性面膜敷面。這樣皮膚從面膜和護膚霜中獲得水分及營養成分，使皮膚光潔柔軟、健康地度過乾燥的秋天。

（二）加強秋季保濕

秋季空氣逐漸變乾燥，皮膚的汗腺和皮脂腺的功能較夏天比較弱，肌膚的鎖水能力大大下降，皮膚容易變乾燥，出現緊繃的感覺，甚至有脫皮的現象，因此要加強皮膚的保濕。秋季保濕的方法有以下幾點：洗完澡趁身體濕潤時全身塗潤膚霜，既防止產生靜電，又可保持身體肌膚整天滋潤。夜晚敷在臉上一層保濕產品，保濕精華的分子體積比乳液還要小，能夠滲透到角質層下，滋潤乾燥的細胞。一般，先塗上精華液，再抹上乳液，乳液就會把精華液緊緊覆蓋在表層下，延長水分被蒸發的時間。敷保濕面膜，最好在浴室裡，有蒸汽幫忙，面膜中的成

分也更容易快速被吸收。多喝開水能讓肌膚表層的水分膜，隨時保持潤澤感及彈性。在房間裡放盆水、在桌邊放盆小植物，可以維持房裡小環境的濕度。用無酒精的化妝水倒在紙面膜上，往臉上一貼，放鬆10分鐘，可以讓肌膚恢復彈力。要經常選擇使用養血滋陰的美容中藥，如當歸、熟地黃、靈芝等。

（三）防止過度日晒

初秋由於空氣澄澈，紫外線的透過度也較高，同時由於秋天皮膚的新陳代謝能力較低，也不易恢復原來膚色。故不可對秋日太陽掉以輕心，應防止過度日晒。

夏季炎熱的空氣，猛烈的陽光不利於美白，甚至令某些美白產品不但起不到美白效果，反而讓皮膚變黑。秋冬季，炎熱開始降溫，陽光也強度開始減低了，此時給皮膚做美白是最好的季節，尤其在夜間塗抹含高單位的維他命C的美白護膚品，美白效果明顯。

（四）多食美容食物

秋季注意飲食調養。宜多喝開水、豆漿、牛奶等飲料。多吃新鮮的蔬菜、水果、魚、瘦肉。儘量戒除煙、酒、咖啡、濃茶及煎炸食品。多吃些芝麻、核桃、蜂蜜、銀耳、龍眼肉、大棗、梨等防燥滋陰的食物。多飲滋補清潤的湯水，如冰糖雪耳燉木瓜、蜜棗煲豬骨、羅漢果煲瘦肉等，這樣即可防止喉乾舌燥，並有潤膚作用。現代科學證明，杏仁含有豐富的維生素E和亞油酸，能幫助脆弱的肌膚抗氧化，抑制黃褐斑及各種細紋的生成，使皮膚更加光滑細緻，尤其是在乾燥的秋季，杏仁露還可以造成潤肺除燥的作用，不但能幫助皮膚鎖住水分，也能讓身體消除乾燥，真正從內而外地滋養肌膚。蜂蜜具有潤膚、潤燥、清熱解毒的功能，是美容良友。蜂蜜常用的美容方法如下：把蜂蜜用2～3倍水稀釋後，每日使用；把燕麥片、蛋白加蜂蜜製面霜塗臉，效果更佳，使用時輕輕按摩臉部10分種，讓蜂蜜的營養成分滲透到皮膚細胞中去。

‖ 四、冬季皮膚保養法

冬天對皮膚的傷害在四個季節中最為嚴重，因為除了有像秋天一樣的乾燥之外，還有嚴寒和風雪的刺激，所以冬季護膚必須特別當心。冬季天氣寒冷乾燥、氣溫急劇降低，皮膚的保養首先是注意保暖、加強鍛鍊以加速血液循環，其次冬季是四季中護膚的關鍵，對護膚品的要求也最高，不僅要保營養、更要幫助肌膚主動吸收。冬季最常見的是以蘆薈、牛油果、鯊魚肝、魚油等多種動植物類中的精華成分合成的護膚用品，這些產品注重了其保濕、補充油脂的作用。

（一）加強冬季保濕

冬天氣溫低濕度小，皮膚會因汗腺、皮膚腺分泌的減少和失去較多的水分而變緊發乾。因此，在冬季深度且長效的保濕是必不可少的。

冬季應選擇油性護膚品。原本為油性皮膚的人，因冬季皮脂分泌減少，同樣可選用油性護膚品，油性護膚品可防止水分過多地蒸發，維護肌膚的濕潤，使皮膚呈現豐盈潤澤美。外出前，要在皮膚清潔狀態下塗一層營養霜，在外露的皮膚上塗些油性潤膚膏，尤其在嘴唇部位使用護唇膏。季氣溫低下，皮膚裸露部位極易凍傷，如手部、頭部、頸部腳部等，因而應注意這些部位的防寒保溫。

冬季減少用熱水洗臉的次數。清潔產品要儘量選擇非皂性、非脂性的產品，pH值在4.5～6.5是清潔用品為最佳，因為pH太低則過酸，會引起皮膚色素沉著，pH太高則過鹼，會引起皮膚乾燥。冬季洗臉要用溫水，因為過熱或太冰涼的水都會破壞皮膚組織。注意不要經常使用磨砂膏，一般每半個月做一次磨砂洗臉足矣。洗臉後，塗上油脂護膚化妝品。

冬季適當地洗熱水浴。在寒冷的冬季裡，人亦屬於「低溫帶」，在這種長期低溫狀態下，身體各個系統的運轉，均會保持遲緩狀態，非常需要外部的刺激來輔助。冬季適當地洗熱水浴（3～4天一次）會加強皮膚的新陳代謝，促進血液流通，協助身體內臟的平衡，保持健康的膚色。還可以洗香橙浴，將兩個橙子的汁擠到溫暖的浴水裡，躺在浴缸內浸10分鐘，皮膚將充分吸收維生素C而變得細膩。皮膚乾燥的人多感到渾身瘙癢，將一杯醋倒入溫水中，浸泡身體10分鐘，會減少瘙癢感。浴後應進行全身皮膚的滋養，如塗抹杏仁油、羊毛脂或凡士林等。

定期做面膜。每週可使用1～2次面膜。面膜可以自己製作，用澱粉兩匙，加適量的蜂蜜、牛奶，再加幾粒維生素A、E膠丸液，調勻。洗臉後塗於臉部，約20分鐘後洗淨。

為了避免皮膚過多水分的丟失，可以在室內的地面上經常灑些水，或者安置空氣加濕器會更為理想。常在室內工作的人，也可以在臉部噴灑一些調節水，以保持臉部的濕潤。

（二）多食美容食物

冬季飲食宜清淡，要避免飲用咖啡、烈酒、濃茶及油炸食品等刺激性食物。當人體缺乏維生素A時，皮膚會變得乾燥，有鱗屑出現，甚至使皮膚出現棘狀丘疹，因而冬季宜多吃些富含維A的食物，如豬肝、禽蛋、魚肝油等。當人體缺乏亞油酸，皮膚會變得乾燥，鱗屑增厚，因此要常吃芝麻、黃豆、花生等食物。冬季還可以吃核桃仁、花生、魚子、胡蘿蔔等有助於美容食物。水分是保持皮膚潤滑柔軟的首要條件，成年人一天最好能喝5～6杯開水。

（三）堅持按摩鍛鍊

冬季皮膚發暗無光，失去彈性，其最大原因是毛細血管收縮引起血液循環不暢，而按摩是解決血液循環順暢的最好辦法。如果每日早晚洗臉後堅持2分鐘的自我按摩，皮膚的彈性和光澤一定會得到改善。按摩時，用中指和無名指順著肌膚生長方向在臉部打圈，兩頰的肌肉向外向上生長，鼻肌向下生長，額頭的肌膚則向髮際作放射狀生長，按摩眼睛周圍時手法要輕，因眼部皮膚最薄。

冬季還要加強皮膚的鍛鍊，增強皮膚的適應能力，以適應寒冷的環境。可進行冷水浴、空氣浴、日光浴、按摩等，或者堅持洗冷水臉，冷水擦身。

（四）注意防晒美白

在冬天，陽光雖不是直射，氣溫較低，但在冬季對紫外線的防禦仍不可懈怠。這個時候的UVB紫外線雖不如盛夏來的猛烈，但UVA紫外線卻和全年任何時間強度大致相同，而UVA不僅會增加皮膚黑色素，更能令肌膚衰老。冬天冰雪所反射的陽光對於皮膚的傷害尤其嚴重，所以冬季雪後防晒不可忽視。

（五）修護乾癢臉頰

冬季天氣變得乾燥後，皮膚水分流失加劇，皮脂腺與汗腺的分泌也隨之減少，加上乾燥的氣候、寒氣的侵襲，使皮膚更加乾燥粗糙、而常引起皮膚發癢。皮膚乾癢應注意以下幾點：洗澡的水溫不要過高，浸泡的時間也不宜過長，不要用鹼性強的肥皂，洗後最好擦些潤膚霜；忌用手用力搔抓皮膚；日服魚肝油丸；局部用藥，例如魚肝油軟膏，尿素軟膏、維生素E軟膏。

【問題處理】

1.我的臉部有經常起青春痘，應該如何防治？

答：徹底清潔、隨時保養、肌膚清潔舒爽、維持肌膚正常的pH值、調理水油分泌平衡、保持毛孔暢通；養成良好的生活習慣和有規律的作息時間，保證充足的睡眠。應根據自己的實際情況觀察皮膚對哪些食物敏感。平時用餐請注意營養平衡，多食用蔬菜水果。有些藥物可能會造成或加劇青春痘和粉刺，服用藥物時須先詢問醫生。外出時徹底做好防晒工作，以免紫外線二度傷害造成青春痘惡化。不要留前劉海，頭髮的摩擦會加劇前額的青春痘和粉刺。

2.我在客艙服務過程中嘴唇經常乾裂，應該如何解決？

答：嘴唇乾燥的原因有兩種：缺少維生素，缺少水分。

由嘴角開始乾裂是缺少維生素的現象，應多補充維生素，多吃水果、青菜，避免偏食。

缺少水分，或是說話太多而口乾都會導致唇部乾燥，使嘴唇或嘴角處堆積廢皮。這時就要多飲水，並保持嘴唇的乾淨。

風大或是寒冷時，皮膚表層水分供應不及，水分被乾燥空氣吸去。嘴唇最容易乾燥，最好經常塗無色潤唇膏、護唇油。

更要注意改掉舔嘴唇或用唾液濕嘴唇的習慣，因為這樣做會將嘴唇本身的水分蒸發掉。

最好能經常按摩嘴唇。按摩嘴唇的方法並不難，也無須特別花時間，只要每

天早上化妝之前及晚上臨睡之前，在搽潤膚霜時，也塗一層在嘴唇之上，然後用手指頭的指腹輕輕按摩，以幫助促進血液循環，使嘴唇獲得養分，促進營養，使潤膚品迅速達到嘴唇皮下。按摩幾下後再用面紙抹去，然後搽一層無色潤唇膏，嘴唇便可變得滋潤。

區塊小結

春天是新陳代謝活躍、皮膚最易過敏的季節，應該從皮膚清潔、補充水分、飲食調整、防塵除菌、防止過敏、滋養皮膚等幾方面加強皮膚護理。夏季氣候炎熱，紫外線照射強烈，應該從注意防晒、補充水分、清潔皮膚、化淡妝、調整飲食等幾方面加強皮膚護理。秋天風大灰塵多，空氣十分乾燥，除了要加強皮膚的護理與營養之外，可以乘機彌補夏日紫外線帶給皮膚的損傷。冬天對皮膚的傷害最為嚴重，因此冬季是四季中護膚的關鍵時期，要注意皮膚保暖，堅持按摩鍛鍊，提供營養滋補、加強皮膚修復。

思考與練習

1.春季應如何保養皮膚？

2.夏季應如何保養皮膚？

3.秋季應如何保養皮膚？

4.冬季應如何保養皮膚？

區塊三 運動與保健

本章導讀

民航客艙服務工作要求空服員有著健康的體魄，古希臘哲學家赫拉克利特曾指出：「如果沒有健壯的體魄，智慧就不能表現出來，文化無從施展，財富變廢物，知識也無法利用。」「生命在於運動」，運動對於健身、健美都有著重要作用。空服員應充分重視體育鍛鍊，做到德、智、體全面發展，爭取健康地工作。本區塊全面介紹運動與健身、運動與健美之間的關係。

重點提示

1.瞭解運動對人體的神經系統、呼吸系統、心肺功能、代謝功能起著良好的促進作用，掌握健身運動的基本方法，學會民航空服員簡易的健身方法。

2.瞭解運動與健美的關係，掌握健身運動的基本方法，學會簡易器械健身操。

‖ 一、運動與健身

（一）運動與健身

「生命在於運動」，運動能良好地促進人體的神經系統、呼吸系統、心肺功能、代謝功能等，進而達到健身的作用。

1.運動鍛鍊對神經系統的影響

大腦皮層是人體生命活動的最高級中樞，是人們進行思維活動的物質基礎，運動鍛鍊有助於神經系統功能的提高：人的任何活動都是在神經支配下進行的，運動器官的每個動作都以刺激的形式作用於神經系統，能有效地提高腦細胞生理功能，使神經細胞的興奮強度、興奮抑制轉換的靈活性及均衡性都增強。人們反應速度的快慢主要取決於神經細胞的興奮透過反射弧所需要的時間以及中樞神經系統的靈活性與興奮性，運動鍛鍊能夠協調大腦皮層興奮和抑制過程，提高人的靈敏度與反應能力，可以改善和提高人體對外界環境的適應能力。適當的運動使身體血流量的循環增加，血流速度加快，此時，腦細胞的血液供應量增加，有利於腦細胞思考效率的提高，因此運動可提高動腦效力、回憶效率，增強記憶力，對緩和緊張情緒、消除焦慮頗有好處。

2.運動鍛鍊對呼吸系統的影響

生命活動一刻也離不開氧氣，氧氣從體外進入體內是依靠肺與外界環境的氣體交換活動，呼吸系統的強弱是人體健康與否的重要標誌，體育鍛鍊能大大地增強呼吸系統的功能。經常鍛鍊會使呼吸肌強壯有力，使胸部更加充分地擴展，肺活量明顯增大。經常鍛鍊會改善肺組織的彈性，充分張開肺泡，增加了氣體交換

與儲存氧氣的能力，吸入更多的氧氣，排出更多的二氧化碳，經常運動可提高機體吸氧能力10%～20%。

3.運動鍛鍊對心肺功能的影響

心臟有節律地收縮、舒張，將血液不停地射入血管，並推動血液不停流動，心臟保證人類新陳代謝中所必需的氧氣和營養，是身體健康的重要基礎，體育鍛鍊是心肺健康之路。長期堅持鍛鍊可使心肌纖維變得粗大有力，心肌細胞能獲得更充足的氧氣及營養而營養性肥大，心臟容積增大，收縮力增強，心率減慢，排血量增加。特別是使冠狀動脈的側枝血管增多，管壁彈性增強，從而使心臟本身的血液供給得到改善，增強心肌的應激能力和貯備能力。運動鍛鍊還可防止肥胖，降低血壓、血脂，對預防或推遲老年人常見的心血管病（如高血壓病、冠心病等）的發生都有益處。運動能改善骨髓的血液供應，使骨髓的造血功能增強，紅細胞、血紅蛋白的生成增加，白細胞的活力增強，有利於老年人貧血的康復。一些專家認為，堅持運動起碼可使心臟推遲衰老10年。

4.運動鍛鍊對代謝功能的影響

對於肥胖者來説，運動鍛鍊既促進新陳代謝，又消耗大量能量，減少脂肪存積，可以控制體重。因此，運動是控制體重、防止超重和治療肥胖的好方法。

對於那些消化吸收功能較差而體重不足的體弱者，適量的運動就能活躍新陳代謝功能，增加體重。運動時，膈肌大幅度的上下移動，增加腹肌活動，對胃腸造成按摩作用，使胃腸道蠕動加快，可產生飢餓感，食慾增加。此外，還會改善胃腸道的血液循環，使消化液分泌增加，有利於食物的消化和吸收，對防治胃下垂、便祕等病症頗有好處。總之，運動能改善消化吸收，增進食慾，造成了適當增加體重的作用。

5.運動鍛鍊對肌肉骨骼的影響

經常運動可使肌纖維變粗，肌肉力量增強。肌肉中含有豐富的毛細血管，但在安靜時，肌肉中的毛細血管僅開放其中很少的一部分。只有在進行體育鍛鍊或體力活動時，肌肉內的毛細血管才大量開放，肌肉從大量流過的血液中獲得更為

充足的氧氣和養料，增加了蛋白質，肌肉內功能物質含量增加，儲氧的血紅蛋白、毛細血管網均增加，肌肉更加結實健壯。

肌肉附著於骨骼，經常運動會使肌肉附著處的骨突增大，改善骨的血液循環及代謝，使骨皮質密度增加，延緩骨質疏鬆，提高了抗骨折的能力。經常運動還可以加強關節的韌性，提高關節的彈性、靈活性和穩定性。運動可以保持骨骼的健康，可防治老年人的骨關節病。

6.運動鍛鍊對皮膚的影響

運動鍛鍊能促使皮膚中數以萬計的毛細血管張開，使血液流到肢體的末端，幫助皮膚得到更多的營養。經常鍛鍊可以增加輸送氧氣的紅血球的數量，使皮膚臉部紅潤。臉上的肌肉隨著年齡的增長而逐漸失去彈性，肌肉鬆弛，形成皺紋，加強臉部肌肉的運動可以使臉部表情保持青春而富有朝氣。

（二）健身運動的基本類型

健身運動是指一般身體健康者為增強體質而從事的體育鍛鍊。健身運動是透過各種方式的體育鍛鍊達到發展和增強人體內臟器官的功能，特別是心血管系統和呼吸的功能，最終達到增強體質的目的。健身運動以進行有氧代謝的鍛鍊為主，一般是把有氧訓練和器械訓練結合起來進行，有氧訓練的運動量一般不少於器械訓練。

1.有氧運動

有氧運動的全名是有氧代謝運動，透過一定量的全身運動增加氧的吸入量，全面提高人的機能，進而改善人的身體素質。在有氧運動時，人體吸入的氧是安靜狀態下的8倍。長期堅持有氧運動能增加體內血紅蛋白的數量，提高機體抵抗力，抗衰老，增強大腦皮層的工作效率和心肺功能，增加脂肪消耗，防止動脈硬化，降低心腦血管疾病的發病率。

有氧運動的形式很多，如：快走、慢跑、作健身操、游泳、騎自行車等。採用運動健身，可因地制宜，量力而行。運動時間可每週3次，每次30分鐘或更長；強度則因人而異。運動醫學專家認為，健身時的適宜強度應該不超過極限強

度的70%，一般在有效心率區120～160次／分。就以人被們視為「有氧代謝之王」的健身跑為例，其要求是：「長、慢、遠」。即時間要長，跑的速度要慢，距離要長。

2.器械訓練

器械訓練是以中等強度訓練為主。一般採用輕重量的器械訓練，最多不超過自身極限強度的40%。每個鍛鍊部位一般不少於3組，不超過5組，每組最少不低於15次。每個動作一般為30～40秒，不超過60秒。

家用健身器由於價格便宜、占地面積小、容易搬動、易學易練、安全性好、無噪音等特點被人們引進了家庭，用於經常性的鍛鍊。適合家用的健身器械有以下幾種：

（1）健步機：健步機模擬登台階和登山的腿部鍛鍊器，能幫助運動者增強腿部肌群的力量，保持腿部的健美。

（2）跑步機：具有穩定的健身效果，並將健身過程中對人體可能造成的傷害降至最低點。

（3）健身車：健身車是模擬騎單車動作的器械，可以自由調整騎車的運動強度，達到鍛鍊的效果。

（4）劃船器：劃船器是模擬劃船動作的器械，劃船動作中約有90%的伸肌參與了運動，對人體伸肌的鍛鍊非常有益。

（三）簡易健身法

下面介紹幾種花時間少、效果好的簡易的健身方法。

1.走路

走路能增強心血管機能，改善血液循環。堅持步行鍛鍊，有益於防治肥胖病。特別在空氣清新的戶外散步，能改善人體神經功能，使大腦放鬆、精神愉快、陶冶情操、有助於消除疲勞、得到良好休息，提高工作效率。透過勤走路，不僅可以減肥，而且可以防治許多疾病，如冠心病、高血脂症、糖尿病等。

走路法鍛鍊的訣竅在於「勤」字，要求每天有意識地創造走路的機會。每天有兩趟上下班的時間，可以步代車；建議每天上班步行3～4公里，對身體健康恰到好處。

2.跳舞

健身舞是融健身、舞蹈為一體，在音樂伴奏下培養正確的體態、塑造形體、陶冶情操的一種手段。每天根據自己的身體條件，伴著音樂舞動30～60分鐘，就可以達到鍛鍊的目的。健身舞包括健美操、秧歌舞、太極拳、民間舞、交際舞、拉丁舞等，不僅能帶來好心情，而且長期堅持可以健體。

3.家務

心情愉悅地做家務活也是良好的身體鍛鍊的方式。每天家務勞動1小時就可以造成健身作用。

4.騎車

騎單車是需要大量氧氣的運動可以加速血液循環、強化心臟、美化身材。根據統計，體重75公斤的人，每小時以9英里半的速度騎73英里，可減少半公斤體重。

5.爬樓梯

爬樓梯的運動量比在平地上走或跑大好幾倍，它兼有跑和跳兩方面功能，還具有逆地球磁性力的作用。爬樓梯作為老少皆宜的健身方式，既不受天氣變化影響，也不花太多時間，是一種集健身、減肥、美容於一身的全民健身項目之一。爬樓梯對心臟機能有良好的促進作用，它可以讓血液獲得更多的氧氣，使心血管系統保持強壯和健康。爬樓梯不僅可使髖關節的活動幅度增大，而且也使下肢肌肉的韌帶、肌腱的彈性得到鍛鍊，達到強筋壯骨的效果。據測定，一個人在靜坐時消耗能量為100千卡／小時，散步為200千卡／小時，游泳為550千卡／小時，而跑蹬樓梯為1000千卡／小時，這樣大的能量消耗是減肥健美的最佳方法。

6.跳繩

持續跳繩10分鐘，與慢跑30分鐘、跳健身舞20分鐘相差無幾，可謂耗時少，耗能大的有氧運動。跳繩是全身運動，人體各個器官和肌肉以及神經系統同時受到鍛鍊和發展，所以長期跳繩可以預防諸如糖尿病、關節炎、肥胖症、骨質疏鬆、高血壓、肌肉萎縮、高血脂、失眠症、憂鬱症、更年期綜合徵等多種症病。跳繩運動可簡可繁，隨時可做，一學就會，特別適宜在氣溫較低的季節作為健身運動，而且對女性尤為適宜。

鑒於跳繩對女性的獨特保健作用，法國健身專家莫克專門為女性健身者設計了一種「跳繩漸進計劃」。初學時，僅在原地跳1分鐘，3天後即可連續跳3分鐘，3個月後可連續跳上10分鐘，半年後每天可實行「系列跳」，如每次連跳3分鐘，共5次，直到一次連續跳上半小時。一次跳半小時，就相當於慢跑90分鐘的運動量，已是標準的有氧健身運動。

7.跑步

跑步是一項全身性運動，離心肺較遠的下肢做週期性的跑步動作，推動人體向前移動。跑步可以增強心肺功能，使血液循環暢通，保持心血管系統健康，是延年益壽、強身祛病的好方法。

大眾健身跑步衡量運動量是否合適，可以用自我心率控制來掌握，國際通用是180減年齡為最大心率如：60歲的最大心率為180－60＝120次／每分鐘，跑時不超過最大心率為宜。也可根據自己的主觀感覺，以跑後自覺身體舒適、精神振作、食慾增加、睡眠良好等為適度運動量。

8.臉部美容運動操

臉部美容運動操是依靠一種臉部肌肉的運動訓練來防範臉部肌肉鬆弛的臉部運動。下面介紹兩套臉部美容運動操。

【知識鏈接】臉部美容運動操

額頭和鼻子的運動

功能：防止臉部肌肉鬆弛和出現皺紋，使眉毛能上下靈活運動，表情生動而具有美感。

訓練方法：

（1）儘量使兩眉向上抬高，使額頭產生橫皺紋，然後呈靜止狀態，接著很快再將眉頭向下恢復原狀，此動作反覆做8次。

（2）眉往眉心處擠，使眉宇間產生縱皺紋，然後靜止片刻，再放鬆恢復原狀，此動作連續反覆做6次。

（3）右兩眉儘量往左右兩邊展開，若難以受意識支配完成此動作，可用兩手幫忙將眉展開，並維持此狀態幾秒鐘，然後放鬆兩眉，使其復原，此動作反覆做8次。

（4）用拇指將鼻孔向上推高，使鼻樑出現斜皺紋，然後保持幾秒鐘靜止狀態，再放鬆恢復原狀，在做此動作時，會有輕微的疼痛感，這是正常現象，因為這樣才能達到預期的效果；此動作連續反覆做3次。

（5）以快節奏做鼻孔張開、收縮的動作，且反覆做30次，做此動作時，應儘量避免牽動臉部的其他部位。

太陽穴和下巴的運動

功能：使太陽穴和下巴的肌肉發達，太陽穴附近的肌肉隆起，從而使面容顯得年輕富有青春氣息，並可防止眼角下垂。

訓練方法：

（1）儘量張大嘴，低頭將下巴朝脖頸處擠壓，此動作反覆做8次。

（2）用力咬緊上下臼齒，用手指將嘴角往左右延伸，反覆做6次。

（3）嘴緊閉，將下巴先向前伸出，然後縮回，再向左右轉動，反覆做8次。

（4）用力咬緊牙齒，保持片刻靜止狀態，然後放鬆，使其復原；此動作反覆做10次。

上述臉部美容運動只要每日堅持不懈地做一遍，2～3個月後，定可收到顯著的效果，臉上自然會流露出開朗歡樂的表情。洋溢著那份不可言喻的青春氣

息，細小的皺紋會自動消失，皮膚亦隨之變美。

（資料來源：《家庭美容健身》雜誌）

（四）不同場合的健身法

空服員每天工作都很繁忙，很少有時間參加體育鍛鍊，最大危害是頸背部肌肉緊張、身體靈活性及肌肉質量越來越差，下面介紹幾種在不同場合的簡易健身法以方便大家隨時舒展筋骨。

1.工作場合健身法

空服員在工作場合比較忙碌，如果在長途飛行過程中能夠擠出幾分鐘可以就做一下座椅健身操，座椅健身操雖然簡單，但卻是全身運動，可以緩解旅途疲勞。

【知識鏈接】 座椅健身操

熱身運動

（1）坐著，腳尖點地，腳跟提高，腳尖儘量收向椅子。左腿儘量遠伸，腳跟向前，腳尖向自己。回覆原來姿勢，放鬆。右腿做同樣動作，然後兩腿一起再做1次。整套動作做4次。

（2）坐著，雙足並排，腳尖向前，抬右腿向胸，兩手抱著小腿。再回覆原來姿勢。左腿照樣做。然後抬起雙膝，兩手抱住兩小腿。再回覆原來姿勢。提起上身，直至臀部，剛和座位分開為止，再向腳尖彎身，回覆原來姿勢，放鬆。整套動作重複5次。

（3）坐著，兩臂有胸前平屈，經體前成側舉，還原成胸前平屈，再變成側舉。重複15～20次。

（4）坐著，做向後、向上、向前的臂繞環，右手臂各15～20次。然後做向前的臂繞環15～20次。

（5）坐著跑步，每一步都將腳跟儘量提高，彎曲手臂像走路一樣隨腳步前後擺動。做1～3分鐘。

腹背肌肉運動

（1）儘量收縮腹部，但繼續照常呼吸。身體前俯同時蹺起腳尖，腳跟著地。把腳尖放回地面，放鬆腹肌，直起身體。重複30次。

（2）鬆弛坐著，盡力將腹肌收緊。保持這姿勢7秒鐘。放鬆休息7秒鐘。重複8次。

（3）鬆弛坐著，兩肩下垂。集中力量收緊下背肌，挺直背部。保持這姿勢7秒鐘。放鬆休息7秒鐘重複8次。

肩關節運動

（1）坐著，放鬆雙肩，儘量推右肩向前，然後推左肩向前。恢復原來姿勢，放鬆。雙手互握，兩臂伸出向上舉起，並向後越過頭部。手心向上，輕輕向上推伸。重複8次。

（2）有節奏地輕輕轉動肩膀，像畫大圓圈那樣。向前和向後各做10～15次。

腳部運動

（1）腳跟離地，蹺起腳尖，雙足畫大圓圈。每一方向重複做15次。

（2）坐著，手肘擱在膝上，身向前屈，全身重量壓在膝上。腳跟儘量提高。放一腳跟，蹺高腳尖。重複30次。

（3）掌心向下，緊握雙拳，把雙手儘量翻轉並伸手指。雙手復原。重複15次。

頭部運動

（1）低下頭，下顎貼著喉嚨，仰頭向後。再把頭儘量右轉，然後點頭3次。再向左做同樣動作。重複整套動作10次。

（2）右手放在右耳上方，抵住頭部，頭向右靠用手輕輕推擋。還原，再換方向。整套動作做8次。

呼吸運動

端坐，儘量放鬆，運動膈肌均勻地輕輕做深呼吸。在吸氣時是積極的動作；慢慢呼氣是消極的動作，直至把氣全部呼出為止，讓你的身體進入完全放鬆的狀態。重複5次。

（資料來源：中國大眾體育網）

2.家中簡易健身操

為了舒展身體、緩解疲勞，在家中可以做一些家中簡易健身操。

【知識鏈接】 家中簡易健身操

健康操之一

（1）平躺在床上，雙腳打直。

（2）右腳彎曲往左跨，右腳跟置於左大腿旁。

（3）左手抱住右膝蓋往下壓，儘量將左肩與右膝貼近床面。

（4）頭部往右看，數5秒後換方向。

效果：可以美化腿部曲線，增加腸胃蠕動改善便祕，消除肋骨、背部與腰部贅肉。

健康操之二

（1）身體躺平，雙手在頭後互握，雙腳伸直併攏。

（2）腳背用力伸直，慢慢將雙腿抬高，能抬多高就抬多高。

（3）將雙腳腳底向內勾來伸展腿筋4.5秒後慢慢放下。

效果：可消除肥肥的小腹，如果時腳容易抽筋，這個動作也很有幫助。

健康操之三

（1）雙腳膝蓋彎曲，雙手抱膝蓋，讓大腿貼近腹部，頭部抬起。

（2）讓身體好像一顆球一樣在床上滾動。

效果：有排氣的功能，幫助消除宿便與排泄。將頭抬起能伸展頸部的曲線。

健康操之四

（1）平躺在床，雙腿伸直，雙手往頭上方伸展。

（2）雙腳曲起，臀部往上抬高數5秒後放下。

效果：有助於腋下和鼠蹊部的伸展，能促進血液循環，改善臀部的曲線。

（資料來源：中華網）

3.上班途中健身法

上班途中，可以做一些簡易的健身運動。

【知識鏈接】上班途中健身法

坐公車／地鐵時的健身方法

（1）上臂鍛鍊

兩手抓緊車上橫著的扶手，兩肘關節內收夾緊，臂部發力，帶動身體向上，但保持腳不離地面。

（2）小腿鍛鍊

雙手扶住扶手或者可依靠的地方，腳跟上抬，收緊小腿和大腿後側。

（3）背部鍛鍊

坐在座位上時，手臂搭前椅背，伸直，背部向後發力。

（4）胸部鍛鍊

靠座位外側手臂扶住椅背後下方，兩肩肩胛骨外展，挺胸。

開車／搭車時的健身方法

（1）頸部對抗

頭部微前傾，雙手交叉放於腦後向前發力，同時頸部向後發力。

提示：頸部對抗每做完一次動作，最好做一個頭部上仰的放鬆動作，效果更好。

（2）腹部鍛鍊

雙手前握，挺直上身，頭部自然放鬆，先大口吸氣，慢慢呼氣時把所有力量壓至腹部，保持一分鐘左右。

走路時的健身方法

（1）普通步行方法

普通步行方法沒有什麼動作要求，隨心所欲地走步，既簡便又放鬆，有較好的達到康復作用。

（2）快速步行方法

快速步行方法是在普通散步基礎上加快步行速度，配合手臂擺動，以每小時步行5公里左右。這種步行方法，加大了運動強度，對身體健康的中年人是常用的方法，對有腎、肝、心病的中年人要慎用。由於步行速度加快，增加了心臟、肝、腎的負擔，容易出現一些不適應。身體健康者可多練習。一般每次20～30分鐘，每週2～3次就可達到滿意效果。

（3）擺臂步行方法

擺臂步行方法是在走路時兩臂有意用力向前後大擺動，進行的練習方法。這可增進肩帶和胸廓的活動，配合呼吸動作，有利於治療呼吸系統患病。擺臂步行方法的時間和速度可因人而異。

（4）拍打步行方法

拍打步行方法就是在散步時利用兩臂自然擺動，手臂拍打肩、胸、腹、腰、背等各部位。可以造成按摩穴位的作用，是一種傳統保健方法。有舒筋活絡，緩解緊張，消除疲勞的作用。

（資料來源：南方網和《東方體育報》）

【訓練1】

制定適合自己的運動健身計劃。

▌二、運動與形體健美

形體即身體的形態。形體健美是指具有健壯的體格、健美的體形、良好的姿態及高雅的氣質和風度的一種綜合的身體美。運動是形體健美的基本手段。

（一）形體健美概述

（1）強壯的體格是形體健美的基礎。

人四肢的長短、粗細、脊柱、胸廓等的發育和形體有直接關係。雖然身材的高矮主要是由於遺傳因素──即父母的身高所決定的（尤其是母系血統的身高和健康），但對尚未發育、正處在發育期、青春發育期的孩子來説抓緊全面身體鍛鍊，經常做全身伸展運動；並注意適當的營養、休息和睡眠，不僅能增粗骨骼，而且也有助於刺激骨骼的生長，促使身高的增長。合理的鍛鍊還能夠促進脊柱、胸廓和骨盆等支持器官的發育，使人的體形呈現出一種先天的良好自然形態。

（2）勻稱的體形是形體健美的基本特徵。

經常進行科學的體育鍛鍊，可以逐漸改變和美化人的體形。運動是消耗熱量的關鍵所在，一個很少活動者，一天約消耗800千卡熱量，而從事較長時間有氧運動者消耗可達5000～6000千卡熱量。瘦長的人，可以多進行力量性鍛鍊，使肌肉豐滿結實，改善體形。矮胖的人透過鍛鍊可以促進新陳代謝，增加能量消耗和脂肪氧化，體重減輕，逐步達到體形端正勻稱的目的。

（3）良好的姿態是形體健美的基本條件。

身體姿態是人們在長時間學習、工作、生活中形成的一種習慣的姿勢。運動鍛鍊使人的肌肉強壯，拉伸身體各部的韌帶，最主要的如上肢的肩關節、下肢的髖關節等。有了良好的柔韌性和協調性能使人動作矯健、敏捷、協調、健美，增加站、立、坐、走的力度和協調性，可以改善各種體姿，培養良好體姿，真正做到「行如風、站如松、坐如鐘、睡如弓」。

（二）健美運動的基本形式

健美運動是以發達肌肉塊和塑造肌肉線條為主，採用各種動作方式和有效的方法來鍛鍊身體、增長體力、發達肌肉、改善體型體態和陶冶情操的體育活動。健美訓練主要採用「大重量、少組數、少次數和適當間歇」的大強度器械無氧訓練，以運用啞鈴、杠鈴、壺鈴及其他輕重或特製器材的訓練為主，輔以適當的有氧訓練。在日常生活、工作或運動的過程中，由於實際的需要或技術的要求，健美的方法有所不同。最常見的有下列三種形式。

（1）向心肌肉收縮

向心肌肉收縮是肌肉長度發生縮短的收縮形式，例如平常利用啞鈴、沙袋、杠鈴、拉力器等進行肢體的收縮等。

（2）等長肌肉收縮

等長肌肉收縮是肌肉總長度並沒有改變靜力性鍛鍊形式。例如當手持啞鈴兩臂側平舉保持不動。

（3）超等長肌肉收縮

是肌肉先進行離心收縮後，緊接著進行向心收縮的形式。例如連續單足跳、雙足跳、多級跳、跳繩等。

（三）健美運動時的注意事項

（1）要有適當的強度和密度

要想取得最佳的健美效果，必須注意合理選擇練習的項目、每次重複練習的次數、每週練習的頻率等。鍛鍊某一部位肌肉時，使該肌肉連續多次受到所需一定強度的刺激，並要它完成一定量的工作負荷。不要盲目練習，練習太少了效果不佳，質量過大或次數太多又易發生肌肉損傷。器械運動時，每組動作少於5次，則只鍛鍊了肌肉爆發力，多於20次則只鍛鍊肌肉的耐久力，對增加肌肉的體積效果不大。要想增加肌肉力量又增大肌肉體積，就應每組做12次左右，且需連續做幾組才有效果。建議進行器械運動時，器械的重量以盡自己的力量能準

確完成動作20次的重量為合適。每次練習做3～5組，每組練10～12次，組與組之間間歇半分鐘到兩分鐘。

經過劇烈的鍛鍊之後，被鍛鍊過的身體部位一般需要經過四十八小時才能充分消除疲勞。凡每次採用全身性鍛鍊者，處於初級階段的鍛鍊者以每隔一天練一次或每週練三次或四次為宜。到了中、高級鍛鍊階段，可以加大次數。

（2）要時常改變鍛鍊的內容

預防在鍛鍊中偏重多練某些部位，而忽視鍛鍊其他部位。如果身體上出現肌肉發達不均勻，應立即糾正，否則愈練愈不均勻，而達不到完美的要求。如果鍛鍊某部分肌肉長期採用相同的動作，就會因習慣性動作而感受不到新鮮刺激，而降低鍛鍊效果。每經過一至兩個月，可全面改換一下鍛鍊課程。由於同一個動作，只要變動一下握把、握距、速度、角度就會產生不同的刺激，改變這一動作和其他動作的前後搭配也會產生不同的刺激。因此，也可在一定時期內同時編訂兩或三個課程，每練一次就交替進行。

（3）要合理呼吸

做健美運動時，一定要抬頭、挺胸、收腹，千萬不能憋氣。要懂得呼吸與肌肉用力的關係，在做肌肉收縮用力時應吸氣；肌肉放鬆時應呼氣。呼吸要均勻、有節律，吸氣一般用鼻，呼氣用口。掌握好呼吸，就能加強肌肉的收縮和放鬆能力，提高鍛鍊效果。

（4）保持正確的健美姿勢

為了達到良好的健美效果，健美運動時，要保持健美運動的正確姿勢。肌肉收縮用力時應吸氣，肌肉相對放鬆時呼氣。每做完一組動作，一定要放鬆，做一些肌肉伸展運動，這樣才不容易拉傷肌肉。例如，做啞鈴運動時，身體往後傾斜55度角的傾斜，這樣健身的效果會事半功倍。往上舉啞鈴的時候不要聳肩，不然斜方肌會發力，導致肩部線條不柔和。借助下壓桿做手臂下壓運動時，為了消除手臂贅肉進，身體直立，雙腳與肩寬，雙手大小手臂呈90度握住下壓桿，小臂往下壓170度即，可往回收時大小臂仍要保持90度，從而達到專門鍛鍊大臂的

目的。

（四）女子簡易健身操

女子簡易健身操操作方便，方法簡單，是健美身體有效手段之一。

【知識鏈接】 女子簡易健身操

頸部鍛鍊

（1）坐式或站立，將頭部最大限度地旋轉畫圓，順、逆時針交替進行。

（2）雙手交叉置於腦後，下顎貼胸上部，然後雙手向下壓頭部同時抬頭後仰。每分鐘5～10次。

（3）仰臥，雙臂自然貼近身體兩側。頭部慢慢抬起，將下巴儘量向胸部貼近，直至極限。每分鐘做5～20次。

肩部鍛鍊

（1）臂迴環：雙腿自然站立，雙手握拳。然後伸直雙臂，做大迴環運動，直到感覺疲勞為止。每分鐘環繞40次以上。

（2）雙臂交叉側平舉：緊握雙拳，做直臂體前迅速交叉動作，還原。重複至疲勞為止。每分鐘40次為宜。

（3）前平舉：徒手，每分鐘重複20～30次。也可持啞鈴做。

（4）側平舉：徒手，每分鐘15～20次。也可持啞鈴做。

臂部鍛鍊

（1）啞鈴彎舉：兩腿自然站立，兩手掌心向上手持啞鈴，兩臂下垂，上翻至胸前，稍停，緩慢由原路返回。也可單手交替進行。

（2）臂屈伸：兩腿自然站立，挺胸收腹，雙手各持一啞鈴。開始時手臂伸直過頭，然後慢慢向腦後彎曲，使啞鈴置於頸後位置後，慢慢把手伸直還原。

（3）屈體後伸：上體前屈與地面平行，雙膝微屈，屈臂持啞鈴，拳心相對。平臂後伸與地面平行，慢慢還原。

胸部鍛鍊

（1）俯臥撐：每分鐘10～20次。

（2）雙手持啞鈴自然站立，一手前平舉與肩同高，另一手沿體側下垂。然

後兩臂於體上下交替平舉啞鈴。每分鐘25～30次。

（3）斜板臥推：仰臥於斜板，雙手握啞鈴置於體側。然後兩臂輪流舉啞鈴於頭前上方。每分鐘20～30次。

腰腹部鍛鍊

（1）仰臥起坐：每組8～15次。做3組。肥胖者最好屈腿做。

（2）仰臥，雙腿伸直，雙臂上舉。然後迅速屈膝收腹，雙手抱膝，慢速伸展還原。每分鐘20次左右。

（3）仰臥，雙手抱頭，分腿屈膝。收腹使上體抬起，堅持不動3分鐘左右（可間斷休息）。

臀部鍛鍊

（1）仰臥，兩胯上部放一重物。然後臀部用力上抬，至最高點靜止片刻，慢慢落下。每分鐘上抬20次左右。

（2）跪撐舉腿：雙手撐地下跪，一條腿跪地，另一條腿先彎曲至胸前，然後快速並最大限度地向後上方展直。感到疲勞時，再換另一條腿。

（3）仰臥，頭偏向一側，雙腿合併伸直，然後雙腿儘量上舉，與上體垂直，慢慢還原。每分鐘20次左右。這個動作也鍛鍊腰腹部。

（4）側臥抬腿：直體側臥，腳尖繃直，身體下面的手臂伸向頭前，將頭枕在上面，另一手臂屈肘於胸前撐地面。然後，將上面的腿抬起，至最高點，慢慢還原。重複練習15～20次。轉身換另一側臥，抬另一條腿。腿抬起時不得彎曲。

大腿部鍛鍊

（1）仰臥，雙腿屈膝置於胸前。然後伸直上舉，與上體垂直。慢慢還原，每分鐘15～20次。

（2）直立，一手扶支撐物，另一手撐腰。然後用力擺腿做側上舉動作。兩腿交替進行。每分鐘25～30次。

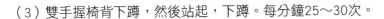

（3）雙手握椅背下蹲，然後站起，下蹲。每分鐘25～30次。

（4）直立，雙手叉腰。然後兩腿屈膝交替上抬至胸前。每分鐘25～30次。

（5）腿後踢：體前屈雙手撐地，屈膝跪地，上體與地面平行，抬頭目視前方。然後，先將一腿伸直，向後上方踢抬，還原。換另一條腿。左右各做一遍為1次，做15～20次。

小腿部

（1）直立，兩手扶一固定物體，前腳掌踩在一塊磚頭上，腳跟懸空。然後將腳跟提起，儘量抬高，稍停後下落。注意保持平衡，不要左右擺動。每分鐘做15～20次。

（2）背靠椅子坐下，大腿抬起。然後上舉小腿，儘量展直，還原。每分鐘15～20次。

（3）站立，上體前傾，腳跟著地，腳尖朝上。用腳後跟向前走動。

（資料來源：慧聰網）

【訓練2】

制定適合自己的運動健美計劃。

【問題處理】

有人說：「運動停止，減去的體重就會出現反彈，運動對減肥無用」，這種說法是否正確？

答：不對。運動一停止體重就出現了「反彈」現象與運動是否停止無關，「反彈」的罪魁禍首是不科學的飲食。運動鍛鍊所消耗的脂肪主要由兩部分組成，以前囤積的多餘脂肪和訓練同期攝入多餘熱量所囤積的脂肪。所謂的反彈是停止訓練後，仍然不注意自身飲食的科學調配，攝入過量的食物，造成多餘熱量重新轉化為脂肪，囤積在體內的結果，使得體重再度增加。

區塊小結

運動對人體的神經系統、呼吸系統、心肺功能、代謝功能起著良好的促進作用，進而達到健身的作用，透過合理的有氧運動與器械訓練可以達到健身目的。民航空服員可以透過走路、跳舞、做家務、騎車、爬樓梯、跳繩等簡單易行的方法進行健身，並且能夠因地制宜，在不同場合採用不同的健身法。健美運動是一項以發達肌肉塊和塑造肌肉線條為主的體育活動，是形體健美的基本手段。為了達到良好的健身效果，進行器械訓練時，要有適當的強度和密度、時常改變鍛鍊的內容、合理呼吸，保持正確的健美姿勢。

思考與練習

1.民航空服員應該如何運動健身？

2.民航空服員應該如何運動健美？

區塊四 心理與美容

本章導讀

人們的心理狀態直接影響著人的面容和形象，一個人如果沒有健康的心理，就沒有紅潤靚麗的容顏、健壯的體魄、蓬勃的朝氣和優雅的風度。現代美容不僅包容了化妝護理減肥等改變人外在技術和理論的形象美容，還包涵了心理學的內容：即從心理的角度去疏導鬱結的心境、激發對生活的信心，努力跨越年齡、容貌、體態等客觀侷限，獲取內在魅力美。民航空服員作為現代生活的職業女性不僅要有美麗的容貌，還要有健康的心理，注重修身養性、氣質的培養、個性的發展、心靈真善美的開掘，樹立「秀外慧中」的良好職業形象。本區塊介紹心理美容的基本方法。

重點提示

1.瞭解心理與美容的關係，重視心理健康。

2.掌握心理美容方法，學會如何消除不良情緒，培養健康的情緒。

┃ 一、心理與美容的關係

古人云：面由心生，心理與美容的關係可以從以下幾點體現出來：

（一）心理健康決定著人生理健康

心理健康與生理健康總是相互聯繫、相互作用的，心理健康每時每刻都會影響人的生理健康。一個人如果長期處於高度緊張或抑鬱狀態中，其內激素分泌、肌肉緊張度等的變化會導致免疫系統難以處於最佳工作狀態，這時人的抵抗力就會下降，疾病也就乘虛而入。由此可見，心理健康決定著生理健康，生理健康決定人體的美。

（二）心理健康決定著人的膚色美

現代醫學研究表明：人的膚質與精神狀態的好壞息息相關。皮膚的血液循環與分泌、排泄等生理功能均由植物神經控制和調節，植物神經又受大腦中樞神經的指揮，人的精神、情緒可直接影響皮膚的色澤，並與皮膚病變發生密切的關係。當人愉快興奮時，大腦內神經調節物質乙　膽鹼分泌增多，血液通暢，皮下血管擴張，血流向皮膚，使人臉色紅潤、容光煥發，給人一種精神抖擻、神采奕奕、充滿自信的感覺。當人處於煩憂失意、精神緊張、情緒低落、悲痛憤怒等不良情緒的時候，體內茶酚胺類物質釋放過多，腎上腺素分泌增加，使動脈小血管收縮，供應皮膚的血液驟減，使人臉色枯槁、灰暗委瑣。如果一個人長期憂鬱寡歡、焦慮煩悶，還會使上皮細胞合成過多的黑色素堆積於皮膚細胞中，使皮膚變得灰暗無光澤、面容憔悴、眼圈發黑，還會誘發某些皮膚病，如斑禿、神經性皮炎、痤瘡、銀屑病等。

（三）良好心理決定著人的自信美

人一旦有了一個良好的心理狀態，便有了自信，有了旺盛的生命活力，對生活、工作就會完全進入了的最佳狀態。這時就有一種自信的美，在生活和工作中的舉手投足、一顰一笑都會展現自己與眾不同的氣質美，展示出了自己獨到的魅力，讓人感覺年輕快樂，魅力四射。這是任何高超的美容整形技術都無法做到的，從這個定義上講，決定一個人神韻的並不是「手術刀」，而在於一個人的

「精、氣、神」和心理狀態。

▌二、心理美容的方法

心理美容就是將心理學的理論知識融於美容知識之中，塑造一種醫學美容無法達到的氣質美和風度美。透過疏導與暗示等心理方法逐步消除不良情緒和培養健康心理，使人的心情愉快、精神飽滿，從而促進腑臟、氣血運行順暢，激活臉部細胞代謝，達到美容的目的。

（一）培養健康的心理

心理美容是從心理的角度去疏導人的心境、激發人的信心，從而使人精神抖擻、神采奕奕。所謂心理健康，其實一種持續的心理狀態，在這種狀態下，當事人能夠有良好的適應能力、生命的活力，並能發揮本身的能力和潛力。其主要方法就是培養以下健康心理：

1.進取的人生態度

心理健康的人總是熱愛人生、熱愛生活、珍惜生命，積極投身於生活。心理健康的人對社會和自身都採取極其負責的態度，總是滿腔熱情地投身於生活，把工作看作是樂趣而不是負擔。心理健康的人總是認認真真地向著他自己既定的目標前進，用自己的行動去體驗人生的價值。所以，心理健康的人總能享受到人生的樂趣，反過來更能激起自己積極進取的人生態度。

2.積極的自我觀念

心理健康的人具有自知之明，能體驗到自己的存在價值，能準確地確定自己在他人心目中的位置，有正確的自我觀念：瞭解自我，悅納自我。知道自己的優點和缺點，給自己一個恰當、客觀的評價，既不高估自己，也不過分地貶低自己；對優點能積極地去發揚，為自己取得的成績而愉快樂觀，不因優點而驕傲自大；對不足能自覺地去改進，不因自己有不足而自卑，而是知己不足而進行不懈的努力；能夠作到既能瞭解自己，又能接受自己，對自己的生活目標和理想也能定得切合實際。

3.情緒穩定樂觀

情緒穩定樂觀是心理健康的主要標誌。心理健康的人中樞神經系統處於相對的平衡狀態，機體協調功能較強，能適當地表達的自己的情緒。心理健康的人具有維持心理平衡的功能，能適時地從痛苦和煩惱中解脫出來，積極地尋求改變不利現狀的新途徑，做到喜不狂，憂不絕，勝不驕，敗不餒。心理健康的人對於自己能得到的一切感到滿意，積極情緒狀態總是占據優勢的，幽默、開朗、樂觀。心理健康者經常能保持愉快、開朗、自信和滿意的心情，善於從生活中尋求樂趣，對生活充滿希望。

4.有健全的人格

健全的人格是心理健康的最終目標。心理健康的人能夠完整、協調、和諧地表現出具有自己特色的精神風貌；心理健康的人思考問題的方式是合理的，有辨別真偽、善惡、榮辱、美醜等是非的能力；心理健康的人能採取恰當態度待人接物，對外界的刺激不會有偏激的情緒和行為，不做損害他人的事情；心理健康的人能夠與社會的步調合拍，能和集體融為一體，能自覺地遵守社會的各種規範，能盡職盡責地完成自己的工作。

5.人際關係和諧

人際關係的和諧是心理健康的重要標誌。心理健康的人樂於與人交往，不僅能接受自我，也能接受他人，悅納他人，能認可別人存在的重要性和作用。心理健康的人能與他人相互溝通和交往，能為他人所理解，為他人和集體所接受。心理健康的人樂群性強，在生活的集體中能融為一體，能在與摯友團聚之時共享歡樂。心理健康的人能夠客觀地瞭解與評價他人，不勢利待人，與人相處時積極的態度總是多於消極的態度，總顯示出同情、友善、信任、尊敬等積極的態度。心理健康的人能信任和尊重別人，設身處地地理解別人。

6.善於適應社會

具有良好的適應能力也是心理健康的標誌之一。人生活在紛繁複雜、變化多端的大千世界裡，一生中會遇到多種環境及變化。心理健康的人能夠能面對和接

受這些變化，能夠多方面尋求資訊，善於傾聽不同的意見，正確把握事實的真相，對周圍的事物和環境能夠做出客觀的認識和評價，並能以積極進取的態度正確對待現實環境。心理健康的人對自己的能力有充分的信心，對生活、學習、工作中的各種困難和挑戰都能妥善處理，當發現自己處於不利的或困難的境地時，能夠冷靜地處理，將不利轉化為有利，將困境轉化為順境。

7.智力活動正常

智力活動正常是人們生活、學習、工作、勞動的最基本的心理條件，也是心理健康的標誌之一。智力活動正常是指人的注意力、觀察力、記憶力、思維力、想像力都正常，能較好地勝任自己的工作，頭腦清醒，善於觀察，反應敏捷，記憶力強，思維清晰，邏輯性強。

8.行動自覺果斷

一個心理健康的人的行為受意識支配，思想與行為是統一協調的，並有自我控制能力。心理健康的人行動自覺果斷，經過深思熟慮以後便果斷地採取決定，該當機立斷的時候就當機立斷，毫不猶豫；並能把自己的決定貫徹如一，言行一致。

【訓練1】

與健康的心理標準進行比較，從中找到自己的差距，並制定改正計劃。

（二）消除不良情緒

現代醫學研究表明，焦躁、怨恨、抑鬱、憤怒等不良情緒對於人體健康與美容有害，心理美容就要理智地駕馭自己的情感，控制和排除消極情緒，走出負性情緒誤區。消除不良情緒的方法有以下幾點：

1.自我控製法

運用理性觀念去認識和評價事情，用理性克服感情上的衝動，用理性控制自己過激情緒的方法稱之為自我控製法。情緒困擾並不一定由誘發事件直接引起，常常是由經歷者對事件的非理性解釋和評價引起，要用頑強的意志戰勝不良情緒

的干擾，自覺地克制自己，不進行衝動的行為。自我控制情緒一般人很難做到，可以配合採用以下兩種方法。（1）自我暗示法。一個人在消極的情緒中，透過名人名言、警句或英雄人物來進行自我激勵，能有效地調控情緒。（2）深呼吸法。透過慢而深的呼吸方式，來消除緊張、降低興奮性水準，可以使人的波動情緒逐漸穩定下來。

2.合理宣洩法

把心中的不良情緒透過適當的方式發洩出來，以盡快恢復心理平衡的方法稱之為合理宣洩法。採用不理智的衝動性行為方式發洩不良情緒非但無益，反而會帶來新的煩惱，運用適當的途徑來發洩和排遣不良情緒是一個很好的方法。具體方法如下：

（1）適當地哭一場。從科學的觀點看，哭是自我心理保護的一種措施，哭泣可以釋放不良情緒產生的能量，能緩解人的心理負擔和緊張情緒，有利於消除皮膚皺紋和保持青春活力。不幸時大哭一場，可將內心壓抑傾訴出來，使心理狀態恢復平衡。

（2）痛快地喊一回。喊叫是一種排遣感情、調節心理的方法。當受到不良情緒困擾時，可以透過急促、強烈、粗獷、無拘無束的喊叫，將內心的鬱積發洩出來，從而使身心得到放鬆。

（3）向他人訴說。向他人訴說是一種良好的宣洩方法。把不愉快的事情隱藏在心中，心頭鬱積著苦悶和煩惱，會增加心理負擔，損害身心健康。若能及時向親友、同事、心理醫生傾訴，獲得別人的理解、安慰和勸導，可以把悶在心裡的鬱悶宣散出來，使受挫的心靈得到撫慰，重獲心理的平衡和人生的支點。

（4）進行劇烈的運動。運動可使心率加快，促進血液循環，改善機體對氧的吸收利用，增強生命的活力，使人精神振奮，進而改善不良情緒。當情緒苦悶或情緒激動時，最好的方法是轉移一下注意力，可以參加體育鍛鍊，如打球、散步、爬山等。

3.自我慰藉法

當遇到困難和挫折，在經過最大努力仍無法改變狀況時，為了避免精神上的痛苦或不安，可以找出一種合乎內心需要的理由來說明或辯解，這樣能沖淡內心的不安與痛苦，緩解因心理矛盾而引起的悲觀失望等不良情緒，這種方法被稱為自我慰藉法。

4.情緒轉移法

在情緒低落時，透過一定的方法和措施改變人的思想焦點或改變其周圍環境，使其與不良刺激因素脫離或把自己的精力和注意力轉移到其他活動中去，這種方法被稱為情緒轉移法。心理學家認為，人情緒反應時，大腦中心有一個較強的興奮灶，此時如果另外建立一個或幾個新興奮灶，便可抵消或沖淡原來的中心優勢。因此，當情緒低落時，可以學習一些新知識或技能，可以做一些自己平時感興趣的事，可以聽聽音樂、看看電影，可以到風景優美的環境中漫步散心，還可以作短期旅遊，可以把注意力從引起不良情緒的事情轉移到其他事情上，這樣就可以使人從消極情緒中解脫出來。

5.昇華轉化法

昇華轉化法是一種化不良情緒為積極向上的調控情緒方法，即將消極情緒昇華到一個新的境界。當情緒低落時，用理智戰勝不良情緒，發揮自己的才智和特長投身於事業中去，以工作的成績來沖淡感情上的痛苦。例如有的人貌不驚人，就努力學習以培養內在美。有人文化學習成績不好，就在勞動、體育上顯示自己的才能，這種做法有助於提高個人適應社會的能力。

6.鬆弛練習法

鬆弛練習是一種透過在心理和軀體上放鬆來減輕和消除各種不良身心反應，常用的有肌肉鬆弛訓練和意念放鬆訓練。

肌肉鬆弛訓練方式：在一間安靜、燈光柔和的房間裡躺下，掌心向上，兩腿伸直，腳尖向外。閉上眼睛，輕柔地按照自己的節奏呼吸。繃緊臉部肌肉約10秒鐘，放鬆；緩慢地向上抬頭，放下；提肩10秒鐘，放鬆；伸展手臂及手指，握拳10秒鐘，放鬆；提臀，然後緩緩地放下；腳後跟併攏，向外伸展腿和腳

趾，然後完全放鬆。重複練習5次。

意念放鬆訓練方式：盤腿端坐於床上，深呼吸三次，然後全身放鬆，自然呼吸。意念想像自己置身於美妙、寧靜的環境中。

（三）加強文化修養

人的外表美貌是人的內心修養的投射，一個人的氣質和風度很多成分是人的學識、修養、心理等綜合因素的外溢，是在文化氛圍中受到薰陶而形成的。倘若一個人具有高尚的品格和修養、豐富的學識、健康的心態，那麼舉手投足中就能讓人體會到美感。因此，我們不僅要借助化妝品和服飾裝點自己，更要注重加強文化修養，運用自己的學識和修養來煥發出一種雍容文雅的美。

（四）對症心理按摩

情緒不良會損及人的身心健康，更損害人的容貌。可以運用情緒調整的心理按摩的方法來調整肌膚，下面介紹兩種常見臉部問題的心理美容方法：

1.成人痘

成人痘大多是情緒緊張、壓力失控造成的，此時心理按摩方法如下：進行深呼吸，如果每一次呼吸都能很深，肺裡便總能充斥著新鮮的空氣，緊張情緒自然會得到舒緩；進行芳香療法，味道是最能調節人們心理的方法了，帶有薰衣草、柑橘這些味道的精油或是護膚品最能安撫緊張的心靈。

2.膚色灰暗

膚色灰暗除了來自於家族的遺傳之外，心緒的抑鬱常常會導致腎上腺皮脂刺激色素的沉澱，臉色也就很難亮麗起來，造成膚色暗淡。心理按摩方法如下：運用鮮豔的色彩改變情緒；多看喜劇、幽默，撩撥起快樂神經。

【訓練2】

找到自身常見不良的情緒，並提出消除不良情緒的方法。

案例

1.航班上空有雷雨而延誤了3個小時，空服員全部到客艙做解釋工作。一位

男客人火冒三丈，衝著空服員大發脾氣：「時間就是金錢，你們航班晚點耽誤了我的生意，使我損失慘重，我要求賠償！賠償！」

問題：空服員應該如何處理這件事？從該案例中看，空服員應該具備哪些心理因素？

提示：空服員可以和顏悅色地說：「先生，真對不起，上空有雷雨，所以我們只能先在這裡等待，天氣轉好馬上就走。如果有雷雨，飛行會很不安全。雷雨天氣來得快去得也快，一有消息，我們會馬上通知您的，好嗎？」如果旅客還無理取鬧，可以認真地對旅客說：「先生，根據最新的《中國民用航空法》規定，天氣原因造成的航班延誤，航空公司是不負責賠償的。」

從該案例中看出，民航空服員具有以下的心理因素：熱愛工作的人生態度；能夠協調、控制、穩定的情緒；愉快、開朗、樂觀、自信的心情；對自己的能力有充分的信心；同情、友善、信任、尊敬的人際溝通態度；頭腦清醒、善於觀察、反應敏捷、邏輯性強、當機立斷等等。

2.有這樣一位座艙長，容貌端莊、氣質高雅；但是工作的壓力使她無法輕鬆面對，結果心情憂鬱，臉色蒼白。美容師為她設定了全身護理的方案和心理美容方案。半年後，情況發生了明顯的變化，皮膚狀況有了改善，肌膚紋理細膩了，彈性恢復了，性格變得開朗。

問題：從心理美容的角度，談談臉色蒼白的原因，並談談應如何改變臉色蒼白的現象。

提示：當人處於精神緊張、情緒低落等不良情緒的時候，人的動脈小血管收縮，供應皮膚的血液驟減，使人臉色蒼白。

建議運用鮮豔的色彩改變情緒；多看喜劇、幽默，撩撥起快樂神經。

【問題處理】

民航空服員的工作壓力很大，從心理美容的角度談談如何減壓？

答：減壓方法如下：

（1）運動減壓。有氧運動能使人全身得到放鬆，可以參加一些緩和的、運動量小的運動使心情先平靜下來，如跳繩、跳操、游泳、散步、打乒乓球等。

（2）放鬆肌肉減壓。在一個安靜地方，以舒適的方式坐下或平臥，鬆開緊身的衣褲、佩飾等，進行平緩呼吸，按照從肢體到軀幹，從遠到近，從外到內的順序對自己發指令：放鬆。

（3）呼吸減壓。身保持放鬆，吸氣的同時擴展胸部，稍停，緊閉雙唇，慢慢呼氣，重複幾次，就會感到緊張的情緒緩和了許多，心情也會隨之舒暢。

（4）飲食減壓。當人承受巨大的心理壓力時，身體會消耗大量的維生素C，應注意多攝取諸如洋蔥、青椒、花椰菜等富含維生素C的蔬果。少食多餐也有助於減輕緊張與疲勞。

區塊小結

心理健康決定著人的健康美，民航空服員不僅要有美麗的容貌，而且還要有健康的心理，可以透過培養高尚的品格、良好的文化修養、健康的心態讓人體會到一種內在美。民航空服員透過疏導與暗示等心理方法加強逐步消除不良情緒和培養健康心理，使人的心情愉快，精神飽滿，達到美容的目的。

思考與練習

1.民航空服員應該有哪些健康的心理標準？

2.民航空服員應該如何消除不良情緒？

區塊五 美甲技巧

本章導讀

「手是人的第二張名片」。如果只對自己的臉龐勤加保養而忽略了手及指甲的保養，那麼粗糙、黯淡的手和乾燥、老化的指甲會洩露了年齡的祕密，並令自己優雅的氣質蕩然無存。因此雙手與漂亮的指甲已經成為女性完善自我，彰顯女性魅力之必備。空服員需要透過手來向旅客傳遞物品，為旅客服務，手在此就倍

顯重要,所以空服員必須注重指甲的保養和修護。本區塊介紹指甲保養和修整的基本技巧。

重點提示

1.掌握民航空服員的指甲要求。

2.瞭解美甲基本工具,並掌握這些工具的基本使用方法。

3.掌握指甲保養的基本方法,學會對自己的指甲進行保養。

4.掌握指甲油的選擇方法,學會指甲油的使用方法。

5.掌握修指甲的基本步驟,學會修指甲的基本步驟。

‖ 一、指甲的構成

手指甲是由角質組成的,由一層層水平的角質素所構成的。角質主要是由蛋白質和鈣構成,所以富含蛋白質和鈣的食物是保有健康亮澤指甲的基本要素。其他所需要的營養成份包括鋅、鉀和鐵以及維生素A和維生素B。指甲生長的速度,每月約長0.6公分,因此一個新長的指甲約需4個月才會從指甲肉長到指甲的尖端。

指甲也是血液循環的良好指標,指甲的異常可以看出一些症狀。如果是每隻手指指甲上都有水平凸起的話,表示曾經患過病;指甲上垂直的線條多半屬於遺傳,有時候也表示指甲太乾燥了;指甲上如出現白點,可能是疾病或心情緊張,或是指甲內所生的氣袋引起的。

‖ 二、民航空服員的指甲要求

（一）不要蓄長指甲

指甲長讓別人感到自己手部不夠清爽,且會影響服務工作。因此,空服員的手指甲通常不宜長過其指尖,空服員要養成「三天一修剪、每天一檢查」的良好習慣。

在《民航空服員職業技能鑑定指南》中對民航乘務提出以下幾點要求：女空服員染色指甲的長度不超過手指尖5公釐，不染色的指甲不超過手指尖2公釐，各手指甲長度保持一樣長；男空服員的指甲長度不超過指尖2公釐。

（二）指甲保持乾淨

當手指甲縫裡烏黑一團時會讓旅客感到不潔而心生不快。空服員要養成經常洗手，並養成用小軟毛刷刷洗自己指甲縫的習慣。

在《民航空服員職業技能鑑定指南》中對民航乘務提出以下幾點要求：女空服員保持手及指甲的乾淨；男空服員保持手的乾淨，無斑點。手指不得有抽煙留下的尼古丁熏黃痕跡，指甲應保持清潔，修剪整齊，無凹凸不平的邊角。

‖ 三、美甲工具

美甲工具包括基本用品（毛巾、藥棉、指甲刷、洗手碗）、工具（指甲銼、指甲剪、指皮鉗、推皮棒）、乳液（護手膏、去甲水、指甲按摩油、磨光膏、指皮軟化劑）、指甲化妝品（去光液、底油、指甲油、亮油）四種類型。

（一）指甲剪

（1）分類：指甲剪按照其前端的形狀來分有平頭和斜面兩種。

（2）使用方法：先用平頭指甲剪剪出所需的長度；如指甲兩側的甲溝太深，且往甲溝方向長，應用斜面指甲剪掉兩邊的指甲。

（二）指甲銼

（1）分類：修指甲銼分鋼銼和彩色銼條。

（2）使用方法：一種是直線打磨，即指甲銼與手指成90度角，從兩邊向中間水平打磨指甲，再垂直拿銼刀，由上向下打磨指甲前端；另一種是弧度打磨，即指甲銼與指甲邊緣成45度或60度角，從下向上，按照一定弧度打磨，直至指甲光滑圓潤。

（三）泡手碗

（1）形狀：專業泡手碗應該剛好是一隻手。

（2）使用方法：將泡手液或溫水倒入泡手碗中，先後浸泡左手與右手。

（四）去光液

（1）去光液是一種指甲油去除劑。

（2）使用方法：先用藥棉沾上去光油液，按在指甲上1秒鐘，使指甲油先軟化，再慢慢拭去。

（五）美甲按摩油

（1）美甲按摩油也叫營養油或甲緣油。

（2）使用方法：指甲的根部塗上一層指甲按摩油，用大拇指在指甲平面作轉圈式的輕輕搓按摩。

（六）指皮軟化劑

（1）指皮軟化劑是一種乳白色的液體，可加速軟化程度。

（2）使用方法：將指皮軟化劑塗抹於軟皮及指甲溝上，像畫圓圈般輕輕按摩，拭除已脫落的軟皮屑。注意不要將軟化劑塗在甲蓋上，防止甲蓋被軟化。

（七）推皮棒

（1）分類：推皮棒分為木推棒、鋼推棒和推皮砂棒。

（2）使用方法：用酒精棉籤清潔推皮砂棒前端，用推皮棒橢圓扁頭的一面將上老化的指皮往手心方向推動，再用另一頭的刮刀刮淨殘留在指甲上的角質。動作要輕，如果力量太大，指甲床會受損，新長的指甲就會在上頭凸起了。

（八）指皮鉗

（1）分類：有剪刀形，也有鉗子形。

（2）使用方法：用指皮鉗剪去剛推完的死皮、肉刺，使手指顯得美觀整齊。使用時注意不要拉扯，應剪斷，以免損傷指皮。

（九）磨光膏

（1）磨光膏是能夠把指甲磨光滑的乳液。

（2）使用方法：塗指甲油以前，先以磨光膏把指甲磨光。這樣可以促進血液循環，並使得指甲表面更平滑，可以保護指甲。

（十）底油

（1）分類：底油有加鈣底油、蛋白質底油和保濕底油等。

（2）使用方法：在指甲拋光後上底油。要塗薄一點，指甲的每個部位都要塗到，使指甲表面平整。

（十一）指甲油

（1）分類：指甲油分普通型和快乾型。

（2）使用方法：先從指甲根部的中間開始向甲尖方向一塗到頭，先塗指甲中間的部位，然後塗兩邊，速度要快、一氣呵成。

（十二）亮油

（1）種類：是指甲有漂亮的光澤透明油，分普通亮油和UV亮油。做水晶甲後，要使用防黃的UV的亮油。

（2）使用方法：亮油塗在乾後的指甲油上面，除了把指甲塗滿之外，還要橫塗指甲尖及超出指尖的指甲背面。亮油造成保護甲油亮澤和延長指甲油脫落時間的作用。

四、指甲油的選擇及使用

（一）指甲油質量的評定

指甲油的質量評定要看光澤度、附著力、耐磨性、防水性、防皂性等。可以運用以下方法進行質量測試：

（1）刷子拿出來時，左右壓一下瓶口，試試刷毛的彈性。儘量選擇刷毛較

細長、彈性好的指甲油，會比較容易上勻。

（2）用指甲刷沾起指甲油，毛刷最後仍維持細長狀，表明指甲油質量好，毛刷變得很粗大，表明指甲油太濃稠。

（3）用指甲刷沾起指甲油，讓指甲油順著毛刷流暢流下，如果流動很慢代表此瓶指甲油太濃稠將不容易擦勻。

（4）用眼觀看，當指甲油呈黏稠狀、乾掉，或者有顏色分離的現象，就表示它可能變質了。

（5）用化學試紙甚至普通的影印紙，將少許指甲油塗於紙上，待乾後翻至背面，質量較好的指甲油會在背面見到附著一層油脂。

（二）指甲油顏色的選擇

指甲油的色彩有玫瑰紅、大紅、肉色、豆沙色、銀色等多種顏色。空服員在工作場合只能塗無色指甲油，在日常社交場合可以選擇各種指甲油顏色。選擇指甲顏色時，要注意以下幾點：

（1）與膚色搭配

膚色偏黃者不要選擇灰色系、黃色系、大粉紅色的指甲油，會使膚色顯得更加灰暗，沒有光澤，可能會讓皮膚看起來髒髒的。可以用白色或者偏白的粉紅色指甲油，可以營造出潔淨亮麗的感覺。膚色偏黑者避免使用綠色與黃色，建議選擇半透明的金色或金屬色系，看起來性感又個性。皮膚白皙者在顏色上有很多選擇，可以塗上任何自己喜歡的顏色，甚至做些大膽的嘗試。

（2）與環境相搭配

甲油的選擇應該與周圍的環境巧妙搭配。上班族或者學生應該選擇典雅、穩重的紅色系、淺粉色或半透明的指甲油，會使人感覺更加自然、不誇張。參加晚宴或社交活動時，應選擇金色、紅色、紫色等具有華貴質感的指甲油來搭配晚禮服，會顯得更加耀眼。

（3）與手形、指甲形相搭配

手的形狀如果不好看或者手的皮膚很粗的話，一般不要塗那種很鮮豔、醒目的指甲油色，可以塗比較淡雅的色彩。指甲不好看需要靠指甲油色彩來改變時，那指甲油色彩就應該選擇與原來指甲色對比大一些的才好。

（4）與季節相搭配

春季色宜選用淺橘紅、嫩粉紅色；夏季色宜選用淺玫瑰、水紅色；秋季宜選用淺褐色、淺茶色、琥珀色；冬季色宜選用中性玫瑰色調、各種紅色和粉色的調和。

（5）與服飾相搭配

甲油的選擇應該與服飾的色彩巧妙搭配，才會造成畫龍點睛的作用。例如，亞光色的甲油會很有懷舊的感覺，珠光指甲油呈現出輕盈的珠光效果，炫光指甲油會有霓紅七彩的感覺，可以根據自己的衣飾來選擇。

（6）與修飾目的相搭配

希望手形顯得纖長、白皙的女士，可以選擇鮮豔的玫瑰紅色系的指甲油，使手指更有纖美的感覺。喜歡突出個性的女士，可以選用流行色系的指甲油。如：亮白色、銀色、金屬紫色等，再配上與眾不同的服飾，一定令人耳目一新。喜歡成熟端莊感覺的女性，可以選用淺黃色、銀灰色指甲油塗成的法式指甲，會給人以典雅、秀美的感覺。

（三）不同顏色指甲油舉例

（1）紅色系

紅色是女人最傾心的顏色，被稱為「萬能色」，任何人塗上它都非常美麗，尤其是它會令手形顯得纖長而白皙，這是因為紅色較深，能遮掩指甲的亂痕，可以襯得膚色較白皙。從適用場合來講，參加晚會，紅色正好符合熱烈的氣氛。從個性上來講，紅色更適合性感、熱情的女性。而指甲形狀也很重要，卵形或方形的指甲最適用紅色。

（2）粉色系

粉紅色系是接近膚色的顏色，會使人顯得自然而不誇張，可以大膽使用。粉紅色自有一種浪漫氣息，是年輕女孩的最愛。值得注意的是，因為粉色非常淺淡，指甲的粗糙與凹凸不平很容易顯現出來，所以要先將指甲表面磨平使其有了光澤感才能塗抹。

（3）綠色系

綠色系是一種流行時尚、個性鮮明的顏色，只適合指甲短小並很時尚的女孩使用。綠色比較深，很容易襯得皮膚灰暗，最好使用帶有珍珠光澤的亮綠色，或在指甲上再塗一層護甲油，會使手指顯得更亮麗。因為綠色比較深，只有穿著皮草或者色彩鮮亮的上衣時才可以使用綠色指甲油。

（4）金屬色

金屬色包括亮白色、銀色、金屬紫、金屬藍等。金屬色是具有強烈的未來感、都市感的色彩。但它對於使用者比較挑剔，只適合喜歡突出個性。年齡在25歲以下的酷女使用。最好佩戴有相同顏色的首飾或者服飾，能在色彩上取得統一平衡的效果。

（5）冰藍色

冰藍色是夏天的顏色，與同色系首飾和服飾搭配效果會更加出色。這款顏色比較適合白皙的膚色，使用時一定要先做好手部美白工作。如果短時間內無法恢復雙手的白皙質感，可以在塗完冰藍指甲油後再塗上銀色亮彩指甲油，這樣也能提升雙手的白皙度。

【訓練1】 甲油挑選訓練

根據自身特點挑選適合自己的指甲油。

（四）指甲油的使用方法

（1）上指甲油時最好別讓刷毛沾附過多的指甲油，應在瓶口輕輕拭過，並將刷毛調整平順。

（2）每個手指最好是三下就把指甲塗滿，一是在中間，另外兩下在兩旁。第一筆先從指甲根部的中間開始向甲尖方向一塗到頭，第二筆和第三筆自甲根兩側向甲尖塗，注意在指甲兩側距離皮膚處留出1～2公釐空白，使指甲看上去不致過於飽滿粗大，速度要快、一氣呵成。讓刷子按與指甲水平方向展開塗抹指甲油，效果會更加輕薄、均勻。塗指甲油時，要把塗甲油的手指和拿刷子的手都放穩，手不要抖動。

（3）第一遍甲油乾透後，再按上述方法塗一遍。如果不等第一遍甲油乾透就塗第二遍，甲油成膜後會不平整。第二層甲油有修飾的效果，而且顏色能較為飽和、持久。最後在甲油表面塗上固定油，以造成防止甲油褪色崩裂或被刮花，使其光澤更為持久。

（4）塗的順序是：先左手，後右手；先小指然後是無名指，中指、食指到拇指逐一進行。

（5）塗甲油後，不要馬上用手操持家務，大約在30分鐘以後再動手幹活兒。指甲油完全凝固需要12小時，此前最好不要用熱水洗手，以免使甲油失去光澤。

（6）如果指甲長期被指甲油長期覆蓋，指甲會變黃、變脆弱，失去光澤而易斷。因此，即使指甲油能夠持久不脫落，也最好在塗上甲油的2～3天內卸除乾淨，然後在1～2天內做指甲保養，讓指甲透透氣，再塗甲油。

【訓練2】 塗甲油訓練

按照正確的步驟和方法為自己塗抹指甲油。

五、指甲保養

（一）睡覺修護法

白天的時候，我們的手一直在工作，因此最好在睡覺之前進行手部護理。

（1）使用一點橄欖油、潤膚膏按摩、乳液擦拭手部，使指甲得到些滋潤。每天一次。

（2）使用專用的乳霜按摩手指甲周圍，戴手套睡覺。每週一次。

（3）對於受傷或破裂的指甲，可用市面上出售的指甲修護霜塗抹。隔天一次。指甲修護霜以含有果酸或磷脂質成分者為佳。

（二）清潔保養法

將一片檸檬、幾滴橄欖油或幾滴杏仁油放入溫水中的水中，把手指浸泡約10分鐘使甲縫中的汙垢浸出並使指甲得到滋潤。

（三）日常保養法

如果指甲暴露在酷寒、炎熱的環境中，或浸泡在含有氯的水或清潔劑中，就

很容易變脆、變軟。因此，為了保護指甲，儘量不要接觸各種刺激物，如過濃肥皂、有機溶劑等，儘量不被暴晒和冰凍。

（四）營養補充法

營養處方：食用含蛋白質、鈣、鋅、碘、鉀和鐵以及維生素A和維生素B2的飲食會使指甲健康。多喝乳酸菌飲料，多吃芹菜、胡蘿蔔、黃豆、蛋、海產品、肝臟、蛋黃、胚芽。

果醋處方：每天喝一點果醋可以防止指甲的斷裂，增強鈣質的吸收，使指甲堅硬和亮澤。如果沒有果醋，飯前喝一杯加有醋的水或在湯中加一點醋，對指甲的健康都是大有裨益的。

骨膠處方：3小匙的骨膠與果汁肉湯一起喝，每天一杯，兩個月之後，指甲就會改善。

（五）指甲按摩操

按摩指甲可以刺激指甲基部的血液循環，可以達到保養指甲的目的。

1.輕屈關節，從手指根部向指甲螺旋式按摩。

2.強力推壓手指間的指根。

2.滑動式按摩手背上骨與骨之間的肌肉與筋。

4.用拇指對手掌進行全體按壓。

5.指甲長的人可彎曲十指進行按壓。

6.在指甲的反面滴護理油。

7.在指甲周圍整體按摩。

║ 六、修指甲

一雙纖細美麗的手，最能顯現女性溫婉的特質，如今的指甲修理，已經成為女性美容的重要一環。按照以下步驟進行練習：

（一）去原油

徹底清除上一次留下的殘漬是保持甲油顏色新鮮、時效長久的必需步驟。去原油有以下兩種方法：

第一種方法是將濕潤的棉片或棉球蓋在指甲上，稍等一會，將向小塊棉指尖的邊緣慢慢拉出，用棉片或棉球由甲根向指尖擦拭，以免傷害脆弱的根部皮膚。

第二種方法是用藥棉沾上用去光液，按在指甲上1秒鐘，使指甲油先軟化，再慢慢拭去。用這種方法對指甲會有傷害，謹慎用之。

（二）剪形狀

剪指甲形狀之前，首先根據手形、指形、指甲質地、工作性質等因素修剪指甲的形狀。方形甲個性化強烈，並很時尚，不易斷裂，比較適合職業女性和白領階層。方圓形指甲的前端和側面都是直的，稜角的地方成圓弧形輪廓，這種看上去很結實的形狀會給人以柔和的感覺，對於骨節明顯、手指瘦長的人比較合適。橢圓形指甲的指甲前端的輪廓呈橢圓形，屬傳統的東方型甲形，比較具有女人味。尖形指甲是手指粗短的人比較適合的甲形，但是由於接觸面積小，易斷裂，而亞洲人的甲形較薄，要小心維護。

剪指甲形狀有兩種方法。第一種方法是先用專用指甲鉗剪出大致的形狀，再使用指甲銼修磨指甲邊緣不規則的小凸角。第二種方法是使用指甲銼修整指甲，這樣做指甲表面不會出現細小裂紋。

用指甲銼的時候，應順著指甲的外角到中間方向進行打磨，同時儘量避免接觸到指甲表面。

（三）按摩

在指甲的根部塗上一層指甲按摩油、營養乳液、指肉按摩乳液或其他滋潤液，然後用另一隻手的大拇指在指甲平面作轉圈式的輕輕按摩，並將手指的關節拉一拉。指甲的按摩完了，就用熱毛巾包裹手掌一分鐘。最後用脫脂棉擦清指甲上的膏油，除油膏工作須徹底，否則殘留的油膏則會影響塗指甲油的均勻。按摩指甲可以刺激指甲基部，有助於滋潤乾燥的皮膚，是修指甲重要一環。

（四）洗指甲

將溫度為37℃～38℃的肥皂水注滿洗手盆（不可放清潔劑，可以放洗髮精），讓手指浸泡約5分鐘，如果指甲內有汙垢，用指甲刷輕輕刷拭。浸完後，用柔軟的毛巾把每隻手指輕輕擦乾。

（五）去死皮

將指皮軟化劑均勻地塗在指甲周圍的指皮指緣，用推皮棒橢圓扁頭的一面將老化的指皮往手心方向推動，再用另一頭的刮刀刮淨殘留在根部周圍的死皮，用指皮鉗修剪死皮、肉刺，可以使甲蓋顯得修長。

（六）塗指甲油

指甲油，除了給指甲增添顏色以外，也能夠增強指甲的力量。一般塗三層甲油。具體步驟如下：

（1）以玻璃質混合物或磨光膏把指甲磨光，給指甲一個光滑的底，可以避免色素把指甲弄髒。

（2）上底油，要塗薄一點，指甲的每個部位都要塗到，使指甲表面平整。

（3）待指甲底油乾後，再正式塗染色指甲油，通常先從指甲根部中間向前塗一筆，然後再沿著指甲的兩側緣各塗一筆，平均刷三次左右，以防指甲油很快脫落掉，速度要快、一氣呵成。

（4）待指甲油乾後，再塗上亮油，除了把指甲塗滿之外，還要橫塗指甲尖及超出指尖的指甲背面。亮油造成保護指甲，預防斷裂、增加亮澤和延長脫落時間的作用。

【訓練3】修指甲訓練

按照正確的步驟和方法為自己修指甲。

【問題處理】

指甲變黃了，如何處理？

指甲變黃的原因有以下樣幾種原因：深色甲油塗用過久；紫外線照射；吸煙；使用天然鳳仙花（指甲草）。指甲變黃很不美觀，如想改善這種現象可以做這樣的嘗試：取一匙食鹽加檸檬汁調和，用牙刷在指甲上仔細刷淨，每天一次，連續三天，變黃的指甲明顯的褪色了。檸檬汁有美白的作用，食鹽幼細的砂粒在指甲表面摩擦也會美白去色。

區塊小結

民航空服工作對從業人員的指甲提出了明確的要求，不要蓄長指甲，指甲保持乾淨。日常，透過去原油、剪形狀、按摩、洗指甲、去死皮、塗指甲油等步驟修剪指甲。日常，透過清潔保養和營養補充等方法保養指甲。

思考與練習

1.簡述空服員的指甲要求。

2.如何挑選指甲油？

3.保養指甲的方法有哪些？

4.修指甲的基本步驟有哪些？

區塊六 頭髮修飾

本章導讀

恰到好處的髮型可以烘托出人的外在形象美和個性氣質美，塑造出優雅的氣質和良好的風度。民航空服員在進行個人頭髮修飾時，不僅要恪守對於常人的一般性要求，依照自己的審美習慣和自身特點對自己的頭髮所進行的清潔、修剪、保養和美化，還要依照空服員的工作性質、工作規範進行頭髮的修飾。本區塊介紹的是一些簡單的頭髮修飾技巧，與專業美髮有所不同。

重點提示

1.掌握髮型的選擇的基本要求，學會根據自己的髮質、體型、臉型選擇適合

自己的髮型。

2.掌握民航空服員髮型基本要求，女空服員學會盤髮。

3.掌握保養頭髮的正確方法，學會科學護髮。

4.掌握洗髮的正確步驟，學會科學洗髮。

∥ 一、頭髮的生理

頭髮是人體皮膚的附屬物，通常人的頭髮從9萬～14萬根不等。露在頭皮外面的為頭髮，埋在頭皮裡面的是髮根，髮根末端圓球形部分為毛球，其中與連接毛細血管和神經纖維的毛囊頭接觸，是向頭髮輸送營養並促進其生長的重要部分。髮根外層被毛囊圍著，頭髮是從毛囊上斜著向外生長的。

頭髮是一種複雜的纖維組織。每一根頭髮是由3層所組成：最外面的一層是表皮，由互相交疊的鱗片所組成，目的是保護內部；中間層是皮質，由細長的細胞構成，它決定著頭髮彈性、耐力和髮色；最裡面的一層是髓質，細胞像蜂巢一樣組成，負責給頭髮輸送營養。毛囊內包含有皮脂，皮脂能夠潤滑頭髮，使頭髮有光澤而且柔軟。皮脂腺作用不足或是阻塞，頭髮就變乾；而皮脂腺過度活潑，就會造成油性髮質。

頭髮有一定的生長期，生長到一定時期就會自然脫落，然後長出新的頭髮。頭髮每天生長0.3～0.4公釐。一個月可生長1公分，一般頂部頭髮比兩側長得快。頭髮的生長期一般為5年左右，大部分的頭髮長到25.5公分後的生長速度就會降到平時速度的一半。一個人每天都要有代謝下來的頭髮脫落，在人的10萬餘根頭髮中，生長、休止和脫落是交替進行的，所以，雖然每天不斷地脫髮，而新的頭髮又在不斷地生長出來。

根據頭髮皮脂腺分泌情況可將頭髮分為油性頭髮、乾性頭髮、混合性頭髮和中性頭髮四種類型。中性頭髮是一種健康的頭髮，頭髮有自然光澤、潤滑、柔軟、有彈性、易梳理、不分叉、不打結、梳理無靜電，做好髮型後不易變形，但中性髮比較少見。乾性頭髮因頭皮缺少皮脂或因水分喪失過快而顯得乾燥。油性

頭髮指頭皮皮脂腺分泌旺盛，頭髮油膩，易黏附灰塵，易有頭皮屑，造型難度大，頭髮呈現平直軟弱等特點；油性頭髮多與遺傳因素、精神壓力過大、激素分泌旺盛有關。混合性頭髮處於頭髮多油和頭髮乾燥的混合形狀態，這種頭髮根部多油、髮幹和髮梢則易缺油脂而顯乾燥；混合性頭髮因其頭髮生長處於最旺盛階段，而體內的激素水準又不穩定，於是出現乾燥與多油並存的狀態。

‖ 二、髮型的選擇

髮型選擇是髮型創造的起點，要求根據髮質、體型、臉型、膚色、年齡、職業、季節、個性特點選擇最適合個體形象的髮型。

（一）髮型與髮質搭配

中國人的髮質通常被分成硬髮、綿髮、沙髮等幾種類型。不同的髮質配不同的髮型。

1.硬髮

硬髮髮質粗硬挺直，疏密均勻，含水量大，光滑潤澤，彈性較強，難梳理，

不易成形，一旦成形後不易變形。硬髮的特點是頭髮又粗又硬，稠密並富有彈性，硬度和彈性好，可留直髮，梳辮子，挽髻，燙髮，短髮或超長髮型均可。硬髮儘管可被用來塑造多種髮型，但因其往往粗壯茂密，所以在塑造髮型時儘量簡單。

2.綿髮

綿髮俗稱軟髮，其特點是髮絲纖細，髮質柔軟，光亮柔和，光滑服貼。此種頭髮彈性不足，含水量大，頭髮較軟，輕飄而難以成形，不易固定髮型，尤其不宜塑造外觀平直的髮型，盡可能為蓬鬆、波紋的「波浪式」短髮或長髮型，頭髮整齊而層次分明的，可顯現出溫柔之美。

3.沙髮

沙髮彈性不足，含水量較小，灰暗無光澤，沒有柔滑。髮感脆弱僵直，頭髮易捲曲，乾澀稀疏，易有斷裂、分叉、纏結等現象，做好髮型後很容易變形。由於此類髮質缺陷較多，使頭髮的直觀效果不好，不要塑造中、長類型的髮型。

（二）髮型與臉型的搭配

髮型與臉型的配合十分重要，既可以用頭髮組成適當的線條或塊面來改變臉型不足，把原來比較突出而不夠完美的部分遮蓋掉，也可以將部分頭髮梳得蓬鬆或緊貼以增加或減少某部分的塊面，改變臉輪廓。選擇恰當的髮型，既可以為自己的臉型揚長避短，更可以體現髮型與臉型的和諧之美。不同臉型的人在為自己選定髮型時，往往會有一些不同的要求。髮型與臉型的配合大致有下列幾種情況：

1.橢圓形臉

橢圓形臉通常被認為是標準臉型，俗稱「鴨蛋臉」，尤其是女性，更能給人以高貴典雅的感覺。此種臉型適合於各種髮型，並能達到很和諧的效果。但髮飾不宜過分複雜，以自然簡單的髮型為主，以免弄巧成拙，影響臉型的美麗。

2.圓形臉

圓臉型的人，五官集中，額頭與下巴偏短，雙頰飽滿，圓圓的臉給人以溫柔可愛的感覺。

圓臉型女士可選擇垂直向下的髮型將頂部的頭髮若適當豐隆，可使臉型顯長。宜側分頭縫，以不對稱的髮量與形狀來減弱臉型扁平的特徵。臉頰兩側的頭髮適當收攏，減少臉圓的感覺。若留短髮，髮型應該頂部高，兩側略收緊；若留長髮，應利用直線髮型削弱兩側的寬度。

對於圓臉男士選擇小型髮飾效果比較好，鬢角可以修剪成方形，頂部為平面造型的寸髮。

3.長方形臉

長方形臉過長，前額髮際線生長較高，下顎較寬較長，給人以樸實的印象。長臉型人的髮型設計應重在抑「長」。

長方形臉的女士避免把臉部全部露出，儘量以稍微彎曲的劉海、童花遮住過高的額部，頂髮不可高隆，這樣可以縮短臉部比例。髮型側面向外梳理成蓬鬆狀，形成加強寬度的效果，或削出髮型的層次感垂髮型，能給柔和的感覺。長方形臉的女士可梳長蘑菇髮型、學生髮型。

長方形臉的男士應避免小型髮型或向後梳理的後背髮型，那樣臉型會顯得更長。

4.方形臉

方形臉的人，額部高而開闊，兩腮突出，下顎較寬，輪廓較為平直，給人以剛毅頑強的感覺。在設計其髮型時，應重點側重於以圓破方，以髮型來增長臉型。

方臉型女士前額部分的散髮簾遮蓋兩側額角，髮梢為參差層次，長短變化的髮梢將會掩飾兩腮部位。長方形缺乏柔和感，可留長一點的髮型如長穗髮、長毛邊或大波浪等柔和髮型。可以捲髮，能夠減弱方形臉的稜角效果，可採用不對稱的髮縫、翻翹的髮簾、蓬鬆的側面髮簾掩飾寬大的前額化，並儘量增多頂髮，耳旁頭髮不宜變化過大，不宜採用整齊平整的髮廓線。

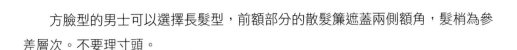

　　方臉型的男士可以選擇長髮型，前額部分的散髮簾遮蓋兩側額角，髮梢為參差層次。不要理寸頭。

　　5.「由」字形臉

　　「由」字形臉的人，額窄而腮寬，缺少靈秀之感，但給人以持重、穩健的印象。在設計髮型時，應力求上厚下薄、頂髮豐隆。

　　「由」字形的女士前額修剪自然垂下的髮簾劉海，最好剪成齊眉的長度，使它隱隱約約表現額頭，髮型兩側放鬆，線條柔和。直髮可以修剪出參差層次，髮梢從兩側向後逐漸變長，後部呈V形，兩側參差的髮絲對於遮住過寬的腮部具有一定的作用。

　　「由」字形的男士的髮型要求上部造型飽滿，兩鬢偏厚，整體輪廓的線條從腮部圓順下去，可減緩原有臉型的效果。

　　6.「甲」字形臉

　　「甲」字形臉的人，額寬而頸窄，給人以瘦小靈敏的感覺。

　　「甲」字形臉的女士應選擇齊肩的中長髮型。髮形上部貼伏頭形，兩側髮形長至下顎處或是下顎之下開始蓬起，並向內捲曲，增加下巴的寬度。

　　「甲」字形臉的男士不適宜超短髮型和長髮型。

　　7.菱形臉

　　菱形臉呈「上下尖窄，中部寬」的狀態，通常顴骨比較高。

　　菱形臉的女士髮型避免直髮型，髮型整體輪廓飽滿，強化頭髮的柔美性，適合的髮型是較為浪漫的髮型。要把額頭頭髮做蓬鬆拉寬額頭頭髮的厚度和寬度，耳上部兩側髮應當蓬鬆一些，將髮量放在顴骨之上，以造成平衡、柔化顴骨部位的作用，下邊的頭髮也應該與整體豐盈度相適應，這樣可以緩和臉型的結構。

　　菱形臉的男士髮型不適宜過短，兩側頭髮的輪廓圓順、豐滿，前額最好以側分髮掩飾。

　　（三）髮型與體型的搭配

人的身材有高、矮、胖、瘦之別,為了使髮型設計具有增加體型美或修補體型缺陷的效果,必須考慮自身的體型。

　　1.瘦長型

　　身材瘦長的人體型細長而單薄,一般臉型瘦長、頸部欣長。髮型要求生動飽滿,髮型的輪廓宜保持圓形。應採用兩側蓬鬆,橫向發展的髮型。頭髮長至下巴與鎖骨之間較理想,且要使頭髮顯得厚實、有份量。可採用中等直髮、「波浪式」捲髮,讓人顯得豐盈一些。也可將長髮盤起,梳理成高雅的髮髻,優雅而別緻。既不宜留平直服貼的短髮,也應避免將頭髮削剪得太短薄,還不能將頭髮高盤於頭頂,這樣會使人顯得愈見其瘦。

　　2.肥胖型

　　身材肥胖者給人一種豐滿健康之感,一般頸部較短。不宜留披肩長髮,不宜燙捲髮,更不應該將頭髮作得蓬鬆豐厚。可以選擇運動式短髮,兩鬢要服貼,造成一種有生氣的健康美。也可以選擇讓頭髮向上蓬鬆發展的髮型,依據頭長與身長比例,盡可能讓頭髮向高度發展。女性也可以盤頭,顯露脖子並露出雙耳以增加身體高度感。

　　3.矮小型

　　身材矮小者給人小巧玲瓏之感,髮型應以秀氣、精緻為主,避免粗獷、蓬鬆、凌亂之感,否則會使頭部與整個形體的比例失調,給人產生大頭小身體的感覺。矮小者不要作長髮型,尤其是女士們不要去作長過腰部的披肩髮,這樣只會令自己顯得更加矮小。矮小者最好選擇偏分的短髮型,也可以選擇小巧、精緻的花式燙髮,還可選擇將髮梢自然向裡彎曲的中長髮。在頭頂部盤頭或紮馬尾也能將重心向上移,可以產生把身材增高的錯覺。

　　4.高大型

　　身材高大者缺少苗條、纖細的美感,髮型選擇就應該減弱這種高大感。髮型應簡潔明快,線條流暢大方,不要追求繁雜的花樣。高大女性的髮型一般以長髮或中長髮的直髮為主,可以選擇貼服、緊湊的披肩長髮,可以選擇直短髮,也可

以選擇低盤髮，會令其敏捷、精神、幹練，減少笨重、遲鈍之感。

【訓練1】

根據自己的髮質、體型、臉型、膚色、年齡、職業、季節、個性特點選擇最適合個體形象的髮型。

三、民航空服員髮型基本要求

（一）男空服員的髮型基本要求

在《民航空服員職業技能鑑定指南》中對男空服員的髮型提出以下幾點要求：

1.髮型莊重

空服員在選擇髮型時，還應當有意識地使之體現莊重而保守的整體風格。唯其如此，才與空服員的具體身分相稱，才易於使自己得到服務對象的信任。空服員通常不宜使自己的髮型過分地時髦，尤其是不要為了標新立異，而有意選擇極端前衛的髮型。

2.剪短頭髮

頭髮以剪短頭髮，必須做到：「前髮不覆額，側髮不掩耳，後髮不觸領」。所謂前髮不覆額，主要是要求頭前的頭髮不遮蓋眼部，即不允許留有長劉海。所謂側髮不掩耳，主要是要求兩側的鬢角長於耳垂底部，即不應當蓄留鬢角。所謂後髮不觸領，則主要是腦後的頭髮不宜長至襯衫的衣領，免得將通常為白色的衣領弄髒。為了保持自己的短髮，應根據頭髮生長的一般規律，至少在每半個月左右理一次頭髮是最為恰當。

3.不准染髮

除了黑色之外，男空服員不准染其他顏色的頭髮。

（二）女空服員的髮型基本要求

1.髮型樸素

女空服員在為自己選擇髮型時，必須與其與空乘服務人員的身分相符，符合本行業的「共性」要求，以簡約、明快而見長。

2.長短適中

女空服員可留各式短髮，短髮造型不宜奇特。頭髮長度不能超過衣領。前髮須保持在眉毛上方不宜擋住眼睛。兩側頭髮乾淨俐落，服貼。

如果是長髮，就將長髮束起來，盤於腦後，佩戴統一的頭花。從各人的臉型特徵來說，長臉不適合高盤髮型，因臉長再做高盤髮型又增加了頭部高度，顯得臉型更長，所以長臉人適合於低盤髮型。從人的身高來說，高個子的人，要選用低盤髮型。矮個子人，適合選擇高盤式，而不宜選擇低盤式，尤其不要選擇不等式和偏重式髮型。頭髮少者可將頭髮用皮筋紮緊成馬尾辮，蓄上假髮髻裝飾或加些海綿等添加物或在頭髮根部用紗巾紮束，裝滿頭花網後，再戴上頭花。

3.不准染髮

除了黑色之外，女空服員不准染其他顏色的頭髮。

【訓練2】 盤髮訓練

訓練要求：

1.將頭髮用皮筋紮緊成馬尾辮。

2.用手一邊扭動頭髮一邊做順時針旋轉。

3.將頭髮梢扭進盤好的髮髻中。

4.佩戴統一的頭花，用頭花網罩住髮髻。

‖ 四、頭髮的養護

（一）選用合適的洗髮品

　　正確地選擇洗髮水是呵護秀髮的首要基礎。必須針對頭髮的特質挑出適用洗髮水。如果頭髮健康，適合於正常髮質的洗髮水，它的主要功能在於一般性的清

潔和溫和的護髮功效。細髮者可以選擇能夠使頭髮增粗的洗髮水，該洗髮水除具有特別溫和的洗滌成分外，還有角蛋白、絲蛋白或植物浸膏等成分，令頭髮豐滿有型。油性頭髮適合去油作用強、並有令頭髮油脂分泌正常的植物浸膏。適合乾性和開叉頭髮的洗髮水含羊毛脂、卵磷脂以及能使頭髮柔軟光滑的合成黏合物，它可以黏合鱗片中的裂痕，令頭髮順滑易梳。頭皮屑多者可以選用去屑洗髮洗髮水，這種洗髮水含有某種可將頭皮上將要脫落的皮膚碎料分離出來的洗滌成分，還有阻止新的頭屑產生的成分，通常還伴有殺菌止癢功效。

（二）梳理頭髮得當

每天梳頭髮可以刺激血液循環，促使頭髮更新，並且更加豐潤。梳理頭髮時，頭髮最容易受傷，梳理時要加倍小心。如果頭髮糾結，把頭髮分成幾部分，先從髮梢開始，一點一點地逐漸向上梳去，打通所有節後再從上向下梳順，不要用力拉頭髮，防止弄斷。梳子的優劣也很重要，最好選擇齒端圓潤光滑的，長髮應選擇長齒粗齒的梳子，可減少對頭髮的損傷。

（三）定期科學洗髮

洗頭能促進皮膚分泌，有刺激髮梢、健全髮質的功效。據最新的科學研究發現，天天洗頭不僅可以保持頭髮的健康、乾淨，也給人衛生整潔的良好形象。但是天天洗頭這並不適合所有人，對於頭髮本來就比較乾燥的人來說，天天洗頭會把皮脂腺分泌的油脂徹底洗掉，引起頭髮受損或掉落，反而對頭髮健康不利。所以，洗頭的頻率應根據個體差異、季節和所從事的工作而定。

洗髮時，水溫以40攝氏度感覺舒適為宜，不可太燙。頭髮用水浸濕、浸透，然後塗抹洗髮水，從髮根至髮梢反覆揉搓、按摩。洗髮水在頭髮上持續5～10分鐘後沖洗。同樣方法反覆兩次。再用同樣方法使用護髮素，塗後1～3分鐘，用清溫水沖洗乾淨。然後用毛巾將頭髮拍乾，用寬齒梳子輕輕梳理，排除纏結，最好用吹風機吹乾。

（四）合理吹乾頭髮

吹風之前，頭髮半乾，先將頭髮梳開，避免頭髮打結在吹整的過程中損傷。

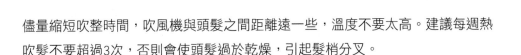

儘量縮短吹整時間，吹風機與頭髮之間距離遠一些，溫度不要太高。建議每週熱吹髮不要超過3次，否則會使頭髮過於乾燥，引起髮梢分叉。

（五）選擇舒適頭型

舒適頭型有利於頭皮血液循環。如果把頭髮緊箍在一起，頭皮被拉得很緊，會損傷髮質，頭髮容易脫落。當然偶爾緊束髮沒有關係，只是應該避免每天如此。女空服員經常不得已把頭髮盤在在腦後，休息的時候最好讓頭髮休息一下，鬆散自然為好。

（六）堅持頭部按摩

按摩有助於血液循環，並且鬆弛緊張的肌肉。洗髮前和任何有空的時候，都可以進行頭皮按摩。先從後腦勺開始，以畫圈圈的動作揉到頭的頭頂、兩邊以及額頭邊緣。注意用手指輕而緩慢的揉動，不要用手指去抓，也不要用手掌去推。

（七）全面補充營養

為了保養頭髮，應該多吃些含有維生素、微量元素、蛋白質的食物，如綠色蔬菜、水果、魚、雞、豬肉等。頭髮枯黃或過早變白，應多吃動物肝臟、黑芝麻、核桃、葵花子、黃豆等。頭髮脫落過多，應補充鐵、硫等多種微量元素，如黑豆、蛋、奶、松仁等食物。頭皮屑過多可多吃含碘豐富的食物，如海帶、紫菜、海魚等。

五、洗髮基本步驟

（一）梳髮

洗頭髮之前，最好花點時間將頭髮先梳一梳，梳頭可以將打結的部份解開，可以去掉頭及頭髮上的浮皮和髒物，並給頭皮以適度的刺激以促進血液循環，使頭髮柔軟而有光澤。正確的梳攏辦法是，首先從梳開散亂的毛梢開始，然後，一段一段往上梳，一點點地梳向髮根。

（二）洗髮

先要用水浸濕頭髮，先把少許洗髮水擠在手上，兩手揉搓後出泡沫後，均勻地塗抹在頭髮上。用手指腹按摩似地揉搓頭皮及頭髮，洗髮水在頭髮上持續5～10分鐘後沖洗。沖洗之後，如此再來1次。頭髮上的髒物是引起頭皮過多和脫髮的一個原因，而且有礙於頭髮的正常發育。洗頭的目的就在於洗掉頭皮和頭髮上的汙物，所以，要保護好頭髮，就要在洗頭時按摩頭皮和頭髮，使頭髮經常處於清潔狀態，同時透過手指對於頭皮的按壓，能夠增加頭皮健康、血液循環，當然就可以提高頭髮的健康度。

（三）護髮

先把少許護髮素擠在手上，先在手中輕柔，溫熱軟化護髮素。將護髮素從後往前均勻地塗抹在頭髮。用手指腹按摩似的揉搓頭皮及頭髮，使頭髮和頭皮都得到滋潤。1～3分鐘後，再用清溫水沖洗乾淨。反覆漂洗，直至頭髮上徹底沒有洗髮水和護法素為止。

（四）擦乾

用毛巾擦乾頭髮是比較傳統的方法，但方法不當會折彎、摩擦頭髮，對頭髮造成傷害。正確方法是洗頭後用毛巾把頭髮在頭上盤起包好，幾分鐘後，待毛巾吸收了部分水分，再輕輕擠乾水分。一定要用毛巾用輕壓的方式將水分擠乾，注意千萬不要往下拉拽頭髮，這樣會使頭髮斷裂。

（五）吹風

洗髮後，用毛巾擦掉水分，然後將頭髮一點一點地攏起用吹風機吹至半乾，根據個人需要做出各種髮型。吹乾頭髮要注意風的溫度不要過熱，距離要適度，儘量縮短使用時間。

（六）定型

頭髮半乾時，用定型產品定型。直髮可以髮用髮蠟、髮油塗抹到頭髮上，可以提高髮質，柔順髮梢。捲髮可以用摩絲等塗在髮根，可以使頭髮蓬鬆並能輕易整理髮捲，不過會使頭髮乾燥，謹慎使用。

【訓練3】洗髮訓練

按照正確的步驟和方法洗髮和護髮。

【問題處理】

頭皮瘙癢應該如何處理？

頭皮瘙癢的原因有以下幾種。一是由於不經常洗澡，不注意皮膚衛生等原因引起的，注意清除頭皮的汙物，保持皮膚清潔，頭皮瘙癢可逐漸減輕或消失。二是患了脂性頭皮炎，頭皮的皮脂分泌過多而產生瘙癢，應堅持每日清洗，並透過按摩等方法進行保養，頭皮瘙癢可得到緩解。三是由於乾性頭皮，由於皮脂分泌減少，頭皮乾燥引起頭皮發癢，應及時給頭髮補充油分，防止乾燥，就可以防治頭皮瘙癢。

區塊小結

頭髮修飾是進行形象設計、美化外表、個性包裝的重要步驟。根據頭髮皮脂腺分泌情況可將頭髮分為油性頭髮、乾性頭髮、混合性頭髮和中性頭髮四種類型。根據頭髮的髮質、體型、臉型等選擇適合個體形象的髮型。民航空服員要求髮型樸素、長短適中，必須使其與空乘服務人員的身分相符，以簡約、明快而見長。民航空服員透過選擇適合的洗髮品、正確的梳理頭髮方法、定期的科學洗髮、合理地吹乾頭髮、堅持頭部按摩、堅持食補護髮等手段來保養頭髮。

思考與練習

1.如何選擇髮型？

2.民航空服員髮型基本要求有哪些？

3.如何正確保養頭髮？

4.洗髮的正確步驟是什麼？

區塊七 按摩與美容

本章導讀

按摩美容是中國傳統醫學中獨特的養生保健方法之一，是在中醫基礎理論指導下，選用適當手法，在體表有效的穴位、相關的經絡部位進行操作。按摩可增強皮膚的血液和淋巴循環，使皮膚的附屬器官發揮正常的功能，促進表皮細胞的活力，增加青春活力，延緩人體衰老。民航空服員可以在工作之餘進行美容按摩，力爭運用美容按摩達到提高生理機能、延緩衰老進程、保持人體美的目的。本區塊介紹一些美容按摩的常用手法和自我美容按摩操。

　　重點提示

　　1.掌握美容按摩的常用手法，學會按法、摩法、推法、拿法、揉法、擦法、抹法、擊法八種。

　　2.學會自我美容按摩操。

┃一、美容按摩的常用手法

　　常用美容按摩手法很多，可歸納出按、摩、推、拿、揉、擦、抹、擊八種方法。

　　（一）按法

　　按法是手指或掌面置於體表，逐漸用力下壓的美容按摩手法。指按法接觸面較小，刺激的強弱容易控制調節，對全身各部的經絡穴位都可應用，具有較明顯的開通閉塞、散寒止痛、保健美容的作用。此法是最常用的美容按摩手法之一。

　　按法的方式：將拇指伸直，用指腹按壓經絡穴位，其餘4指張開起支持作用，協同助力。還可以左手在下，右手輕輕用力壓在左手指背上進行按壓。施力由輕而重，力求達到肌肉深部，使按摩部位有酸脹感，而無痛感。

　　（二）摩法

　　摩法是用手指或手掌在身體的適當部位進行柔軟地撫摩的美容按摩手法。根據現代研究，直接摩動皮膚可以使表層的衰老細胞脫落，改善汗腺與皮脂腺的分泌，加速血液流動，從而達到美容的目的。摩法是美容按摩手法中最輕柔的一

種。

摩法的方式：用手掌掌面或小、中、無名指指面置於體表上，以腕關節連同前臂作環形的有節律性作輕緩的盤旋摩動。摩法多配合按法和推法。

（三）推法

推法是用手掌或手指指腹置於治療部位上，向前作單方向移動的美容按摩手法。臨床常用的有單手或雙手兩種推摩方法。現代醫學研究認為，本法可提高皮膚溫度，擴張血管，促進血液及淋巴液流動等，因而有很好的美容效果。

推法的方式：用指腹或掌跟在局部或穴位上，分別向前後、左右、上下用力推動，宜達肌肉深處，局部有舒暢、輕鬆的感覺。推法常配合摩法使用。因為推與摩不能分開，推中已包括摩，以推摩常配合一起用。

（四）拿法

用手把適當部位的皮膚，稍微用力拿起來，叫做拿法。中醫學認為，拿法具有消瘀、疏通經絡、調和血行、開竅提神、鬆解黏連等功效。能使局部的血液循環得到改善，調節肌肉緊張鬆弛的平衡，使肌肉保持一定的彈性，可用於抗衰老，臉部皮膚乾燥，臉部神經損傷等。

拿法的方式：用拇指和食指、中指的指腹，或用拇指和其餘四指的指腹，緊挾治療部位並將其肌膚提起，進行一緊一鬆的拿捏。

（五）揉法

用手指指腹或雙掌緊貼在體表上，稍用力向下按壓，然後帶動肌膚作輕柔緩和的旋轉活動的揉拿，這種美容按摩手法叫做揉法。揉法分單手揉和雙手揉回。據現代醫學研究，用力反覆揉動時，肌肉組織中產生組胺和乙　膽鹼，二者之一進入血液後，能使血管擴張，促進血液循環和增加組織的營養，從而促進組織再生，增強抵抗力，修復病變部分。因此，揉法能剝離黏連，減輕疼痛，消除腫脹，增加肌肉的彈性和伸展性，調整代謝，從而達到美容治病的目的。

揉法的方式：用手掌大魚際、掌根部分、手指螺紋面按於一定部位或穴位

上，作輕柔緩和的迴旋揉動，帶動該處的皮下組織。在使用揉法時，掌指不能離開皮膚，力量要輕緩而均勻，既要使該處的皮下組織只隨掌指的旋揉而滑動，又要使局部舒緩、微熱。

（六）擦法

將手掌緊貼於皮膚表面，稍用力作來回直線摩擦，使其局部發熱，這種美容按摩手法叫做擦法。擦法具有溫經散寒、溫腎壯陽、調理脾胃、活血化瘀之功效，運用本法透過按摩肩背、胸腹、四肢，由經絡傳導，使臉部健美，形體強壯，達到美容的目的。

擦法的方式：用手掌面大魚際或小魚際部分著力於一定部位，稍用力下壓並做上下或左右直線往返摩擦，使之產生一定的熱量。在使用擦法時，無論是上下方向或左右方向，都應直線往返，不可歪斜，往返距離要拉得長些。著力部分要緊貼皮膚，但不要硬用壓力，以免擦破皮膚。

（七）抹法

用拇指指腹或手掌面緊貼於體表上，略用力，緩慢地作上下、左右往返移動，這種美容按摩手法叫做抹法。抹法具體作用是開竅鎮靜、清醒頭目、擴張皮膚血管、防止皮膚衰老、消除臉部皺紋。這種多用於頭部、頸項及胸腹部。

抹法的方式：用單手或雙手拇指螺紋面緊貼皮膚，做上下或左右往返移動。用力要均勻而持續，緩緩移動，要做到輕而不浮，重而不滯，動作要緩和，防止推破皮膚。

（八）擊法

用掌根或拳背部以虛掌的方式有節奏地拍打治療部位。如用掌根或拳背部擊打治療部位，這種美容按摩手法叫做擊法。此法能緩解臉部皮膚緊張感，增加臉部皮膚彈性，改善臉部營養，是臉部皮膚保健美容按摩的常用手法之一。

側掌切擊法：把兩手掌側立，大拇指朝上，小指朝下，指與指間，要分開約一公分，手掌落下時，手指合攏，抬手時又略有分開，一起一落，兩手交替進行。

平掌拍擊法：兩手掌平放在肌肉上，一先一後有節奏地拍打。

横拳叩擊法：兩手握拳，手背朝上，拇指與拇指相對，握拳時要輕鬆活潑，指與掌間略留空隙。兩拳交替橫叩。此法常用於肌肉豐厚處，如腰腿部及肩部。

豎拳叩擊法：兩手握拳，取豎立資式，大拇指在上，小拇指在下，兩拳相對。握拳同樣要輕鬆活潑，指與掌間要留出空隙。本法常用於背腰部。

【訓練1】 美容按摩的常用手法訓練

進行按法、摩法、推法、拿法、揉法、擦法、抹法、擊法的示範訓練。

‖ 二、自我美容按摩

自我美容按摩操是根據中國的經絡學說而創建的，透過自我按摩進行的一種運動保健方法，可以透過練功達到經絡暢通，穩定情緒，增強人體機能，美容健身的作用。

【知識鏈接】 自我美容按摩

預備式

可坐可站，但要全身放鬆，心情輕鬆，呼吸平靜，沒有雜念。

自我按摩

（1）揉髮梳頭

用十指梳頭，經前髮際到後髮際，18～36次。

（2）雙鳴天鼓

將兩掌心按緊雙耳，用食指彈打風池穴（枕骨後凹陷處）18～36次。

（3）推拉雙耳

用掌心推拉耳的正反面，同時用食指和中指夾拉外耳輪，18～36次。

（4）運目養神

兩手虎口交叉，將掌心按在丹田（臍上），正反運轉雙目18～36次。

（5）刮眼明目

兩拇指點按在兩側太陽穴上，用食指刮上下眼眶18～36次。

（6）捋鼻防感

用兩拇指關節沿鼻唇溝上下按摩18～36次。

（7）浴面生華

用兩掌心在臉部作旋轉按摩18～36次。

（8）叩齒固腎

兩手虎口交，將掌心按在丹田，輕輕叩打門牙、邊牙，各18～36次。

（9）攪海吞津

兩手虎口交叉，將掌心按在丹田，用舌在口腔內正反攪動各18～36次。將所生津液一鼓作氣地吞下。

（10）豎拉肩井

兩掌左右輪換拍拉肩井（肩的正中），左手拍拉右肩井，順手拍拉左肩井，18～36次。

（11）橫摩胸肋

兩掌左右輪換橫摩胸肋，左手橫摩右胸肋，右手橫摩左胸肋，18～36次。

（12）正反揉腹

兩掌相疊，用掌心旋轉按摩腹部，正轉36圈，反轉24圈。

（13）背搓腰際

兩手同時在背後由上向下推搓兩側腰際和臀部18～36次。

（14）敲打命門

雙手輕輕握拳，有節奏地輪換敲打前後命門（臍中為前命門，背後與臍中相

對的位置為後命門）18～36次。

（15）按摩上肢

兩手左右輪換按摩上肢的正、反面18～36次。

（16）按摩下肢

兩手左右輪換按摩下肢的正、反面18～36次。

（17）按摩湧泉

用掌心分別按摩兩足的湧泉（腳底心）和腳背18～36次。

（18）全身拍打

用拳或掌在腹部、胸部、腰部、背部、肩部、頸部、頭部、臉部、上肢和下肢作輕鬆百富有彈性的拍打。

收式

鬆靜站立，闔眼簾、閉口唇、呼吸平靜，兩手自然下垂，直至鬆靜自在，心情愉快為止。

（資料來源：中國大眾體育網）

【訓練1】 自我美容按摩訓練

按照正確的步驟和方法進行自我美容按摩。

區塊小結

美容按摩是選用適當手法，在體表有效的穴位、相關的經絡部位進行操作。美容按摩操的方法很多，可以歸納為按法、摩法、推法、拿法、揉法、擦法、抹法、擊法。自我美容按摩操能夠達到經絡暢通，穩定情緒，增強人體機能，美容健身的目的，可以經常操作。

思考與練習

1.按摩美容的常用手法有哪些？

2.簡述自我美容按摩步驟。

附錄

‖ 一、廣播聲音形象塑造

聲音雖然是與生俱來的，但是無論是從生理學、物理學，還是從心理學、傳播學的角度分析，聲音形象不但客觀存在而且大可塑造，後天的修補練習也是有用的。讓聲音微笑，是空乘廣播播報的目標。

如何做到讓我們的聲音微笑起來？首先，找到適合自己年齡的聲音。職業決定了我們必須是年輕的，因此過於幼稚或過於蒼老的聲音都不利於廣播聲音形象的塑造。其次是找到適合自己氣質的聲音。如果徒有一副好嗓音而沒有相應的談吐氣質，那麼，再悅耳的聲音也會大打折扣。淑婉氣質的女孩可以在廣播時使自己的聲音相應地溫柔，而活潑氣質的則可以以輕快的語調進行廣播。

最簡單的練習方法是，常常對著鏡子說話或模擬廣播，仔細觀察自己說話時的嘴型，感覺舌頭的力度，甚至臉部的表情。或者還可以將自己讀的一段廣播錄下來，然後反覆聽辨，做到自己聆聽自己、檢查自己、指正自己。這時你也許會發現很多意想不到的說話附帶毛病。

發音訓練的第一步是呼吸的練習。吸氣的要領是將氣吸到肺底後兩肋打開並且腹壁站定；而呼氣要領則是保持氣息的穩勁和持久並能夠及時補換。接下來就是共鳴練習。共鳴練習包括胸腔、口腔和鼻腔的共鳴練習。練習胸腔共鳴時，可以練習詞語如：暗淡、反叛、散漫、計劃、到達等；口腔共鳴可以練習：澎湃、碰壁、拍打、噴泉、品牌等，而鼻腔共鳴則可以練習：媽媽、買賣、瀰漫、出門、戲迷等帶鼻音的詞語。練習時要注意仔細體會發音時三種共鳴的感覺。另外，還可以輕提顴肌，嘴角微微向上翹，同時感覺鼻翼張開了，微笑著說話。

聲音訓練時還應注意到音調、音強、音長和音質。不論男女，音調低一點能夠造成較好的溝通和安撫效果。語調太高容易使聽著一種亢奮和不穩重的感覺。

況且，對於空乘這個特殊的專業來說，播音時給人以安全感顯得及其重要。在音強方面，如果播音員說話聲音過大，容易令人有受到命令和強制的感覺，然而，如果聲音過小又會讓人覺得你不夠自信。廣播時的音長也很重要，這也是我們常說的語速。有的人說話語速很快，像機關槍掃射，給人上氣不接下氣的感覺，而有的人說話卻慢條斯理，很讓人著急。這些在塑造廣播聲音形象時都不恰當。語速要適中，聲音尖細的人可以試著放慢語速，而聲音較為低沉的人則可以加快，語速的調整可以在一定程度上彌補語音的缺陷。如果在音質方面不幸天生有著一副公鴨嗓，那麼加強語調和語速的訓練來彌補，說話時試著更加溫婉。

二、男性空服員形象塑造

男性空服員與柔美秀麗的女性空服員最大的區別在於，他們可以展示一種力量型的陽剛美並且給人以安全感。這也就意味著對男性空服員的形象塑造也有著更多的規範和建議。與女性空服員同樣，一個男性空服員的形象也體現在他的容貌、姿態、服飾和個人衛生方面。在姿態、服飾和個人衛生上，對男性空服員的要求基本上和對女性空服員的要求是一致的。男性空服員可以參考前面各章節內容。這裡主要講男性的容貌的保養工作。

首先，男性空服員應始終保持乾淨清爽，不能給人以邋遢的感覺，尤其在工作場所或工作時間。為了保持儀容整潔，男性空服員可以使用一些清潔類的化妝品。現在市面上很多護膚品牌都推出一系列的男性清潔護膚品，例如：歐萊雅、妮維亞、歐泊萊和倩碧等品牌都可以作為選擇。在挑選護膚品時，既要突出實用性，又要體現男性的自然美和陽剛美，且適合自己的膚質、喜好甚至季節的。男性護膚的程序稍微比女性空服員要簡潔：首先要保持肌膚的清爽就必須使用洗臉乳，男性的皮膚比女性皮膚要厚，因此如果清潔工作沒有做好，就比較容易長暗瘡、粉刺或肌膚黯淡無光。皮膚較為乾燥的男性可以選擇有滋潤效果的洗臉乳液，而油性或混合型肌膚則可以選擇清爽型的控油洗臉乳。爽膚水可以在洗臉後輕拍在臉上，以達到保濕或控油的效果。這一步對於喜歡簡潔的男性來說不是必需的。因為工作環境的特殊性，所以對於空服員來說，保持肌膚的水分是尤其重

要的工作。因此，在選擇日霜或滋潤乳液的時候一定要選擇補水效果較強的而不能選擇油份比例多的產品，這樣，肌膚不但可以保持滋潤還不易長脂肪粒或暗瘡。

鬍鬚，作為男性的標誌也是我們護膚的重點。空服員的職業決定了我們不能蓄鬍鬚，而且應每天保持至少一次的除毛工作以保持容貌的清爽。和女性每天要化妝護理一樣，男性空服員必須每天清晨做好除毛工作。除毛後皮膚會有一些肉眼看不到的小傷口，這些傷口需要及時地護理以免產生感染而生出面皰或暗瘡等。這時就可以使用男士專用的除毛膏來緩和剃刀的鋒利，並用鬚後水來護養，因為鬚後水的特殊成分能殺菌和修復受傷的皮膚，舒緩臉部皮膚，且令毛孔自然收縮回覆自然。鬚後水可以代替爽膚水來使用。

總體來說，男性空服員的儀容給人乾淨、陽光的感覺就可以，不需要做太多的修飾。在香水的使用上要特別謹慎，避免使用濃烈或者味道怪異的香水。如果為了掩蓋體味而一定要使用，則應選擇稍淡的清香型男性專用香水，這類香水易讓人產生愉快和易親近的感覺。

除了容貌、姿態、服飾和個人衛生這幾個方面應保持同女性空服員一樣的要求之外，很多航空公司還額外要求男性空服員在力量上達到一定的能力。例如，把一件45公斤重的行李從機艙地面放入行李架，就是某些航空公司對男性空服員的考核標準之一。因此，男性空服員應注意鍛鍊手臂的力量，常常做一些提拉動作來提高這一方面的能力。也可以參加一些專門的健身訓練，制定一套適合自身情況的健身計劃來循序漸進地鍛鍊自己。

一個優秀的空服員，無論男女，除了需要培養其在容貌、姿態、服飾方面的素養外，更重要的是必須增強文化修養，做一個有內涵、有素質、有修養、有禮貌的空服員。

三、健康資訊

（一）女性特殊生理期的保健常識

　　和男性有所不同，一個月當中的某些日子裡，女性總會有感覺自己的情緒比平常糟糕，皮膚也不如平時細膩、紅潤、有光彩，這究竟是什麼原因呢？其實，這一切都源自於女性每月一次的生理週期，也就是我們平常所說的月經。

　　在生理期間，女性體內激素分泌量會產生變化，再加上一定量的失血，大多數女性會出現臉色黯淡和眼圈發黑的狀況，有些人還會出現暗瘡，這都會一定程度上的影響我們的精神容貌和工作效率。因此，女性在月經期有特殊保健和皮膚護理及化妝。

　　生理期的女性可以透過適度的健身活動保護自己。適度的健身活動可以提高人體的機能水準，改善血液循環系統功能，收縮和放鬆腹肌和盆底肌，這些都有利於子宮經血的排出。但是由於經期子宮內膜脫落出血，盆腔充血，生殖器官抗感染力下降，這些特殊性都要求女性在經期要特別注意衛生。

　　以下是女性特殊生理期的保健常識和基本要求：

　　（1）應避免過冷或過熱的刺激，如冷水淋浴或桑拿等，特別不能讓下腹部受涼，要注意保暖，以免造成痛經或月經失調。

　　（2）運動量及強度應在經期的第一、二天作適度的減少，運動時間也不宜過長。

　　（3）經期不宜做劇烈運動，尤其是像快跑、跳躍等負荷過大的力量練習，因為這些練習震動強烈，容易造成經血量過多或影響子宮的正常位置。

　　（4）經期不宜游泳，以免在生殖器官自潔作用降低時病菌侵入而造成感染。

　　（5）由於月經來潮後每月要損失一定量的血液，所以要適當增加營養，如蛋白質、維生素及鐵、鈣等。經期可以多吃一點雞蛋、瘦肉、魚、豆製品及新鮮蔬菜、水果等。

　　（6）經期應避免高聲哼唱，原因是經期呼吸道黏膜和聲道充血，甚至腫脹，高聲說話或哼唱容易導致聲帶肌疲勞。

（7）避免情緒的波動，保持良好的情緒是健康的前提，而適度的休息和充足的睡眠又是經期心情愉悅的保證。

除此之外，在皮膚的護理上，也有一定的科學方法可循。在月經即將到來的前一週，我們稱之為「焦躁期」，這期間的皮膚容易產生皺紋和斑點，尤其是從事戶外活動的女性。因此，這段時間要尤其注意防晒，預防皺紋最好的辦法就是防止紫外線的照射。另外，在此期間，因為皮膚分泌油脂旺盛，如果沒有得到妥善細心的清潔，則很容易造成毛孔堵塞而長出暗瘡。推薦使用清潔效果較為明顯的潔膚品仔細給皮膚做個清潔，然後拍上充足的控油或保濕爽膚水即可。

生理期間的那幾天被稱為「黯淡期」，這也是肌膚最為敏感的時期。因為血液循環不良，有些人在這期間會出現皮膚粗糙，甚至浮腫的現象，這就需要給肌膚做全面的保濕工作。對於出現的黑眼圈，也可以做一些特殊的護理。每晚在眼周圍塗上眼霜後輕輕地在眼周畫圈，然後用手指輕扣眼眶，點壓眼眶上地穴位進行按摩。若眼瞼浮腫，可以將兩塊化妝棉在茶水中浸泡後敷在眼瞼上，約10分鐘後取下，這樣可以消除經期的眼部疲勞、浮腫及黑眼圈。另外，保持充足的睡眠是經期美容護膚的關鍵所在。

（二）皮膚最喜歡的十種食物

皮膚科專家們總結了以下10種皮膚最喜歡的食物：

（1）青花菜——它含有豐富的維生素A、維生素C和胡蘿蔔素，能增強皮膚的抗損傷能力、有助於保持皮膚彈性。

（2）胡蘿蔔——胡蘿蔔素有助於維持皮膚細胞組織的正常機能，減少皮膚皺紋，保持皮膚潤澤細嫩。

（3）牛奶——它是皮膚在晚上最喜愛的食物，能改善皮膚細胞活性，有延緩皮膚衰老、增強皮膚張力、消除小皺紋等功效。

（4）大豆——其中含有豐富的維生素E，不僅能破壞自由基的化學活性、抑制皮膚衰老，還能防止色素沉著。

（5）奇異果——富含維生素C，可干擾黑色素生成，並有助於消除皮膚上

的雀斑。

（6）番茄——含有茄紅素，有助於展平皺紋，使皮膚細嫩光滑。常吃番茄還不易出現黑眼圈，且不易被晒傷。

（7）蜂蜜——含有大量易被人體吸收的氨基酸、維生素及糖類，常吃可使皮膚紅潤細嫩、有光澤。

（8）豬皮——富含膠原蛋白和彈性蛋白，能使細胞變得豐滿，減少皺紋、增強皮膚彈性。

（9）鮭魚——其中的Omega-3不飽和脂肪酸能消除一種破壞皮膚膠原和保濕因子的生物活性物質，防止皺紋產生，避免皮膚變得粗糙。

（10）海帶——它含有豐富的礦物質，常吃能夠調節血液中的酸鹼度，防止皮膚過多分泌油脂。

（三）顏色對情緒的影響

不同顏色所發出的光的波長不同，當人眼接觸到不同的顏色，大腦神經做出的聯想跟反應也不一樣，因此色彩對人的心理有直接的影響。

綠色是一種令人感到穩重和舒適的色彩，具有鎮靜神經、降低眼壓、解除眼疲勞、改善肌肉運動能力等作用，自然的綠色還對昏厥、疲勞、噁心與消極情緒有一定的舒緩作用。長時間在綠色的環境中，易使人感到冷清，影響胃液的分泌，食慾減退。

藍色是一種令人產生遐想的色彩，另一方面，它也是相當嚴肅的色彩。具有調節神經、鎮靜安神的作用。藍色的燈光在治療失眠、降低血壓和預防感冒中有明顯作用。有人戴藍色眼鏡旅行，可以減輕暈車暈船的症狀。患有神經衰弱、憂鬱病的人不宜接觸藍色，否則會加重病情。

黃色是人出生最先看到的顏色，是一種象徵健康的顏色，它之所以顯得健康明亮，因為它是光譜中最易被吸收的顏色。它的雙重功能表現為對健康者的穩定情緒、增進食慾的作用。對情緒壓抑、悲觀失望者會加重這種不良情緒。

橙色能產生活力，誘發食慾，是暖色系中的代表顏色，同樣也是代表健康的色彩，有成熟與幸福之意。

白色能反射全部的光線，具有潔淨和膨脹感。空間較小時，白色對易動怒的人可起調節作用，這樣有助於保持血壓正常。患孤獨症、精神憂鬱症的患者則不宜在白色環境中久居。

粉色是溫柔的最佳詮釋。經實驗，讓發怒的人觀看粉紅色，情緒會很快冷靜下來，因粉紅色能使人的腎上腺激素分泌減少，從而使情緒趨於穩定。孤獨症、精神壓抑者不妨經常接觸粉紅色。

紅色是一種較具有刺激性的顏色，它給人以燃燒和熱情感。過多凝視正紅顏色，不僅會影響視力，而且易產生頭暈目眩之感。心腦病患者一般是禁忌紅色的。

黑色具有清熱、鎮靜、安定的作用，對激動、煩惱、失眠、驚恐的患者起恢復安定的作用。

灰色是一種極為隨和的色彩，具有與任何顏色搭配的多樣性。所以在色彩搭配不合適時，可以用灰色來調和，對健康沒有影響。

後記

　　經過所有作者的共同努力，《空服員化妝技巧與形象塑造》終於完成了。本書較為全面地總結了編著者的教學與實踐經驗，凝聚了編委們對事業的追求與熱愛。在編著過程中，查閱了大量有關文獻資料，是集體智慧的結晶。其中，李勤負責第四單元、前言、後記的撰寫及全書的組稿、統稿工作；陳丹紅負責第五、第十單元的編寫；楊靜負責第一、二、三單元的編寫；鄒昊、熊瑩分別負責第八單元、第九單元的編寫；第六單元中區塊一、五、六、八部分由鄒昊編寫，區塊二、三、四、七部分由亢元編寫；第七單元由李勤和熊瑩合作編寫；羅丹負責附錄的編寫並協助統稿；徐國立和丁永玲參與了組稿工作。本書在編寫過程中，還得到了有關學校領導和旅遊教育出版社編輯的大力支持，在此特致感謝。

　　由於編者能力有限，本書若有不足之處，懇請專家及讀者給予批評指正。

編者

國家圖書館出版品預行編目(CIP)資料

空服人員化妝技巧與形象塑造 / 李勤 主編. -- 第一版.
-- 臺北市 : 崧博出版 : 崧燁文化發行, 2019.02

　面 ;　　公分
POD版
ISBN 978-957-735-659-8(平裝)

1.航空勤務員 2.美容 3.形象

557.948　　　108001808

書　名：空服人員化妝技巧與形象塑造
作　者：李勤 主編
發行人：黃振庭
出版者：崧博出版事業有限公司
發行者：崧燁文化事業有限公司
E-mail：sonbookservice@gmail.com
粉絲頁　　　　　　網　址：
地　址：台北市中正區重慶南路一段六十一號八樓 815 室
8F.-815, No.61, Sec. 1, Chongqing S. Rd., Zhongzheng
Dist., Taipei City 100, Taiwan (R.O.C.)
電　話：(02)2370-3310 傳　真：(02) 2370-3210
總經銷：紅螞蟻圖書有限公司
地　址：台北市內湖區舊宗路二段 121 巷 19 號
電　話：02-2795-3656　　傳真：02-2795-4100　網址：
印　刷：京峯彩色印刷有限公司（京峰數位）

定價：500元
發行日期：2019 年 02 月第一版
◎ 本書以POD印製發行